서울대 권장도서로
인문고전 100선 읽기

서울대 권장도서로

인문고전 100선 읽기

다 읽지 않아도
인문고전의
핵심을 파악하는
시리즈

2

『삼국유사』에서
『꿈의 해석』까지

/ 최효찬 지음 /

위즈덤하우스

16세기 이후 왜 동양은 서양에 뒤지고 있는가

'관찰과 실험'의 도전정신이 동서양 문명의 차이를 갈랐다

기원전 9세기 호메로스는 『일리아스』와 『오디세이아』라는 인류 최초의 서사시를 썼다. 동양에서는 이보다 앞서 『주역』에 인간 운명에 대한 위대한 통찰과 예지력을 담았다. 서양에 플라톤과 아리스토텔레스의 정치학이 있었다면 동양에는 공자와 맹자의 정치학이 있었다. 서양에 그리스와 로마 신화를 집대성해 『변신』을 쓴 오비디우스가 있었다면 동양에는 고대 중국의 역사를 거대한 인간사로 집대성해 『사기』를 쓴 사마천이 있었다.

기원전 1,000년에서 1세기 이전까지의 고대 세계는 정신사 및 문명사적 측면에서 동양과 서양의 우열을 가리기 힘들었다. 독일 철학자 칼 야스퍼스는 고대 세계 위대한 현자들의 활동 시기에 인류 정신사의 '축'

이 형성되었다며 이를 '축의 시대'라고 명명했다. 이러한 동양과 서양의 대등한 각축은, 서울대 권장도서 선정 목록에서도 확인된다. 고대의 서양 고전은 9선, 동양 고전은 7선이 선정되어 있다.

기원후 첫 천년의 시기(1~10세기)는 서양과 동양 모두에서 긴 암흑기에 해당한다. 서양이 중세의 침묵에 빠진 그 시기, 동양에서는 다만 당나라(618~907)가 문화의 융성을 이룩하고 있었다. 이백과 두보 등 기라성같은 시인들이 천하를 노래했다. 그 융성한 문화의 성쇠는 『당시선』에 집약되어 있다. 이 시기에 서울대 권장도서로 선정된 도서는 『당시선』을 포함해 단 두 권뿐이다. 나머지 한 권은 중세의 문을 연 아우구스티누스의 『고백록』이다. 인류는 정신적 불모의 시대를 통과하고 있었다.

기원후 두 번째 천년의 시기(11~20세기), 서양은 중세시대의 암흑을 뚫고 역동적인 역사를 전개해나갔다. 토마스 아퀴나스가 13세기에 『신국론』을 써 스콜라철학을 완성한 이후, 철학은 철저히 '신학의 시녀'로만 기능했다. 이 표현만큼 중세의 모습을 상징적으로 드러내는 것도 없을 것이다.

하지만 중세라는 암흑기 끝에 르네상스기가 도래했고, 역사의 중심은 신으로부터 인간으로 옮겨졌다. 그 첫 번째 포문을 연 이가 폴란드의 천문학자 코페르니쿠스(1473~1543)다. 그는 이탈리아 유학 중에 그리스의 고문헌을 통해 태양중심설에 대해 알게 되었고, 이후 지동설을 주창했다. 즉 코페르니쿠스의 지동설은 그때까지 지구가 우주의 중심이며 그 지구를 신(기독교의 신)이 창조했다는 중세의 세계관을 뒤흔들었다. 이에 대해 괴테는 다음과 같은 찬사를 보냈다.

지구는 우주의 중심점이라는 엄청난 특권을 포기해야 했다. 새로운 우주관을 받아들인다는 것은 사상 유례가 없는 사고의 자유와 감성의 위대함을 일깨워야 하는 일이다.

여기서 그치지 않고 서구의 철학자와 과학자들은 기독교의 창조론을 부정하는 '가설'을 입증하기 위해 나섰다. 그 와중에 코페르니쿠스의 지동설을 옹호하던 브루노(1548~1600)는 화형을 당했다. 갈릴레이는 1632년 초 출간된 『대화』로 인해 1633년 종교재판을 받았다. 그는 재판정에서 다음과 같이 선언해야 했다.

나 갈릴레오는 일흔 살의 나이로 법정에 출두해 전 기독교 세계에서 이단의 망언에 반대하는 종교재판관들이신 여러 추기경 예하 앞에 무릎을 꿇는 바입니다. 성서를 앞에 놓고 성서에 손을 대고 맹세하거니와, 나는 성스러운 가톨릭교회와 교황께서 참되다고 여기고 설교하고 가르치는 모든 것을 언제나 믿어왔고 지금도 믿고 있으며, 하느님의 도움으로 앞으로도 그것을 믿을 것입니다.

이 사건은 학자들의 투쟁정신을 더욱 고취시켰고 결국 '교회가 진리와 오류를 결정하는 시대'는 종언을 고했다. 데카르트는 '이성의 시대'를 열었고, 칸트는 최초의 직업철학자로서 철학의 체계를 새롭게 세워 나갔다.

동양은 서양의 스콜라철학을 집대성한 토마스 아퀴나스보다 한 세기 앞선 12세기에 주희(1130~1200)가 공자의 사상을 재해석해 주자학을 확립하였으나 이후 '학문의 절대주의'에 빠져들었다. 주자학은 통치학의 근간이 됨으로써 동양사회를 중세사회에 버금가는 암흑기로 빠져들게 했다. 동양은 19세기까지도 주자학의 미망에서 벗어나지 못했다.

이 시기에 서양은 정신사적·문명사적 측면에서 동양에 대해 완승을 거두었다고 할 수 있을 것이다. 이로써 기원전 10세기부터 기원후 10세기까지 약 2,000년 동안 유지되던 동서양의 균형은 무너져버렸다. 이는 서울대 권장도서 목록에도 여실히 드러난다. 이 시기 저술 중 서양의 것은 28선에 이르는 데 비해 동양은 11선에 머물고 있다. 물론 이 목록을 절대적인 기준으로 삼는 것은 곤란하지만, 대체적인 윤곽을 보여주는 자료로는 활용할 수 있을 것이다.

한번 뒤집힌 관계는 쉽사리 역전될 기미를 보이지 않았다. 서양은 철학이나 경제학 등에서 동양보다 훨씬 뛰어난 학문적 진보를 거듭했다. 마르크스는 19세기에 『공산당선언』과 『자본론』이라는 걸출한 저작을 탄생시켰다. 프로이트는 20세기가 시작하는 1900년에 『꿈의 해석』을 내놓았다. 그의 정신분석학은 학문의 세계를 전혀 다른 차원으로 끌어올렸다. 막스 베버는 자본주의 정신을 규명함으로써 서구 자본주의에 대한 명쾌한 이론을 제시했다.

코페르니쿠스로부터 시작된 실험과 관찰, 도전정신은 지금까지 서구에 이어져오고 있다. 동양은 그 성과를 따라가는 추세가 500년이 넘게 지속되고 있다. 이제 새로운 천년이 열린 지도 십여 년이 지났다. 세상은 속도를 체감할 만큼 빠르게 변화한다. 바로 몇 개월 전까지 유효했던 기술 또는 유행이 허무하게 사라져버리고는 한다. 바로 며칠 뒤의 일도 내다보기 어려운 시대. 과연 21세기는 동서양의 지성사가 어떤 모습으로 성숙해갈까. 이 세기에 동양과 서양의 각축이 다시 시작될 수 있을지, 기대해본다.

지눌의 『보조법어』

—

어지러운 시대,
불교의 기본을 되찾다

—

21

고려시대의 고승 보조국사 지눌의 진영(보물 제1639호)
대구 동화사에 보존되어 있는 그림이다. 지눌은 고려불교가 타락해 극심한 모순을 드러내고 있을 때 불교의 기본으로 돌아가자는 내용을 담은 「정혜결사문」을 지었다.

부처는 밖에 있지 않고
내 마음에 있다

땅으로 해서 넘어진 사람은 땅을 의지해서 일어나라.

– 이하 『보조법어』(보성문화사, 2011)

820년 전 이 땅에서 불교의 새로운 출발을 알리는 신호탄이 되었던, 『정혜결사문』定慧結社文의 첫 문장이다. 『정혜결사문』은 당시 고려 불교가 왕권과 유착해 극심한 모순을 드러내고 있을 때 보조국사 지눌(1158~1210)이 제창한 일종의 불교개혁 선언문이다. 지눌은 25세 때 승과에 합격한 뒤, 출세가 보장된 길을 버리고 타락한 불교를 개혁하기로 마음먹었다. 그리고 33세에 『정혜결사문』을 지었다. 요즘도 경제나 정치 또는 종교가 혼란상을 보이며 갈피를 잃을 때면 흔히 '기본으로 돌아가자'라고 말한다. 『정혜결사문』은 한마디로 '계율을 지키는 불교·마음을 닦는 불교·지혜를 참구하는 불교'로 다시 돌아가자는, 즉 불교의 기본인 '계·정·혜'戒·定·慧의 '삼학'三學에 충실하자는 선언이다. 그가 제목을 『정혜결사문』이라고 한 것은 정과 혜를 전제로 계를 지켜야 한다는 의미다.

그는 계율을 지키고 마음을 닦으며 지혜를 구하는 것이 불교의 기본으로 돌아가는 것이라고 강조한다. 불교가 타락한 것도 불교적 삶의 기초인 계율을 게을리했기 때문이라고 지눌은 생각했다. 이러한 계율과 선정, 지혜는 이후 한국불교에서 닦음의 기본을 이루었다. 지눌은 『정혜결사문』에서 당시 불교의 타락상에 대해 이렇게 개탄했다.

슬프다. 대저 삼계를 여의고자 하지만 번뇌를 끊는 수행이 없으니 한갓 몸만 남자일뿐 그 뜻은 장부가 아니로다.

즉 삼계(중생이 왕래하는 세 가지 세계. 욕계, 색계, 무색계)를 벗어나려 하면서도 속세를 벗어나기 위해 정진하지 않고, 한갓 사내의 몸으로 중이 되었을 뿐 '고승'이 되려는 뜻을 품지 않는다고 갈파한 것이다. 또한 지눌은 『정혜결사문』에서 먼저 '명리를 버리라' 하며 이렇게 질타한다.

그러나 우리가 조석으로 하고 있는 자취를 돌이켜 보건대 불법을 빙자하여 '내다, 남이다' 하는 상만 꾸미고 명예와 이해의 길로만 달리어 욕망의 티끌 세계에 빠져서 도덕은 닦지 않고 옷과 밥만 허비하니 아무리 출가한들 무슨 공덕이 있겠는가.

출가한 승려가 속인들처럼 오히려 세속의 명예와 이익을 탐한다는 지적이다. 지눌의 말에서 2014년 한국을 방문했던 프란치스코 교황이

"재물을 탐하는 수도자가 교회에 해를 끼치고 있다"라고 한 말이 연상된다. 예나 지금이나 성직자가 세속의 권력이나 재물을 추구하는 행위는 종교의 타락뿐 아니라 사회와 국가의 타락으로 이어지는 법이다.

지눌은 계·정·혜를 대중이 쉽게 이해하고 실천할 수 있는 규범으로 만들어 보급했다. 이것이 오늘날까지 한국불교에서 출가한 행자가 처음으로 배우는 책인 『계초심학인문』誡初心學人文이다. 『정혜결사문』을 반포하면서 불교개혁에 나선 지눌은 오늘날 한국불교의 전통이 된 조계종(중국 선종의 제6조인 조계 혜능을 법조로 삼고 혜능의 선지를 종으로 한 종파)을 확립했다.

지눌은 『정혜결사문』에서 타락한 고려불교를 정법불교로, 왕실의 불교를 대중의 불교로, 기복과 의례에 치중하는 불교를 수행하는 불교로, 명리를 추구하는 불교를 선정과 지혜를 함께 닦는 수심불교로 전환할 것을 촉구한다. "땅으로 해서 넘어진 사람은 땅을 의지해서 일어나라"라는 지눌의 말은 바로 '마음'의 중요성을 강조한 것이다. 마음 닦음은 지눌이 지향한 '수심'修心불교의 핵심이다. 마음을 떠나서 존재하는 것은 아무것도 없기 때문이다. 우리가 어떤 대상에 미혹하고 또 어떤 대상으로 인해 깨닫게 되는 것은 다 하나의 마음에서 비롯한다. 당나라 유학길에 올랐던 원효와 의상대사가 해골바가지 물을 마시고 깨달음을 얻었다는 일화는 너무도 유명하다. "마음이 생기면 일체법이 일어나고 마음이 없어지면 우주 만유도 따라서 없어진다"라는 깨달음 말이다.

지눌은 본래부터 우리가 부처의 마음을 갖추고 있다고 말한다. 인간은 비록 나고 죽는 괴로움 속에 던져져 있으나 부처와 추호도 다르지 않은 성품, 즉 부처의 마음을 타고난다는 것이다. 그 마음을 확연히 깨치고 생활 속에 드러내도록 수행하면 누구나 부처가 될 수 있다는 것이 지눌의 생각이었다. 이런 유형의 실천을 종교학에서는 자력종교라 한다. 지눌이 강조한 수심불교의 기본을 잘 드러내는 말이 있다. "스스로 부처의 마음을 닦고, 스스로 부처의 도를 이룬다"라는 말이다. 또한 지눌은 "시대는 변천하나 마음의 성품은 변하지 않는다"라고도 했다. 사람의 마음은 혼탁한 세태에 영향을 받지만 근본 마음은 변하지 않는다는 의미다. 그가 그 근본 마음이 자신 안에 있음을 깨닫는 것이 부처가 되는 것이라고, '그 마음이 곧 부처'라고 말하는 이유다.

'참 나'를 잃은 범부들은 본래의 마음으로 돌아가야 한다. 『법화경』에는 '장자의 궁한 아들 이야기'[1]가 나온다. 부러울 것 없이 살던 장자의 어린 아들이 어느 날 집을 나갔다. 그는 여기저기를 떠돌면서 거지 신세로 문전걸식하며 수십 년의 세월을 보냈다. 고향이 어디였는지도 잊은 지 오래다. 걸식하며 떠돌던 그는 우연히 자기 집까지 오게 되었다. 수십 년이 지났지만 아버지는 그가 자기 아들임을 알아보고 맞으려 하였다. 하지만 아들은 두려운 마음에 도망을 치고 만다. 장자는 하인을 시켜 아들을 집으로 데려온 뒤, 그가 자신의 아들이라는 내색을 전혀 하지 않고 허드렛일부터 재산관리에 이르기까지 몇 년 동안 훈련을 시켰다. 마침내 재산을 관리할 능력을 갖추게 되자, 장자는 동네 사람들을 모아 크게 잔치를 열고 그가 어릴 때 집을 나간 아들임을 밝히며 자신의 전 재산을 물려주었다.

집을 나가 거지 신세로 떠도는 아들은 바로 윤회하는 세계를 여기저기 떠돌며 고생하는 우리 중생을 의미한다. 그가 마침내 고향집에 돌아가듯이, 우리도 본래의 마음으로 돌아가야 한다. 번뇌망상과 경거망동을 털어버리고 본래의 적적한 자리로 돌아가야 하는 것이다. 그것이 '견자본성'見自本性, 즉 본성을 보는 것이며 깨달음으로 가는 돈오의 길이다.

지눌은 번뇌에 싸인 범부가 여래(부처)로 변해가는 과정을 '돈오점수'頓悟漸修, 즉 단박 깨달아 점차 닦는 것으로 설명했다.

점차로 닦는다(점수) 함은 비록 본성이 부처와 다름이 없음을 깨달았지만 끝없이 익혀온 습기習氣(번뇌로 인한 버릇)를 갑자기 대번에 없애기 어려우므로 깨달음을 의지해 닦아서 점점 익히어 공이 이루어지게 되고 성인의 태를 오래 기르므로 성인을 이루게 되기 때문이니, 그래서 점수라 하는 것이다.

그는 돈오점수의 과정을 아기가 어른이 되는 과정에 비유한다.

비유하건대, 어린 아기가 처음 태어났을 때에는 모든 기관이 갖추어져 있음은 어른과 조금도 다름이 없지만, 그 힘이 충실치 못하기 때문에 상당한 세월을 지내고서야 비로소 어른이 되는 것과 같으니라.

돈오는 자신의 참된 자아와 마음을 홀연히 발견하게 되는 것을 의미한다. 즉 돈오는 찰나에서 자신의 본성을 발견하는 것으로, 자신의 본성을 봄으로써 부처가 되는 경험을 뜻한다. 따라서 돈오점수란 범부가 자신이 곧 부처임을 깨달았더라도 법의 힘을 빌려 익히고 닦아야 한다는 것이다. 이때 돈오는 점수를 반드시 전제로 해야 하며, '돈오'가 갖추어진 상태의 '점수'여야 비로소 그 빛을 발한다. 돈오는 점수를 전제해야 한다는 말은 자신의 본성을 깨닫고 난 후에는 반드시 자신을 닦는 과정이 있어야 진실로 깨달음의 경지에 오를 수 있다는 뜻이다. 말하자면 돈오는 이론적 깨달음이고 점수는 그 깨달음을 실천해야 온전한 깨달음에 이를 수 있음을 이르는 것이다.

불교의 선종을 중흥시킨 대선사 경허(1849~1912)는 처음에 지눌의 선사상을 무시하다가 뒤늦게 잘못을 깨닫고 송광사의 지눌 영정 앞에서 일주일간 참회기도를 했다는 일화가 전해온다. 반면 8년 동안 눕지도 않고 앉아서 선을 실천했던 성철(1912~1993)은 단박 깨달으면 바로 완전한 부처가 된다는 '돈오돈수'를 주창했다. 성철은 '화두 공부만이 성불의 유일한 기준'이라는, 이른바 '간화선 절대주의'를 내세웠다. 그러면서 지눌을 가리켜 진정으로 깨닫지 못한 조계종의 이단이라고 말해, 불교계에 커다란 파장과 논란을 일으켰다. 그 이후에 돈오돈수론이 더 각광받게 되었고, 지눌 이래 전통으로 자리 잡았던 돈오점수론은 위축되기에 이르렀다.

그러나 초기 불교의 경전인 『아함경』(『서울대 권장도서로 인문고전100선 읽기』 1권 7선 참조)에 따르면, 부처는 큰 깨달음을 얻은 이후에도 지속적으로 수양에 정진할 것을 주문했다. "모든 것이 변한다. 불방일하여 정진하도록 하라." 불방일不放逸이란 수행을 게을리하지 않고 선을 행하는 것을 의미한다. 특히 부처는 대각을 이룬 후에도 법회를 열면서 자신의 죄를 지적해달라고 동료에게 청하는 이른바 '포살자자'布薩自恣 행사를 열었다. 달리 말하자면 부처는 깨달음의 경지에 올랐다 하더라도 지속적으로 수행에 정진하지 않으면 '도로아미타불'이 될 수 있음을 경고한 것이다. 이러한 부처의 사상에 견주어볼 때, 깨달음의 경지는 돈오돈수론보다 돈오점수론이 더 부합하다는 생각을 해본다. 공자 또한 군자(유교사회의 이상적 인격상)의 경지에 올랐다 할지라도 소인으로 떨어질 수도 있다며 끝없는 수행을 강조한 바 있다.

선은 부처의 마음이요
교는 부처님의 말씀

　지눌은 『화엄경』을 공부하면서 선과 교가 둘이 아니라는 '선교일원'을 밝히려 노력했다. 지눌이 성장하던 의종·명종 시대에는 교종계가 불교의 대권을 잡고 있었다. 신라 말 전래된 선불교는 언어문자로 표현된 가르침을 중시하는 교불교와 출발부터 긴장관계에 놓여 있었다. 선불교의 핵심은 마음을 깨치는 데 있고 그것은 불립문자不立文字, 즉 언어문자로 표현된 가르침을 통해서가 아니라 마음을 곧바로 직시하는 것으로 이룰 수 있다고 보았기 때문이다. 당대에는 선과 교가 서로를 원수처럼 보았다고 할 정도로 대립과 갈등이 극심했다. 이에 대해 지눌은 손가락(문자, 즉 법문)에 집착해 달(부처, 즉 진리)을 보지 못하는 것(교불교)이나, 손가락을 무시해 달의 방향을 찾지 못하는 것(선불교)이나 잘못되기는 마찬가지라고 말했다.

지눌은 선과 교가 하나 될 수 있는 방법을 구하기 위해 예천의 보문사에서 3년 동안 대장경을 열람했다. 선과 교가 대립하던 당시, 선승인 지눌이 교불교의 경전인 대장경을 3년이나 열람했다는 것은 아주 파격적인 일이었다. 그는 '마음이 부처'라는 선의 근본 요지와 계합하는 경전의 말씀을 찾기 위해 심혈을 기울였다. 지눌은 다른 사람의 이목을 의식하지 않고 선과 교의 갈등을 해소하려 했던 것이다. 『화엄경』과 이통현의 『화엄론』을 읽고 선과 교가 둘이 아님을 확신한 지눌은 마침내 "부처가 말한 것은 교요, 조사(불교 종파의 시조)가 마음에 전한 것은 선이다"라고 설파했다. 이 말은 뒤에 "선은 부처님의 마음이요, 교는 부처님의 말씀"이라는 말로 받아들여졌고 선과 교를 아우르는 '선교일원'의 원리가 되었다.[2]

지눌에게는 한 가지 해결해야 할 숙제가 더 남아 있었다. 그는 스스로 아직 깨달음이 부족하며, 진리와 하나가 되지 못했다고 생각했다. 지눌은 "어떤 물건이 가슴에 걸려 있는 것이 마치 원수와 함께 있는 것과 같았다"[3]라고 술회했다. 그는 41세 때인 1198년, 지리산 상무주암에 들어가 마지막 정진에 돌입했다. 그리고 『대혜어록』에서 마침내 깨달음을 얻었다.

> 선은 고요한 곳에도, 시끄러운 곳에도 있지 않다. 또한 일상생활하는 곳에도 있지 않고 생각하고 분별하는 곳에도 있지 않다. 그러나 고요한 곳, 시끄러운 곳, 일상 인연에 따르는 곳, 생각하고 분별하는 곳을 버리지도 말고 참구해야만 한다.
> — 『보조국사의 생애와 사상』(불일출판사, 2011)

말하자면 그 자신을 가두고 있던 벽이 허물어져 어떤 것에 얽매이지 않고도 깨닫게 되었다는 것, 깨달음을 가로막고 있던 장벽이 없어졌다는 의미다. 『대혜어록』을 통한 지눌과 대혜의 만남은 한국불교 역사에서 중요한 의미를 가진다. 한국의 선불교와 대혜의 '간화선'看話禪(화두를 사용하여 진리를 깨닫고자 하는 선)의 첫 만남이기 때문이다.

오늘날 간화선이 한국불교의 대표적인 수행 전통으로 굳건히 자리 잡게 된 것도 이 만남에서 그 뿌리를 찾을 수 있다. 화두를 참구해서 바로 깨쳐 들어가는 '경절문'徑截門, 즉 점진적으로 일정한 수행 단계를 거치지 않고 곧바로 부처의 경지에 이르는 수행법의 연원이 바로 상무주암의 체험에 있는 것이다. "선은 조용한 곳에도 시끄러운 곳에도 있지 않다"라는 『대혜어록』을 통해 깨달음을 얻은 지눌은 더 이상 고요한 곳에만 머무를 필요가 없게 되었다. 그는 다시 대중 속으로 내려와 송광사를 거점으로 정혜결사 운동을 본격화했다. 오늘날 송광사에 조계총림이 자리하는 연유가 여기에 있다.

지눌은 '마조도일의 일화'를 들어 잘못된 수행 방식을 지적한다. 마조도일은 출가해 열심히 좌선을 했다. 하루는 그의 스승 회양선사가 그에게 좌선을 해서 무엇을 하려는지 물었다. 부처가 되고자 한다고 하자 스승은 벽돌을 가져와 갈기 시작했다. 제자가 벽돌을 왜 가느냐고 묻자 거울을 만들기 위해서라고 대답한다. 마조는 우습다는 듯이 "벽돌을 갈아 어떻게 거울을 만들 수 있습니까" 하고 물었다. 이에 회양은 "벽돌을 갈아서 거울을 만들 수 없다면 그렇게 앉아만 있어서 어떻게 부처를 이룰 것인가"라고 말했다. 그제서야 마조는 마음의 실다운 모습을 깨쳤고, 벽을 마주하고 앉아 수행한다고 해서 도를 깨칠 수 있는 것이 아님을 알게 되었다.

지눌은 교부철학의 황금기를 구가한 토마스 아퀴나스(1225~1274)를 연상케 한다. 아퀴나스는 종교가 권력을 쥐락펴락하고 신앙의 초월성이 지배하던 중세시대에 신앙과 이성의 내적 종합을 추구했다. 그는 신앙의 초월성(신중심주의)과 인간 이성의 자율성(인간중심주의)을 양립시키는 데 성공했다. 지눌도 당시 고려불교를 휩쓸고 있던 교종과 대립하기보다 선종에 무게중심을 두면서 교종과 선종의 내적 종합을 추구했고 그 정신이 오늘에까지 이르고 있다. 지눌은 선과 교가 대립한 고려불교를 조계종이라는 큰 강으로 합류시켜 불교 역사의 새로운 장을 열었던 것이다. 지눌이 설파한 '정혜쌍수'와 '돈오점수'는 타락이 극심했던 시절 진흙탕에서 피어난 한 떨기 연꽃이라고 할 수 있겠다. 경제적 양극화와 계층 및 지역 갈등으로 사회적 분열이 극심한 '지금, 여기'의 우리에게도 그 통합의 묘법이 필요하다.

『보조법어』 읽는 법

지눌의 『보조법어』(1197)는 심재열의 원문 번역본(보성문화사, 2007)을 추천한다. 세로쓰기여서 읽기에 불편하지만 해설이 일목요연하다. 『수심결』과 『정혜결사문』 『간화결의론』도 각각 단행본으로 나와 있다. 보조국사 열반 800주년 기념사업회가 펴낸 『보조국사의 생애와 사상』(불일출판사, 2011)을 먼저 읽고 『보조법어』를 읽는 편이 더 이해하기 쉽다.

일연의 『삼국유사』

—

우리에게
신화의 공간을 선사하다

—

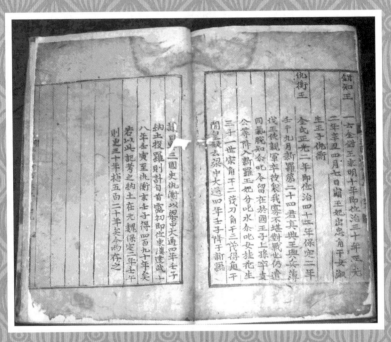

조선 중종 7년(1512) 경주에서 간행한 『삼국유사』(중종 임신본)
일연은 『삼국유사』를 지음으로써, 김부식의 『삼국사기』가 매우 짧게 한정한 우리 민족의 역사를 상고시대까지 확장했다.

우리 민족의 시원이 담긴,
보고寶庫와 같은 역사서

　이른바 '축의 시대'에 탄생한 인류의 위대한 고전들을 대할 때면 절로 탄성이 나온다. 기원전 800년, 1000년이라는 까마득한 과거의 이야기들이 지금까지 전승되어오고 일부는 기록으로 남아 있다는 사실을 접하면 질투심이 샘솟는 것이다. 중국의 경우, 공자가 기원전 5세기에『춘추』와『시경』을 지었다. 이로써 고대세계에 대한 본격적인 기록 작업이 시작되었다.『춘추』는 고대 역사를,『시경』은 고대의 노래를 정리한 것이다.『춘추』에는 노魯나라 은공 원년(기원전 722년)부터 애공 14년(기원전 481년)까지의 역사가 기록되어 있는데, 사마천은『사기』에서 "『춘추』는 노의 역사를 중심으로 삼고, 주周를 종주로 하고 은殷의 제도를 참작하여 하夏·상商·주周 3대의 법률을 계승하고 있다. 그 문사文辭는 간략하지만 제시하고자 하는 뜻은 넓다"라고 평했다. 즉『춘추』는 노나라의 역사에 더해 고대시대가 시작된 상고시대까지를 다루고 있다.

우리의 시원을 기원전 57년으로 한정한 김부식(1075~1151)의 『삼국사기』는 우리의 역사를 상고시대로 확장할 여지와 역사적 상상력을 가로막는 책이었다. 일연(1206~1289)은 『삼국사기』(1145)가 쓰여진 후 130여 년이 지나 『삼국유사』(1281)를 집필했다. 일연은 중국을 우러러보는 '모화주의'를 강조한 『삼국사기』에 아쉬움을 느끼고 이를 보완하기 위해 『삼국유사』를 지었다고 밝히고 있다. 일연은 한국도 중국 못지않게 유구한 역사를 지닌 민족임을 드러내고자 했던 것이다. 『삼국유사』에서 가장 먼저 등장하는 것은 우리 민족의 시조가 된 단군에 대한 기록이다. 책의 앞부분에 단군신화를 배치했다는 데서, 이 책을 쓴 일연의 의도가 드러난다고 하겠다. 사마천이 『사기』 「본기」의 첫머리에서 삼황오제를 그들의 조상으로 내세운 것과 유사하다. 일연은 기자 및 위만조선 등에 대한 서술을 통해 우리 민족이 4,000년의 역사를 가졌음을 강조한다.

『삼국사기』와 『삼국유사』는 '괴력난신'怪力亂神(이성적으로 설명하기 어려운 불가사의한 존재나 현상을 이르는 말)에 대한 관점에서 차이를 보인다. 『논어』 「술이」 편에는 "공자는 괴력난신에 대해 말하지 않았다"子不 語怪力亂神라는 말이 나온다. 이에 유학자였던 김부식은 괴력난신에 대한 이야기를 『삼국사기』에 싣지 않았다. 반면 일연은 괴력난신의 이야기야말로 고대인들의 세계관을 보여준다고 생각했으며, 그것으로 『삼국유사』를 시작했다. 서구의 문화적 기반이 된 고대 그리스·로마 신화의 세계를 떠올려보면, 일연의 생각이 타당함을 알 수 있을 것이다. 서구 세계는 고대 그리스·로마의 신화를 떠나서는 이해할 수 없을 정도다. 고대 중국에서도 역사 서술을 괴력난신의 이야기로 시작하는 것이 흔하다.

다만 일연은 당대 고려사회의 주류였던 유학자들에게 자신의 책이 괴력난신의 이야기로만 비추어지지 않을까 염려해, 책의 첫머리에 다음과 같이 썼다.

대체로 옛 성인들은 예악으로 나라를 세웠고, 인의로 가르침을 베풀려 하며 괴이·완력·패란·귀신(괴력난신)에 대해서는 어디에서도 말하지 않았다. 그러나 제왕이 일어날 때에는 반드시 부명符命(하늘이 제왕이 될 만한 사람에게 내리는 상서로운 징조)을 받고 도록圖籙(천신이 주는데 어떤 증표를 찢거나 나누어 서로 지니다가 뒷날 맞추어 증거로 삼은 물건)을 받는 것이 반드시 보통 사람들과는 다른 점이 있었고 그런 뒤에 큰 변화가 있어 천자의 지위를 장악하고 제왕의 대업을 이룰 수 있었다.

– 이하 『삼국유사』(민음사, 2008)

일연은 "옛 성인들은 괴력난신에 관해 말하지 않았다"라고 인정하면서도, 건국의 영웅들은 남다른 점이 있다고 말한다. 그 '남다른 점'이 바로 괴력난신의 내용이다. 일연은 중국의 복희씨·신농씨와 같은 신화 속 인물을 비롯하여 한나라를 건국한 유방까지 괴력난신의 예로 소개한다.

그러므로 삼국의 시조가 모두 신비스럽고 기이한 데서 나온 것이 어찌 괴이하다 하겠는가? 이는 「기이」 편을 모든 편의 첫머리에 싣는 까닭이며 의도다.

우리나라 역사가 단군이나 주몽 같은 신들의 이야기로 시작되는 것이 전혀 이상할 것 없다는 의미다. 정사인 『삼국사기』에 대한 유쾌한 도발이 아닐 수 없다.

『위서』에 이렇게 말했다. 지금으로부터 2,000년 전에 단군왕검이 있어서 아사달에 도읍을 정하고 나라를 열어 조선朝鮮이라 불렀으니, 바로 요堯 임금과 같은 시기다(기원전 2333).

일연이 맨 먼저 인용한 책은 단군에 대한 기록이 나오는 『위서』다. 이 기록이 단기의 근거가 된다. 이어 그가 인용하는 책은 『고기』다.

단군은 당요(요임금)가 즉위한 지 50년이 되는 경인년에 평양성에 도읍하고 비로소 조선이라고 불렀다. 그는 1,500년간 백악산에서 나라를 다스렸다. 주나라 무왕이 즉위하던 기묘년(기원전 1122)에 기자箕子를 조선에 봉했다. 그래서 단군은 장당경으로 옮겼다가 그후 이사달로 돌아와 숨어 살면서 산신이 되었는데 이때 나이가 1908세였다.

여기서 일연은 공자의 '술이부작'述而不作 정신을 철저히 지킨다. '술이부작'이란 전해져오는 옛것을 기술만 할 뿐 창작하지 않는다는 말이다. 즉 선인의 업적에 이어 이를 설명하고 서술할 뿐 새로운 부분을 만들어 첨가하지 않는 태도를 의미한다. 일연도 단군을 소개하면서 중국 남북조시대에 쓰여진 『위서』를 먼저 인용하고, 이어 『고기』에 나오는 단군의 기원을 상세히 전한다. 중화주의자들을 설득하기 위한 장치로 당나라 『배구전』과 『통전』도 인용한다.

단군신화는 일연의 창작이 아니라 예로부터 전해오던 기록을 가져온 것이다. 일연은 옛 문헌을 인용하면서 작은 글자로 부연 설명을 하는 정도에 그친다. 김부식도 삼국의 역사를 쓰면서 『위서』나 『고기』의 기록을 당연히 보았을 것이나, 괴력난신이라며 이를 반영하지 않았다. 또 우리나라의 역사가 요나라 등 중국의 상고시대와 비슷한 시기에 시작되었다는 사실도 애써 무시했다. 그러나 일연은 『위서』와 『고기』 등의 기록을 받아들이고, 여기에 불교적 상상력을 가미해 새로운 관점에서 삼국의 역사와 우리 민족의 시원까지를 기록하려 시도했다. 즉 일연은 우리 역사의 시간을 2,000년 더 확장한 셈이다. 조선 후기 숙종 때 북애자는 『규원사화』에서 단군왕검부터 고열가까지 46대에 걸친 왕검 족보를 소개했다. 이를 바탕으로 계산하면 대략 1,900년 정도의 기간을 맞출 수 있다.

그런데 허경진 연세대 교수는 일연의 상상력은 엉뚱한 곳에서 문제를 일으켰다고 분석한다. 환웅이 신단수 아래에 내려와 곰과 혼인하여 단군을 낳은 이야기를 의심 없이 기록하면서 환웅이 내려온 태백을 지금의 묘향산이라고 설명한 것을 지적한다. 환웅과 곰의 혼인도 받아들였던 그가 정작 태백의 위치에 대해서는 상상을 포기하고 당시 고려의 영토 안에서 가장 신성시되었던 묘향산을 태백으로 설정해버린 것이다. 괴력난신을 자유롭게 넘나들었던 그의 상상력은, 영토 문제에서는 한반도라는 지형에 갇히고 말았다.[4]

성자의 윤리와
영웅의 윤리

『삼국유사』는 '괴력난신'으로 시작해 건국신화·구전 설화·불교사를 새 역사로 통합하고, 그 속에 향가 14수를 기록해 역사·불교·문학의 광대한 문화 광맥을 되살려낸 저서다. 이 책은 모두 5권 9편의 139개 항목으로 구성되어 있다. 「왕력」王曆 편은 연대기를, 「기이」紀異 편은 역사를, 「흥법」興法 편 이하는 불교설화를 중심으로 서술한다. 『삼국유사』에서 가장 중요한 부분이 바로 「기이」 편과 향가가 기록된 부분일 것이다. 여기에 역사서로는 이례적으로 효행을 기록한 「효선」孝善 편이 눈길을 끈다.

『삼국유사』 원문을 읽으면서 『이어령의 삼국유사 이야기』(서정시학, 2006)를 곁들이면 『삼국유사』 속 이야기들의 의미를 더 깊이 이해할 수 있다. 먼저 이어령은 『삼국유사』에는 우리 민족의 '원형'archetype이 담겨 있다고 말한다. 이어령에 따르면, 단군신화에 나오는 곰은 한국인의 '마음의 기호'다. 곰과 호랑이는 바로 우리의 가치관을 나타내는데, 이어령은 호랑이는 현실적이고 외적인 힘의 상징이며 곰은 이상적이고 내면적 힘의 상징이라고 풀이한다. 한국에서 산신의 화신은 곰이 아니라 호랑이다. 반면 지명을 보면 '웅진'을 비롯해 호랑이보다는 곰에게서 유래된 지명이 더 많다. 호랑이는 조선에서 무반의 상징이 된다. 곰은 힘을 안으로 간직한 자로, 끈기와 참을성이 있는 '인자'忍者를 상징한다. 즉 호랑이가 '영웅'이라면 곰은 '성자'聖者다. 즉 곰은 덕치주의와, 호랑이는 패권주의와 연결된다. 인간이 되는 승부에서 곰이 이겼다는 것은 우리 민족이 패권주의보다는 덕치주의의 문화성을 더 높이 샀다는 증거라고 이어령은 분석한다. 반면 서구는 식민지 팽창 정책에서 보듯이 패권주의를 추구해왔다.

이어령은 통일신라의 위업을 이룬 김유신의 이야기를 통해 유럽의 '영웅의 윤리'와 우리 민족의 '성자의 윤리'를 비교한다. 고대 이래로 서양 영웅들은 반역과 파멸의 운명을 지녔다. 이들에게 행복한 결말은 부재하며, 상처뿐인 영광을 누린 후 이들의 삶은 여지없이 파괴되었다.

김유신은 몰락한 가야의 왕손이었다. 골품제가 뿌리 깊은 신라에서는 도저히 대성할 길이 없었다. 그는 신라 왕족인 김춘추와 여동생을 이용한 모략과 간계로 출세의 길을 튼다. 김춘추에게는 이미 처와 자식이 있었지만, 그럼에도 김유신은 어린 여동생 문희로 하여금 그를 유혹하도록 유도했다. 김유신은 축국 경기 도중 김춘추의 소매가 찢어지자, 그것을 기워준다는 구실로 그를 문희의 방에 집어넣었다. 처녀인 문희는 성혼도 하지 않은 채 임신하게 된다. 김유신은 그것을 역이용해 문희가 김춘추의 정실부인이 될 수 있도록 재빨리 일을 꾸몄다. 선덕여왕이 첨성대 구경을 하고 남산에 올라 놀이를 하던 날 자기 집 문 앞에다 불을 지른 것이다. 그는 여동생을 불태워 죽이려는 척 연극을 벌였고, 결국 왕을 속여 넘기고 여동생과 김춘추의 혼인을 성사시켰다. 이 이야기에는 김유신의 영웅적인 모습보다는 '모사가'의 음흉한 모습이 부각된다. 아무리 삼국 통일에 기여한 바가 크다 해도 그것이 어린 동생의 청춘을 팔고 김춘추의 가정을 파괴한 김유신의 행동을 정당하게 만들어주지는 않는다.

살인자는 용서받아도 비겁자는 용납되지 않는 유럽의 윤리는 '영웅의 윤리'다. 그러나 우리 민족의 윤리는 폭력의 영웅을 부정하는 '성자의 윤리'다. 그 투쟁은 지략의 싸움, 즉 간계에 의존할 수밖에 없다. 유럽 문화의 또 다른 기반을 이룬 기독교 역시 우리와 같은 '성자의 윤리'를 추구한다. 성서에서 보듯 기독교에서는 독수리나 사자가 아닌 비둘기와 양을 이상으로 삼는다. 또한 폭력은 금지되어 있지만 약간의 간계와 비겁함은 용서받는다. 예수 역시 제자들에게 "비둘기처럼 순수하고 뱀처럼 교활하라"라고 일렀다.

『삼국유사』를 보면 간계에 의한 싸움이 용서받았던 사실이 도처에서 발견된다. 이방에서 들어와 신라 4대 임금이 된 탈해는 신라에 정착하는 과정에서 모략을 꾸며 타인의 집을 빼앗았다. 그는 호공의 집에 몰래 숯을 묻어두고는, 이튿날 그 집을 찾아가 이곳이 자기 조상들이 살던 집이라고 주장한다. 집 주인이 그를 관가에 고발하자 관에서는 탈해에게 그 증거를 대라고 했다. 탈해는 본디 우리 조상은 대장장이였는데 잠시 이웃 시골에 간 동안 다른 사람이 이 집을 빼앗았다고 말하면서 그 땅을 파보면 숯이 나올 것이라고 했다. 관가의 사람들이 땅을 파헤치자, 탈해가 미리 묻어두었던 숯이 나왔다.

아내를 역신에게 빼앗긴 처용 역시 '성자의 윤리'를 체화한 인물이다. 그는 복수를 하지 않는다. 역신은 처용의 인품에 감격했다지만, 이러한 윤리는 정당하게 앞에서 싸우는 대신 이면에서 암투를 벌이는 '모략의 문화'를 만들어내기도 한다. 대표적인 것으로는 조선시대 당쟁을 꼽을 수 있다. 이어령은 『삼국유사』의 원형을 이루는 담론을 통해 현재 우리 사회의 부정적 단면들을 들추어낼 수 있다고 지적한다. 즉 한국 사회가 분열된 것, 기업 등 조직에서 모략이 횡행하는 것 등은 투쟁보다 끈기를 요구하는 '성자의 윤리'에서 비롯된 부정적인 징후라고 할 수 있다는 것이다.

김부식은 『삼국사기』를 쓰면서 한국의 전통 자료와 문헌들을 무시하고 중국 자료에 전적으로 의존했다. 일연은 단군을 세우기 위해 『삼국유사』에서 다양한 사료와 문헌을 인용해 치밀한 설득 장치를 마련했다. 그는 『삼국유사』를 통틀어 『위서』 등 중국의 자료는 27종, 한국의 자료는 50종이 넘게 인용했다. 고기, 향가, 비문, 고문서, 전각 등 출처 또한 다양했다. 일연은 이를 통해 역사의 영역을 상고시대까지 확대할 수 있었다. 이어령과의 대담에서 이채강 시인은 "일연이 『삼국유사』에 적은 단군 기록은 반 페이지도 안 되는 기록이지만 그 내용은 한국 영토의 수만 페이지처럼 여겨지는 상상력의 땅을 펼쳐 보이고 있다"[5]라고 말한다. 그 상상력의 땅에 옷을 입혀 우리의 문화적 자산으로 만드는 것은 오로지 후대의 몫이다.

『삼국유사』 읽는 법

『삼국유사』(1281년 편찬 1320년 간행)는 이가원·허경진이 옮긴 번역본(한길사. 2006)과 김원중 번역본(민음사, 2008)을 추천하고 싶다. 『이어령의 삼국유사 이야기』(서정시학, 2006)는 우리 역사를 보는 또 다른 시각을 제공한다.

단테의 『신곡』

—

고통 속에서 쓰여진
불멸의 고전

—

23

서울대 권장도서 · 23선

이탈리아 토스카나 지역의 단테 두상
단테는 피렌체에서 추방된 후 긴 유랑 끝에 『신곡』의 구상을 마치고 13년 동안 이 방대한 서사시를 집필했다.
마치 웅장한 건축물과도 같은 이 작품을 통해 단테는 독자들을 지옥·연옥·천국으로 안내한다.

가상의 지옥 여행을 통해
들려주는 구원의 길

인생의 중반기에

올바른 길을 벗어난 내가

눈을 떴을 때는 컴컴한 숲이었다.

그 가혹하고도 황량한, 준엄한 숲이

어떠했는지는 입에 담는 것조차 괴롭고

생각만 해도 몸서리친다.

그 괴로움이란 진정 죽을 것만 같은 것이었다.

－ 이하 『신곡』(동서문화사, 2007)

단테(1265~1321)의 『신곡』은 이렇게 시작한다. 단테가 「지옥」 편을 구상하기 시작한 것은 39세 때인 1304년 무렵이다. 결혼해 부인과 세 자녀와 단란하게 살며 정치적 야망을 불태웠던 37세(1302년)의 단테는 하루아침에 정변에 휘말려 국외 추방자 신세가 되었다. "인생의 중반기"란 바로 그 시기를 가리키는 것이다. 유랑생활은 그가 세상을 뜬 1321년까지 끝나지 않았고 『신곡』은 그러한 경험을 자양분으로 삼아 한 권의 책으로 세상에 남았다. 사마천이 말한, 이른바 '발분저서'인 것이다.

단테는 피렌체에서 추방된 후 2년 동안 실의의 나날을 보냈다. 유랑생활 2년 만에 그는 『속어론』과 『향연』을 쓰기 시작했다. 이어 42세에는 『신곡』의 구상을 마치고, 집필에 착수했다. 그는 죽음에 이르기까지, 13년이라는 세월을 꼬박 『신곡』을 쓰는 데 바쳤다.

단테는 「천국」 편을 빌어 자기를 추방한 피렌체 사람들에게 이렇게 말한다.

> 하늘을 시로 읊고 땅을 시로 읊는 이 『신곡』을 위하여 오랜 세월 뼈를 깎는 듯한 고생을 거듭하여 몸도 야위었지만, 그 옛날 아직 어린 양이었던 시절 저 아름다운 양우리(피렌체)에서 자던 나를 몰아낸 흉악한 이리들의 잔혹 무도함을 만약 이 시(코메디아)가 무찌를 수 있다면 그때는 목소리도 머리털도 이미 변해버렸을 것이지만, 나는 거기 시인으로 되돌아가 나의 세례당의 우물가에서 머리에 관을 쓰게 되리라.

추방의 고통이 그에게 얼마나 사무쳤는지를 짐작케 해주는 대목이다. 추방생활을 견디게 해준 사람은 베아트리체였다. 그에게 베아트리체는 구원과도 같았다. 단테의 문학은 베아트리체와의 사랑으로 이루어져 있다고 해도 과언이 아니다. 아홉 살 때 만나 열여덟에 재회하고, 스물두 살에 다른 남자와 결혼한 뒤 스물다섯에 죽은 베아트리체를 단테는 잊지 못했다. 단테가 창조한 베아트리체의 형상은 문학사상 가장 유명한 허구의 여인 가운데 하나가 되었다. 영국 화가 헨리 홀리데이(1839~1904)는 이들이 우연히 재회하던 날의 풍경을 화폭에 담아냈다.

『신곡』은 지옥·연옥·천국 편으로 이루어진 방대한 서사시다. 그 형식과 구조는 마치 웅장한 건축물과도 같다. 각 편은 33곡으로 구성되며 「지옥」 편에는 서곡이 추가되어 모두 100곡을 이룬다. 그가 아버지처럼 존경하던 베르길리우스가 길잡이로 나타나고 그들은 함께 지옥과 연옥을 돌아본다. 「천국」에서는 그토록 사랑했던 베아트리체를 만나 안내받는다. 실은 베르길리우스는 베아트리체의 간청으로 안내자가 된 것이다. 단테는 아버지처럼 존경하는 시인과 또 사랑하는 여인의 '호위'를 받으며 지옥과 연옥, 천국을 7일 동안 여행한다.

인간은 자신에게 부여된 자유의지를 잘못 사용함으로써 죄를 짓는다. 단테는 「연옥」 편에서 자유의지와 관련해 흥미로운 주장을 펼친다. 인간이 죄를 저지르도록 만드는 것은 다름 아닌 사랑이라고 주장한 것이다(17곡). 연옥의 셋째 둘레에서 베르길리우스는 단테에게 다음과 같이 설명한다.

> 자연적인 사랑은 목적이 그릇된 일이 없다. 그러나 의식적인 사랑은 목적이 불순하다든가 힘이 넘치거나 모자라거나 해서 그릇되는 일이 있다.

자연, 즉 신의 사랑에는 실수나 오류가 없으나 인간의 사랑은 잘못될 수 있다. 자식에 대한 부모의 사랑도, 연인에 대한 사랑도 지나치면 집착이 되듯이 말이다.

『신곡』에는 인간의 자유의지와 죄에 대한 신학적 논의뿐 아니라 단테의 이러한 인간적 삶과 감정까지 고스란히 담겨 있다. 혼란한 정치 싸움의 와중에 부당하게 고향에서 쫓겨났다는 생각은 단테의 뇌리에 깊숙이 박혀 있었다. 그것은 『신곡』에 그대로 반영된다. 혹자는 『신곡』을 가리켜 단테가 욕망을 대리 충족한 작품이라 평하기도 한다. 단테의 독설과 비난이 담긴 해학적 장면들은 또 다른 흥밋거리를 제공하는데, 그의 원한을 가장 많이 샀던 인물은 교황 보니파키우스 8세(재위 기간 1294~1303)다. 단테는 피렌체에 대한 야욕과 함께 흑당을 지원했던 그가 자신을 쫓아낸 장본인이라고 생각했다. 보니파키우스 8세에 대한 단테의 독설은 『신곡』 전반에 걸쳐 기회가 있을 때마다 반복된다.

보니파키우스 8세는 1303년 사망했으므로 단테가 「지옥」 편을 집필했을 무렵에는 살아 있었는데, 단테는 지옥에 그의 자리까지 미리 마련해두고 있다. 그곳은 성직이나 성물을 팔아먹은 고성죄沽聖罪를 지은 죄인들이 구덩이 속에 거꾸로 처박힌 채 발바닥에 불의 세례를 받는 곳이다. 단테는 이탈리아와 피렌체, 가톨릭 교회의 모든 부패와 타락이 보니파키우스 8세의 잘못에서 비롯되었다는 듯 서술해가지만, 『신곡』의 내용은 단테의 개인적 원한에서 비롯되었을 뿐 사실에 근거한 것은 아니다. 보니파키우스 8세가 고성죄를 지었다는 증거는 없을뿐더러 가톨릭의 역사에서 그는 교황권을 확립하기 위해 노력한 인물로 평가된다.

반대로 단테에게 호의를 베푼 사람들은 연옥이나 천국에 배치되고, 감사와 애정이 넘치는 문장으로 묘사된다. 베로나의 스칼리제리 가문, 루니자나의 말라스피나 가문, 라벤나의 폴렌타 가문의 인물들이 그렇다. 이런 인물들은 설령 지옥에 있다 하더라도 연민과 동정심을 불러일으킨다.

대표적인 예로 프란체스카와 파올로의 사랑 이야기(「지옥」 편 5곡)를 들 수 있다. 『신곡』 전체에서 가장 많이 인용되는 에피소드 가운데 하나일 것이다. 단테는 지옥에서 애욕의 죄인 중 프란체스카와 파올로의 영혼을 발견한다. 두 사람은 휘몰아치는 폭풍의 형벌 속에서도 마치 "바람결에 가볍게 걸어가듯 함께"가고 있다. 지옥의 무서운 형벌도 그들을 떼어놓지 못하고 있는 것이다. 단테는 이들 영혼이 이야기하며 우는 모습에, 애처로운 마음을 감추지 못하고 다음과 같이 적었다.

나는 죽은 듯 넋을 잃고
죽은 몸이 넘어지듯이 쓰러졌다.

프란체스카는 망명 중인 단테를 환영했던 라벤나의 귀족 귀도 다 폴렌타Guido da Polenta의 딸이다. 그녀는 1275년 리미니의 귀족 잔치오토 말라테스타Gianciotto Malatesta와 정략 결혼을 하게 된다. 불구의 몸이었던 잔치오토는 결혼식장에 동생 파올로를 대신 내보냈고, 신부 프란체스카는 나중에야 그 사실을 알게 된다. 하지만 프란체스카는 파올로를 사랑하게 되고 두 사람은 잔치오토에게 발각되어 함께 죽임을 당한다.

유럽을 근대로 이끌다

『신곡』의 원래 제목은 희극이라는 의미의 '코메디아'다. 단테는 이를 아리스토텔레스가 『시학』에서 언급한 비극과 대비되는 용어로 사용했다. 그런데 보카치오(1313~1375)가 '코메디아'를 해설하면서 이것은 단순한 희극으로 보기에는 너무나 '신성하다'divina는 의미로, 형용사를 덧붙였다. 그래서 1555년 베네치아 판본부터 '신곡'La divina commedia이라는 제목이 사용되었고 이후 일반적으로 그렇게 불리고 있다.

'코메디아'는 당시 공식 언어였던 라틴어가 아니라, 지방 속어 가운데 하나인 피렌체어로 썼다는 점에서 큰 의미를 지닌다. 이는 조선시대에 김만중이 당대에 '언문'이라며 천대받았던 한글로 『사씨남정기』를 쓴 것과 유사하다 할 것이다.

단테는 『신곡』에서 자신의 삶과 시대적 상황을 절묘하게 문학적으로 형상화했을 뿐 아니라, 중세 전환기 유럽의 사상도 총체적으로 집약해 냈다.『신곡』에서는 피렌체에 대한 단테의 사랑과 증오의 마음이 교차되어 드러난다. 돌아갈 수 없는 고향에 대한 애착이 크고 깊은 만큼 불만과 비난도 강하게 나타나는 듯하다. 그 때문인지 당대 현실에 대한 단테의 불만은 정의로운 사회에 대한 열망으로 이어진다. 단테는 자신의 작품에서 악을 없애고 선을 회복하는 것을 일관되게 추구했으며,『신곡』전반에 걸쳐 복수와 정의에 대한 관념이 집요하게 나타난다.[6]

현실에 대한 비판과 함께 단테는『신곡』에서 완벽한 정의가 구현되는 이상적 세계를 꿈꾸었고 그것은 잃어버린 신성로마제국의 권위를 다시 회복해야 한다는 관념으로 이어졌다. 그가 쓴『제정론』은 황제의 통치는 세속적 질서를 유지하고, 교황은 교회의 지도자로서 인간의 삶을 이끌어야 한다는 주장을 담고 있다. 그가 내세운 '정교분리' 주장은 중세를 뒤흔들었다.

T.S. 엘리엇은 "서양의 근대는 단테와 셰익스피어에 의해 양분된다"라고 말했다. 유럽은 이탈리아어의 아버지라 불렀던 단테, 그리고 근대 문학의 효시로 여겨지는 그의『신곡』을 통해 근대로 향하는 발걸음을 내딛는다.

하지만 근대를 열었다고 평가받는『신곡』은, 엉뚱하게도 아랍의 저승 여행 이야기에 영향을 받았으리라고 추측된다. 바로 20세기 중엽 발견된『무함마드의 계단의 책』이다. 이는 9세기경 쓰인 아랍어 작품으로, 13세기 알폰소 10세의 궁정에서 카스티야어로 번역되었고 다시 라틴어와 프랑스어로 번역되었다. 여러 정황으로 볼 때 단테는 이 책을 읽었거나 그 내용에 대해 들었을 가능성이 높다. 이 책과『신곡』사이에는 많은 유사성이 발견된다. 저승세계의 구조와 형상을 비롯해 천사 가브리엘이 안내자 역할을 맡은 것, 여행의 방식(무함마드의 저승 여행도 밤의 예루

살렘에서 시작한다), 하느님을 묘사하는 빛의 형이상학 등 여러 가지 면에서 그렇다. 말하자면 불후의 명작인 『신곡』도 모방에서 탄생했다는 말이다.

재미있는 이야기가 하나 더 있다. 『신곡』의 마지막 장면에는 장미가 등장한다. 서구세계에서 문명의 역사가 시작된 이후, 장미는 줄곧 꽃의 대표 자리를 지켰다. 이 꽃에 다층적·다의적인 상상이 담긴 것은 어찌 보면 당연하다 할 것이다. 장미는 미의 화신을 상징한다. 붉은 장미는 승리를 과시하는 미와 애욕의 여신 비너스(그리스 신화의 아프로디테)를, 흰 장미는 성모 마리아의 순결과 영적인 사랑을 상징한다. 『신곡』의 최종 장면에서는 새하얗고 거대한 태양이 흰 장미로 변한다. 이와 비슷한 사고방식이 교회 건축의 장미창rose window에도 담겨져 있다. 또한 서양의 실내 장식 가운데 천장 중심에 달린 장미는 '비밀 유지'를 의미한다. 로마 시대에는 비밀회의 장소에 장미를 꽂아두는 관습이 있었다. 회의실 등의 천장 중앙에 장미꽃을 붙이고, 회의의 내용을 외부에 누설하지 않는다는 서약의 표시로 삼은 것이다. 이것이 '장미 밑에 있다'라는 의미의 '서브 로사'sub rosa다.

『신곡』은 선과 악, 죄와 벌, 정치와 종교, 문학과 철학, 신화와 현실 등 인간사의 모든 주제를 끌어안은, 인간의 상상력이 빚어낸 최고의 걸작으로 꼽힌다. 프랑스 화가 귀스타브 도레(1832~1883)가 『신곡』의 장면들을 삽화로 그렸고, 영국의 신비주의 시인이자 화가인 윌리엄 블레이크(1757~1827)는 『신곡』에 심취해 102점의 그림을 남겼다. 니코스 카잔차키스(1883~1957)의 소설 『그리스인 조르바』의 1인칭 화자는 언제나 호주머니에 『신곡』 문고판을 넣고 다니면서 틈나는 대로 아무 데서나 펼쳐 읽는다. 그것도 순서대로가 아니라 여기저기 뒤적이면서. 그에게 『신곡』은 삶이라는 여행의 동반자다.[7]

삶과 죽음은 시대를 넘어 모든 사람의 내면 깊숙한 곳에 자리 잡고 있는, 해결되지 않은 문제다. 아마 앞으로도 해결될 수 없을 이 문제 앞에 선 우리에게, 『신곡』의 저승 여행 이야기는 여전히 많은 것을 가르쳐준다. 그는 죽음 이후의 세계에 대해 이야기하면서 삶의 의미를 되짚어보게 한다. 『신곡』의 저승은 바로 삶의 현실을 비춰주는 거울인 것이다.

『신곡』 읽는 법

단테의 『신곡』(1308년에 집필을 시작해 1321년 사망 직전 퇴고 완료)은 수많은 번역서가 있는데 허인(동서문화사. 2007) 완역본이나 박상진(서해문집. 2005)의 축약본을 보면서 김운찬의 『신곡 : 저승에서 이승을 바라보다』(살림. 2005)을 읽으면 이해가 쉽다.

『신곡』의 영어 번역자로 유명한 도로시 세이어즈(1893~1957)는 『신곡』을 읽는 가장 이상적인 방법은 처음부터 끝까지 곧장 읽는 것이라고 조언한다. 작품의 주변 정보나 구체적인 내용을 이해하지 못하더라도 단테의 목소리를 그대로 따라가야 한다는 의미다. 반면 소설 『그리스인 조르바』의 주인공은 주머니 속에 『신곡』을 넣고 다니면서 아무 때나 여기저기 뒤적이면서 읽는다. 후자의 읽기가 삶을 반추하기에는 더 제격이 아닐까.

마키아벨리의 『군주론』

—

21세기에 『군주론』이
주목받는 까닭은?

—

서울대 권장도서 · 24선

24

MACHIAVELLI

1460
1527

POSTE ITALIANE L.50

I.P.S.·ROMA 1969

마키아벨리의 탄생 500주년을 맞아 1969년 이탈리아에서 발행한 우표
냉혹한 통치론, 혹은 무자비한 처세술이라는 비판이 뒤따르는 마키아벨리의 『군주론』
은 21세기 들어 더욱 주목받는 책이 되었다. 우리 삶을 둘러싼 정치적·경제적 환경이
점점 냉정하고 무자비해지는 현실의 반영인 것일까.

로마 황제도
'줄서기'를 했다

　줄서기. 동서고금을 막론하고 권력 투쟁 속에서 살아가야 하는 인간들의 영원한 딜레마이자 과제가 아닐 수 없다.

　어느 시대나 권력을 틀어쥔 집단이 있다. 자본의 힘이 맹렬한 지금은 재벌 기업가들의 힘이 엄청나다. 새로운 정권이 들어서면 가장 먼저 경제 분야를 손보려고 하지만, 결국 일정 선에서 타협하곤 한다. 정권이 재벌들의 눈치를 살피는 것은 이들의 '지원' 여부에 따라 권력의 명암이 결정되기 때문이다. 박정희·전두환·노태우 군사정권은 정치적이고 부패한 군인들에 의지했다. 과거 절대 권력을 지녔던 왕과 황제들도 자신의 권력 기반으로 귀족과 군인 세력 중 하나를 택했다. 군인의 세력이 강대하면 황제는 군인에 아첨하며 권력을 유지한다. 이때 권력을 장악한 인물이 지지 세력을 무시하거나 '줄'을 잘못 설 경우 치명적인 위기를 맞곤 했다. 군대를 기반으로 한 정권이 군인들에 의해 권력을 빼앗기기도 하는 것처럼 말이다.

냉혹한 통치론 혹은 무자비한 처세술이라는 비판이 뒤따르는 마키아벨리(1469~1527)의 『군주론』에 따르면, 로마 황제들도 살아남기 위해 '줄'을 섰다. 마키아벨리는 로마의 권력 기반을 이루는 3대 집단으로 귀족·시민·군인을 꼽는다. 그러나 로마 황제는 늘 귀족(원로원)과 군인들에게 둘러싸여 있었으며, 힘없는 시민들은 황제의 관심사 밖이었다. 국민에 의한 직접선거가 이루어지는 민주주의 국가에서도 시민들이 권력으로부터 소외되는 일이 잦은데, 당대에는 두말할 나위가 없을 것이다.

마키아벨리의 분석에 따르면 로마 황제들은 귀족·시민·군인 가운데 한 세력을 선택해야 할 기로에 섰을 때 대부분 군인 편을 들었다. 그리고 시민들은 황제에 의해 군인의 권력욕과 탐욕을 충족시켜주는 제물이 되었다. 군인들의 눈요기를 위한 검투경기에서 시민들이 희생된 것이 그 예다.

> 현명한 군주는 자신을 두려운 존재로 만들되, 비록 사랑을 받지는 못하더라도, 미움을 받는 일은 피하도록 해야 한다.
> – 이하 『군주론』(까치글방, 1994)

군주는 어느 한편으로부터 미움을 받는 것은 피할 수 없지만, 모든 사람들에게 미움을 받거나 군인 등 가장 강력한 집단으로부터 미움을 사서는 결코 안 된다. 그렇게 되면 권력을 유지할 수 없을 테니 말이다. 황제는 어느 쪽의 미움을 사는 것이, 그러니까 어느 쪽의 마음을 얻는 것이 자신에게 더 유리한지 취사선택해야 했다. 군인이 가장 강력한 집단일 때 군인의 비위를 맞춘 황제는 살아남았고, 그렇지 못한 황제는 비극적인 최후를 맞았다. 우리나라도 군사독재 시절, 권력자의 뒤에는 부패한 군인이 있었다.

이어 마키아벨리가 강조하는 것은 군주(리더)는 '재산'으로 인해 미움을 받아서는 안 된다는 점이다.

> 인간이란 어버이의 죽음은 쉽게 잊어도 재산의 상실은 좀처럼 잊지 못하기 때문이다.

그 어떤 대의나 명분보다 자신의 경제적이고 현실적인 이익이 절실하게 와 닿는 법이다. 각종 이권을 향한 기업의 목소리나 생계를 위한 노동자의 투쟁 양상을 보면 쉽게 이해할 수 있다. 경제적인 문제에서 사람들은 좀처럼 물러서지 않는다. 마키아벨리는 바로 이 점을 지적하고 있는 것이다.

그가 권력 유지의 가장 중요한 요소로 본 것은 황제의 '줄서기' 능력이지, 인물의 덕성이나 선행이 아니다. 선한 황제든 악한 황제든 줄서기를 잘못하면 가차 없이 축출되었다. 로마 황제는 선행으로 인해서도 가장 강력한 집단인 군인들의 미움을 받고 축출될 수 있었다. 192년 코모두스가 죽은 후 원로원에 의해 황제로 추대된 페르티낙스가 대표적이다. 그는 절제했고 정의를 사랑하고 잔혹함을 피했으며 인도적이고 인자했다. 그러나 그는 군인들로부터 미움과 경멸을 샀기 때문에 193년 3월, 제위에 오른 지 두 달만에 군인들에게 피살되었다. 또한 알렉산데르(재위 222~235년) 황제는 절제와 청렴의 상징으로 통했다. 황제의 지위에 있던 14년 동안 그는 단 한 사람도 재판 없이 처형하지 않았다. 원로원과 협조관계를 유지하며 문치에 힘썼다. 귀족을 주축으로 하면서 인민을 자신의 정치적 기반으로 삼은 것이다. 이는 군인들의 반발을 초래했다. 군인들은 어머니의 치마폭에 싸인 유약한 인물이라며 그를 경멸했다. 군대는 모반을 일으켰으며, 결국 그는 피살되었다. 이것이야말로 권력의 역설이 아닐 수 없다. 따지고 보면 이는 인간사에서 흔히 볼 수 있는 일이다. 일반인들도 선행으로 인해 오히려 이웃들로부터 미움과 질시를 받고 큰 상처를 입기도 한다.

마키아벨리는 군주라면 가장 강력한 집단으로부터 미움받는 일을 피하라고 조언했지만 정작 그 자신은 메디치가의 마음을 얻지 못했다. 마키아벨리는 그가 『군주론』을 헌정한 메디치가로부터 미움을 받아 끝내 공무원직에 복권되지 못하고 세상을 떠났다.

군주가 되려면
'야누스'가 돼라

마키아벨리는 선한 군주가 군인들로부터 미움을 받지 않으려면 두 가지 기질, 즉 야누스의 얼굴을 가져야 한다고 조언한다.

군주는 짐승처럼 행동하는 법을 알아야 하기 때문에, 여우와 사자의 기질을 모방해야 한다. 왜냐하면 사자는 함정에 빠지기 쉽고 여우는 늑대를 물리칠 수 없기 때문이다. 따라서 함정을 알아채기 위해서는 여우가 되어야 하고 늑대를 혼내주려면 사자가 되어야 한다.

그는 교활한 여우와 잔인한 사자의 기질을 활용해 황제가 된 대표적 인물로 세베루스를 꼽는다. 마키아벨리는 여우다운 기질을 잘 활용한 자들이 가장 큰 성공을 거두었다고 강조하면서도 이를 잘 위장하여 숨겨야 한다고 조언한다. 본색이 탄로나기 때문이다. 즉 세베루스는 비록 인민들을 탄압했지만, 군대와 우호적인 관계를 유지하고 성공적인 통치자로 이름을 남길 수 있었다. 인민들은 놀라움과 경외감을 가지고 그를 바라보았고 군인들은 그를 만족스럽게 여겼다는 것이다.

군이 성경의 구절을 인용하지 않더라도, 동양의 처세술에 따르면 사랑을 이기는 무기는 없다. 많이 베풀면 결국에는 되돌아오게 마련이다. 설혹 자신은 손해를 보더라도 그 자녀나 후손들이 '덕'을 보리라는 믿음이 공고하다. 끽휴시복吃虧是福은 중국에서 가장 오래된 성공의 처세술로 꼽힌다. '손해를 보는 게 장기적으로 이익이다'라는 의미다.

그러나 『군주론』에서는 이러한 처세법이 통하지 않는다. 마키아벨리는 한니발과 스키피오의 사례를 언급하며, 부하들에게 냉혹했던 한니발에 후한 점수를 준다. 한니발은 잔인하게 부하를 통솔해 배반자가 없었지만 스키피오는 '자비롭게' 통솔해 배반하는 부하들이 많았다는 것이다. 알프스 산맥을 넘어와 로마로 진격한 한니발은 용병을 거느리고 싸웠지만 내부 분란이 없었고 로마를 숨죽이게 만들었다. 반면 자비로웠던 스키피오는 당대는 물론 후대에도 매우 훌륭한 인물로 평가받았지만, 그의 군대는 스페인에서 반란을 일으켰다. 그 유일한 이유는 그가 너무나 관대해 병사들에게 많은 자유를 허용했기 때문이라고 마키아벨리는 풀이한다. 장군에게는 현명한 잔인함이 자비보다 낫다는 것이다.

> 인간은 두려움을 불러일으키는 자보다 사랑을 받는 자에게 해를 끼치는 것을 덜 주저한다.

마키아벨리에 따르면, 인간이란 은혜를 모르고 변덕스럽다. 또한 위선과 기만에 능하며, 위협을 피하려 하고 이익에 눈이 어둡다. 은혜를 베푸는 동안에는 온갖 충성을 바친다. 그럴 필요가 없을 때에는 생명이라도 내줄 듯 말하지만 정작 궁지에 몰리면 돌변해 등을 돌린다. 인간이란, 이렇듯 이해타산적인 동물이다. 두려움을 주면 처벌이 뒤따를 것을 우려해 배반하지 않지만 사랑을 주면 배반해도 처벌하지 않을 것으로 알고 눈앞의 이익을 쫓아간다는 마키아벨리의 지적은 날카롭게 와 닿는다. 우리 주변에서도 이익을 쫓아 신의를 저버리는 사람들을 흔히 볼 수 있다.

어중간한 조치는 결코 피해야 한다. 인간들이란 다정하게 안아주거나 아니면 아주 짓밟아 뭉개버려야 한다.

인간이란 사소한 피해에 대해서는 보복하려 들지만 엄청난 피해에 대해서는 감히 복수할 엄두도 내지 못하는 법이라고, 마키아벨리는 말한다.

따라서 사람들에게 피해를 입히려면 복수를 두려워할 필요가 없도록 아예 크게 입혀야 한다.

생존법칙의 잔혹함이 느껴지는 문장이다. 마키아벨리는 또 다른 저서인 『로마사논고』에서 "모든 양심의 가책을 제쳐놓고 인간은 모름지기 어떤 계획이든 조국의 생존과 자유를 유지하는 계획을 최대한 따라야 한다"라고 썼다. 그는 훗날 헤겔의 국가주의와 나치즘에 사상적 기반을 제공했다는 비판을 받게 된다. 더욱이 "통치자는 만약 그로부터 좋은 결과가 나온다면 악행을 저지를 태세가 되어 있어야 한다"라거나 "군주는 잔인하다는 악평쯤은 개의치 말아야 한다"라는 주장은 그가 권력의 폭력성을 인정하는 것을 넘어 지지한다는 인상마저 준다.

자비롭고 신의가 있고 인간적이고 정직하고 경건한(종교적인) 것처럼 보이는 것이 좋고, 또한 실제로 그런 것이 좋다.

『군주론』에서는 이율배반적인 덕목도 발견할 수 있다. 마키아벨리는 군주라면 덕성을 실제 구비할 필요는 없지만, '구비한 것처럼 보이는' 것은 반드시 필요하다고 조언한다. 심지어 그는 "군주가 그러한 성품(덕)을 갖추고 늘 가꾸는 것은 해로운 반면에, 갖추고 있는 것처럼 보이는 것은 유용하다고까지 감히 장담하겠다"라고 강조한다. 사람을 판단할 때는 대부분 외양을 보고 판단하기 때문이다. 급기야 마키아벨리는 이렇게 말한다. '착한' 리더는 성공할 수 없고 '착한 것처럼 보이는' 리더가 성공한다고.

또한 마키아벨리는 "운명의 힘은 인간 행위의 절반 이상을 통제하지 않는다"라고 주장한다. "인간의 자유의지를 박탈하지 않기 위해서 나는 운명이란 우리 활동의 반의 주재자일 뿐이며 대략 나머지 반은 우리의 통제에 맡긴다는 생각에 이끌린다"라고 덧붙인다. 불운의 연속이었던 삶을 살며 마키아벨리는 이 표현 속에 내심 자신도 가혹한 운명을 이겨내고 반전을 이룰 수 있으리라는 기대를 담지 않았을까. 그가 자유의지를 강조하는 이유도 여기에 있을 것이다.

운명의 풍향과 변모하는 상황이 그를 제약함에 따라서 자신의 행동을 거기에 맞추어 자유자재로 바꿀 태세가 되어 있어야 한다. 자신의 행동을 시대에 잘 적응시키는 사람은 행운을 누린다.

이는 너무 경직되거나 도도하면 세상을 살아가기 어렵다는 경구일 것이다. 마르크스가 『공산당선언』에서 말했듯이 딱딱한 것은 모두 녹아 사라지고, 거룩한 것은 모두 더렵혀지게 마련이 아닌가. 그렇다고 시류에 따라 이랬다저랬다 하며 '얕게' 살아가라는 말은 결코 아닐 터인데, 정작 마키아벨리 자신은 『군주론』의 조언과 달리 그렇게 살고 말았다.

그는 운명에 저항하고자 했지만, 운명의 힘은 잔인했다. 메디치 가문의 왕정은 추방당한 지 18년만에 피렌체로 복귀했다. 마키아벨리는 이때 공직에서 추방되었다. 설상가상으로 마키아벨리는 메디치 정부를 몰아내려다 실패로 끝난 음모에 연루되어 옥살이를 했다. 하지만 메디치 가의 조반니 추기경이 교황 레오 10세로 즉위함에 따라 특사로 석방되었다. 석방 후 마키아벨리는 공직에 복귀하기 위한 계획을 세웠다. 『군주론』 집필은 그러한 계획의 일환이었다.

마키아벨리는 1513년 7월부터 5개월에 걸쳐 『군주론』을 집필해 메디치가에 헌정했다. 그는 헌정사에서 자신이 메디치가의 충성스러운 신민이며 쓸 만한 인물이라는 것을 인식시키기 위해 『군주론』을 집필했음을 분명히 밝히고 있다. 그런데 마키아벨리가 궁정에서 로렌초에게 『군주론』을 헌정하던 날, 로렌초는 『군주론』보다 더 귀한 선물인 사냥개를 선물로 받았다. 당시 로렌초는 통치보다는 사냥에 몰두해 있던 터였다. 그는 사냥개에 더 흥미를 느꼈고 『군주론』은 거들떠보지도 않았다. 운명은 또다시 마키아벨리를 비켜간 것이다. 그렇지만 마키아벨리는 "운명은 대담한 자들과 벗한다"라며 이렇게 갈파한다.

나는 신중한 것보다는 과감한 것이 더 좋다고 분명히 생각한다. 운명은 여신이므로 그녀는 항상 젊은 사람들에게 이끌린다. 왜냐하면 젊은 사람들은 덜 신중하고, 보다 공격적이며, 그녀를 더욱 대담하게 다루기 때문이다.

경제위기와 맞물려 여러모로 가혹한 시절을 '견대내며' 살아가고 있는 우리 모두에게 용기를 주는 말이 아닐까 싶다.

마키아벨리는 신생 군주인 메디치가로부터 공직을 얻을 야심으로 『군주론』을 헌정했지만 아무런 직책도 얻지 못한 채 15년 동안 은둔하다 1527년 60세를 앞두고 세상을 떠났다. 메디치가에서는 그를 공화주의자로 오해해 그 진정성을 의심했고, 의회에서는 오히려 그를 메디치가에 『군주론』을 헌정하여 군주제에 아첨한 메디치가의 가신으로 보았다. 마키아벨리는 정체성을 의심받을 정도로 지나치게 왔다갔다 하며 줄을 섰던 것이다. 마치 '밥줄'을 놓치지 않기 위해 안간힘 쓰며 버티는 우리의 초상을 보는 것 같다.

『군주론』 읽는 법

이 책에는 김경희·강정인이 공역한 『군주론』(까치글방, 1994)을 인용했는데 개역본(2012)이 나왔다. 아울러 강정인·엄관용 공저의 해설서인 『군주론 : 강한 국가를 위한 냉혹한 통치론』(살림, 2005)을 곁들여 읽기를 권한다.

퇴계문선

—

학문만큼이나
삶과 일상을 사랑한 대학자

—

25

퇴계 선생이 조선 명종 11년(1556)에 제자인 송암 권호문에게 써준 글씨체본(보물 제548호).
퇴계는 후학 양성을 일생의 사업으로 삼았으며, 제자들을 가르칠 단칸의 서당이 있으면 더 바라지 않았다. 그는 저서 외에도 제자들에게 수많은 편지를 남겼다. 이러한 기록에서 퇴계가 생각했던 학문에 임하는 올바른 자세 및 학문의 방법, 삶의 태도 등이 드러난다.

배운 바 실천에 힘쓴
'수기치인'修己治人의 힘

  퇴계 이황(1501~1570)은 한국사의 대표적인 대학자다. 무려 70번이나 관직을 받고도 이를 사양했던 그는 관직에 있을 때는 늘 고향으로 돌아가 학문을 하며 조용히 지내고자 했다. 그가 「귀거래사」를 지은 도연명의 시와 삶을 좋아한 것도 이런 연유에서였다. 그는 또한 '청백리'로 선정될 정도로 청렴한 관리였는데, 그의 제자들이 쓴 『언행록』에 의하면 50세가 되도록 집이 없었다고 한다. 그가 관심을 둔 것은 오직 학문을 하며 '착한 사람이 많은 세상을 만드는 것'이었다. 제자를 가르칠 단칸의 서당이 있으면 더 바라지 않았다. 50세가 되어 마침내 한서암을 지어 거처로 삼았고, 51세 때인 1551년에는 계상서당을 지어 후학을 양성했다.

  퇴계가 남긴 저서와 제자들이 기록한 『언행록』을 통해 대학자의 인간적인 면모를 만날 수 있다. 먼저 『자성록』은 퇴계가 55~60세 때 문인들에게 보낸 서간 가운데서 수양과 성찰에 도움이 되는 22통을 모아 직접 편집한 책이다. 초학자들의 공통된 병을 고치는 요령, 학문하는 기본 자세, 학문하는 방법, 명성을 가까이 하는 데 대한 경계 등의 내용이 담겨 있다.

> 학문이란 한번 껑충 뛰어서 도달하는 것이 아니라고 하였으니 참으로 그러합니다. 또 이전에는 한두 해 만에 공부를 성취하기를 기약했다고 하셨으니, 만약 이처럼 마음을 먹었다면 참으로 터무니없다고 하겠습니다. 학문하는 일은 평생 사업이어서 비록 안자와 증자의 지위에 이를지라도 오히려 공부를 다 마쳤다고 할 수는 없을 것이니, 하물며 그 아랫사람에 있어서야 어떠하겠습니까.
>
> – 이하 『자성록/언행록/성학십도』(동서문화사, 2008)

이 글은 정자중에게 보낸 편지로, 학문에 임하는 퇴계의 자세가 모두 드러나 있다고 해도 과언이 아니다. 그는 일생 동안 독서에 힘쓰면서 '평생 사업'으로 제자를 가르쳤다. 그가 일구고자 했던 평생 사업은 재물을 많이 모으는 것이 아니라 바로 '착한 사람이 많아지는 것', 즉 '소원선인다'所願善人多였다.

퇴계는 51세 때 초당골에 단칸 서당을 지어 이름을 계상서당이라 하고 그곳에서 제자들을 교육했다. 23세의 이이가 찾아와 배우고 입문한 곳도 바로 이 계상서당이었다. 그가 찾아왔을 때 마침 3일간 비가 내렸다. 율곡은 비에 갇혀 머물렀는데, 그의 재주를 알아본 퇴계는 도학의 큰 기둥이 되라고 신신당부했다.

지난번 들으니 그대가 불교서적을 읽고 매우 깊이 빠졌다고 하기에 애석하게 여긴 지 오래더니, 얼마 전 나한테 와서 그 잘못을 숨김없이 말하였고 이제 두 번 보내준 편지의 뜻이 이러함을 보니, 나는 그대가 도에 나아갈 수 있음을 알겠습니다.

요즘에야 믿는 바가 달라도 소양을 높이기 위해 불경 공부를 하지만, '숭유억불' 정책이 내내 지속되었던 조선시대에 불경은 금서였다. 이를 공부하다 발각되면 과거시험에서 낙방할 수도 있었다. 율곡은 19세 때 금강산 마하연으로 들어가 '의암'이라는 법명으로 공부했는데 평생 이 사실로 전전긍긍했다.

퇴계의 저서는 공자의 그것과 비견되는데, 『자성록』은 공자의 『가어』家語와 유사한 성격을 지녔다고 평가되며 제자들이 편찬한 『언행록』은 공자의 『논어』에 비유되기도 한다.

『언행록』에는 그의 매화 향처럼 깨끗하고 고결한 품격이 잘 드러난다. "신유년 겨울에 선생은 도산 완락재에서 거처하였다. 닭이 울면 일어나서 반드시 엄숙하게 어떤 글을 한 번 내리 외웠는데, 자세히 들어봤더니 『심경부주』였다." 퇴계가 평생 학문의 근본으로 삼은 책은 『심경부주』와 『주자대전』이었는데 제자 김성일은 스승이 얼마나 『심경부주』에 심취했던가를 이렇게 전한다. 그는 배운 대로 실천하지 않고 입으로만 하는 학문을 특히 경계했다.

퇴계는 군자의 도는 부부생활에서 시작된다고 했다. 그래서 손자가 장가들 때 "아내도 손님 대하듯 공경해야 한다"라며 편지를 써 보내기도 했다. 퇴계는 도산서당에 와서 공부하고 순천 집으로 돌아가는 천산재 이함형(1550~1577)에게 편지 한 폭을 써주었다. 제자가 부부 사이의 어려움을 토로하자 그에 따른 조언을 적은 것이다. 퇴계는 편지를 주면서 "이보게, 집에 가서 읽으라고 편지 한 장을 썼네. 이 편지를 중간에서 읽지 말고 꼭 집 사립문 앞에서 읽고 곧바로 집으로 들어가게." 천산재는 선생이 시키는 대로 했다.

> 나는 재혼을 했으면서도 참으로 불행했네. 그렇지만 감히 처를 박대하려는 마음을 품어본 적이 없었으며, 잘 대접하려고 수십 년 동안 갖은 노력을 다했네. 때로는 마음이 흔들리고 번잡하여 참기 힘들고 민망할 때도 있었지만 어찌 정을 돌릴 수 있겠는가! 후한 때 사람 질운이 말했듯이 아버지가 부부의 도를 그르치고서 어찌 뒷날 자식의 부도덕을 바로잡을 수 있겠는가! 또 부부의 도를 실천하지 아니하고서 학문은 무엇 때문에 하는가. 군자의 도는 부부생활로부터 이루어지는 것을.

그 뒤 천산재는 좋은 남편이 되어서 부인을 소중히 여겼다고 한다. 퇴계 선생에 대한 고마운 마음을 늘 간직했던 천산재의 부인은 퇴계가 세상을 떠난 뒤 3년 동안 상복을 입었다. 이처럼 퇴계는 학문의 목적을 가정생활과 부부생활에서 찾았으며, 그 소명과 책임을 다함으로써 자식을 넉넉히 교육할 수 있다고 믿었다.

선조 역시 퇴계를 무척 좋아했다. 퇴계는 선조에게 임금이 지켜야 할 여섯 가지 도리에 대해 적은 글을 올렸는데, 이는 7,600자나 되는 장문이었다. 바로 「무진육조소」戊辰六條疏다.

「무진육조소」를 통해 퇴계는 사람으로서 누구나 갖추어야 할 기본적인 자질과 전통적으로 가르쳐온 성학(제왕학)을 정밀하고 쉽게 설명해 '수기치인' 하는 법도를 가르치려 했다. 퇴계는 제왕의 학문과 일반 백성의 학문에 차이를 두지 않았다. 어디까지나 본연의 자세와 심성에서 벗어나지 않는 정치를 해야 한다고 보았으며, 이 글에서 그 요체와 방도를 설명했다. 즉 퇴계의 정치사상은 어떤 특수한 정치학 논의를 담고 있지 않다. 퇴계는 통치자로서도 수기치인이요, 학자로서도 수기치인을 근본으로 삼았다. 그는 학자든 치자든 성학에 근본을 두어 그 전통을 지키며, 성현을 스승으로 삼고 인효와 인륜의 도리를 다해야 함을 선조에게 전하려 했던 것이다.

군주의 덕을 강조한
『성학십도』

「무진육조소」를 올린 뒤 퇴계는 17세의 어린 임금을 위해 값진 일을 하고 은퇴하기로 결심했다. 그는 선현들의 학문과 노학자의 평생 학문의 결과를 열 가지로 선별·압축해 열 폭의 도설圖說을 만들어 올렸다. 그것이 바로 『성학십도』다. 성학, 즉 성군이 되기 위한 학문을 열 가지 그림을 곁들여 병풍으로 엮은 것인데 이 그림 안에 성리학의 목표와 과정을 담아냈다. 당시로서는 획기적인 시청각 교육을 행한 셈이었다. 놀라운 발상이 아닐 수 없다. 퇴계는 난해한 성리학 이론을 그림으로 단순화해, 가시적으로 접근하게 하여 임금을 가르치려 했던 것이다.

그가 『성학십도』를 지어 올리며 "내가 나라에 보답함은 이 십도를 가지고 끝맺는다"라고 한 말이 『선조실록』에 기록되어 있다. 선조가 성군이 되어 나라를 잘 다스려주기를 바란 것 외에, 퇴계는 다른 희망도 가지고 있었다.『성학십도』의 보급과 교육을 통해 과거 공부의 학풍을 바꾸고 인격 수양과 도덕 실천을 이끄는 일이었다. 즉『성학십도』에는 과거시험 과목 위주의 학문 분위기를 바꾸어보려는 퇴계의 깊은 의도가 담겨 있다. 마침내『성학십도』는 책자로 간행되어 1569년 관청마다 보급되었다. 퇴계의 꿈이 일부 이루어진 셈이다. 퇴계는『성학십도』를 올린 지 2년 뒤인 1570년 세상을 떠났다.

퇴계에게는 자신을 지지해주고 아껴주는 임금 선조가 있었다.「무진육조소」와『성학십도』는 바로 퇴계가 통치자의 '수기치인'을 담아 성군의 길을 제시한 군주론이라고 할 수 있다. 퇴계의 군주론은 수기치인에서 시작해 수기치인으로 끝난다. 마키아벨리는『군주론』을 지어 메디치가에 헌정했지만 싸늘하게 외면당했다. 이러한 결과는 수기치인을 강조하고 또 이를 실행해온 퇴계와, 수단과 방법을 가리지 않는 냉혹한 통치술을 갈파한 마키아벨리, 두 사람이 지향한 삶의 철학이 지닌 근본적인 차이에서 비롯된 것이 아닐까.

퇴계는 고봉 기대승(1527~1572)과 '사단칠정론'에 대해 토론한 것으로도 유명하다. 1559년부터 1566년까지 편지 왕래를 통하여 7년간 계속된 이황과 기대승의 사단칠정 논쟁은 조선에서 다른 예를 찾아볼 수 없는 본격적인 학술 토론이었다. 처음 편지를 주고받기 시작했을 때 퇴계는 59세의 성균관 대사성(지금으로 보면 국립서울대 총장)이었고, 고봉은 과거시험에 갓 합격한 33세의 청년이었다. 그러나 두 사람은 나이와 세대, 직위와 경륜, 그리고 지역의 한계를 모두 뛰어넘어 학문의 성과를 나누었다. 퇴계와 기대승의 서신 교환은 퇴계가 세상을 떠날 때까지 이어졌다. 이는 마치 당송팔대가인 구양수와 소동파를 연상케 한다. 구양수는 당대의 결출한 시인인 소동파(본명 소식)와 수많은 편지를 주고받았는데 이 편지들은『구소수간』歐蘇手簡이라는 제목의 책으로 묶여 나왔다.

세종대왕이 무려 1,100번이나 읽었다고 한 바로 그 책이다.

현재에도 독도 문제나 과거사 청산 등의 문제로 일본과의 외교 분쟁이 잦지만, 퇴계가 살던 시대에도 왜구는 국가적인 근심거리였다. 1544년 중종이 죽고 이듬해 인종도 세상을 떠나 중종의 둘째아들 명종이 왕위에 올랐다. 이때 쓰시마 도주가 이전 해 조선에 침입한 죄를 사죄하며 평화조약을 맺고 싶다는 의사표시를 해왔지만 조정은 이를 거절해버렸다. 왜에 대한 대책을 중히 여기던 퇴계는 즉시 상소를 올렸다. 「한낮의 태백성은 병란의 징조」甲辰乞勿絕倭使疏라는 소다.

그가 상소에서 편 논리는 "왜는 야만이므로 야만은 야만을 대하는 법에 따라야 한다"라는 것이었다. 퇴계는 중국의 예를 들며 "야만인은 비록 침략을 일삼는다고 하더라도 포용하는 게 상책"이라고 주장했다. 이적금수라는 말이 있듯이 왜구, 즉 오랑캐를 대할 때에는 오랑캐의 눈높이에 맞는 외교정책을 펴야 한다는 것이다. 당시 조정은 그의 의견에 귀를 기울이지 않았고, 이로부터 47년 후 임진왜란이 발발했다. 퇴계는 도산에 돌아와서도 왜구의 창궐에 대한 경계심을 늦추지 않았다. 그는 세상을 떠나기 2년 전 제자에게 다음과 같은 편지를 보냈다.

남쪽 바다에 왜구의 흉한 기운이 날뛰니 나라가 장차 무엇으로써 이 캄캄한 밤의 한탄을 막아낼 것인가 알 수 없다. 산골의 벽촌도 견딜 수 없겠거늘 하물며 나라 강토를 어찌하면 좋으냐.

이를 읽다 보면 새삼 '불행한 역사는 반복된다'라는 경구가 떠오른다.

초가집을 골짜기 시냇물 바위 사이에 옮겨 지으니
마침내 돌 틈에 꽃들이 붉게 얽혀 피었네.

일찍부터 오락가락 허송세월 보내느라 이미 늦었으나

아침에 일어나 밭 갈고 밤에 들어 책 읽으니, 즐거움 끝없어라.

퇴계는 대학자였지만, 안빈낙도를 묘사한 시를 지었을 정도로 삶에 밀착한 인물이었다. 700명이나 되는 제자를 길러내며 후학 양성에 힘을 쏟는 와중에도 자녀 교육에 소홀함이 없었다. 그는 무려 100명에 가까운 후손들의 멘토였고, 아들에게 620여 통, 손자에게 120여 통에 이르는 편지를 남길 정도로 사랑과 정성을 쏟는 아버지이자 할아버지였다. 퇴계의 삶이 현재를 사는 우리에게도 큰 울림을 주는 것은 학문에 대한 열정의 깊이만큼 가까운 사람들과의 삶과 일상 역시 진지하게 생각했던 태도 때문일 것이다.

퇴계문선 읽는 법

퇴계문선은 퇴계가 직접 22편의 편지를 엄선한 『자성록』과 제자들이 편찬한 『언행록』, 그리고 17세에 왕이 된 선조에게 올린 『성학십도』, 기대승과 주고받은 사단칠정론에 관한 편지 그리고 그가 올린 상소문 등이 주축을 이룬다. 참고 도서로는 『자성록/언행록/성학십도』(동서문화사, 2008)가 읽을 만하다. 이는 고산이 번역한 것이다. 최인호의 『유림』 3권(열림원, 2007)은 퇴계의 삶과 사상을 그리고 있다.

율곡문선

—

대학자도 두려워한 천재,
점진적 개혁을 말하다

—

26

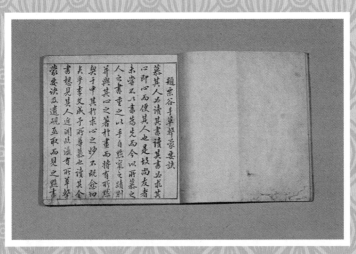

이이 수고본手稿本 「격몽요결」(보물 제602호)

이이는 관직을 떠나 있을 때 처음 배우는 아동의 입문 교재로 쓰기 위해 「격몽요결」을 저술했다. 이밖에도 「성학집요」「성학십도」「자성록」 등의 뛰어난 저서를 남겼다. 그의 스승이었던 퇴계는 "후배가 두렵다는 말이 옛 말이 아니로구나"라며 율곡의 재능에 탄복했다.

'창업'과 '수성'보다
'경장'의 길이 더 어렵다

봄이 온 산 천리 밖으로

지팡이 짚고 떠나가리니

나를 따를 자 그 누구랴

어스름 저녁에 괜스레 기다리고 섰노나.

– 이하 『율곡집』(한국고전번역원, 2013)

율곡 이이(1536~1584)가 19세 때 출가하며 쓴 「동문을 나서며」出東門라
는 시다. 율곡은 16세 때 어머니 신사임당이 갑자기 세상을 떠나자 3년
상을 치른 뒤 금강산 마하연으로 들어가 불경을 공부했다. 어머니의 죽
음과 함께 삶에 대한 기력을 잃고 죽음의 문제에 직면했던 율곡은 '의암'
이라는 법명을 짓고 깊은 회의에서 벗어날 길을 모색했다.

이 시에서 표현된, 그가 가고자 하는 길은 사람들이 쉽게 가지 않는 길임을 알 수 있다. 숭유억불 정책이 서슬 퍼렇게 존속했던 조선에서 불경 공부는 금기시되는 행동이었다. 이이는 평생 이때의 일로 전전긍긍했다. 20세에 환속한 그는 강릉 외가에서 마음의 안정을 되찾은 뒤 공부에 열중하면서 자신의 앞날을 설계했다. 이때 율곡이 지은 것이 「자경문」自警文으로, 스스로를 위한 인생의 지침을 담은 글이다.

먼저 모름지기 뜻을 크게 가지되 성인을 준칙으로 삼는다. 털끝만큼이라도 성인에 미치지 못하면 내 일은 마치지 못한 것이다.

「자경문」의 첫 문장이다. 그는 어머니의 죽음(16세)과 불교에의 귀의(19세) 등을 겪은 뒤 삶의 방향을 재정립하기 위해 「자경문」을 지으면서 무엇보다 '입지'立志를 중심에 두었다. 뜻이 서 있지 않고는 원하는 삶을 살 수 없고, 어떤 일도 성공할 수 없다는 생각이었다. 그는 「자경문」에서 특히 요즘 강조되는 '평생 공부'를 다짐하며 "공부를 게을리하거나 서두르지 않는다. 만일 그 효과가 빨리 나기를 구한다면 그 또한 이익을 탐하는 마음이다"라고 썼다. 「자경문」에 적은 결의도 굳건하지만, 그의 재능 역시 범상치 않은 것이었다. 이이는 23세 때 「천도책」을 써 이름을 세상에 알렸고, 1548년(명종 3년) 13세의 어린 나이로 진사초시에 합격한 이후 29세에 과거시험에 최종 합격하기까지 아홉 번 장원(1등)을 했다. 퇴계 이황은 "후배가 두렵다는 말이 옛말이 아니로구나"라고 하면서 그의 재능에 탄복하였다. 퇴계는 제자 조목에게 보낸 편지에서 율곡과의 만남을 이렇게 전했다.

율곡이 찾아왔다네. 사람됨이 명랑하고 시원스러울 뿐 아니라 지식과 견문도 넓고 우리의 학문에 뜻이 있으니, 후배가 두렵다(후생가외)고 한 공자의 말씀이 참으로 옳지 않은가.

– 이하 『자성록/언행록/성학십도』(동서문화사, 2008)

때마침 3일간 비가 내렸다. 율곡은 비에 갇혀 퇴계 곁에 머물렀는데 율곡의 재주를 알아본 퇴계는 도학의 큰 기둥이 되라고 신신당부하며 시를 써주었다.

> 늦게사 돌아와 할 일이 아득하더니,
> 고요한 이곳에도 햇볕이 비쳤음인가!
> 찾아온 자네 만나 학문의 바른 길을 가르쳤네.
> 학문 길 힘겹지만 탄식 않고 나아가면
> 외진 이 산골 찾아온 일 후회하지 않으리.

퇴계는 이 시로 율곡에게 유학 공부에 전념하는 것이 바른 길이라고 가르치고 있는 것이다. 그러자 율곡은 "선생님의 도학 이을 각오 새겨 맹세합니다"라고 언약했다.

> 학문을 닦으면서 살아가시니,
> 이룩한 도덕이 이 방 하나 가득합니다.
> (중략)
> 소자가 와 뵌 뜻은 도학을 받잡고자 함이었으니
> 시간을 헛 보내셨다 생각지 마옵소서.

계상서당은 두 어진 학자가 만나 학문을 승계한 뜻 깊은 서당이 되었다. 율곡은 그해 과거시험에서 그 유명한 「천도책」을 답안으로 써내 세상의 주목을 받았다. 율곡은 「천도책」에서 자연 변화의 근본을 음과 양, 이理와 기氣로 풀어냈다. 그는 세상의 변화와 근본 또한 이러한 이치로 설명할 수 있다고 썼다. 그리고 자사와 정주의 말을 인용하며 결론을 이끌어낸다. "오직 천하의 지극히 성실한 사람이라야 만물을 본성대로 이루어지게 할 수 있고[자사] 하늘의 덕과 왕도는 그 요체가 다만 근독(신독)에 있다[정주]." 율곡은 성주의 근독謹篤(조심성이 있고 독실하다는 의미) 또는 신독愼獨(홀로 있을 때에도 도리에 어그러짐이 없도록 몸가짐을 바로 하고 언행을 삼간다는 의미)에 조선의 번성이 달려 있다고 글을 맺는다.

율곡은 직위에 있지 않을 때도 상소문을 올려 사회 개혁을 위해 애썼다. 대표적인 상소가 1574년 39세 때 올린 「만언봉사」다. 율곡은 누적된 모순을 해결하기 위해서는 '경장'更張, 즉 개혁이 필요함에도 이에 착수하지 않고 머뭇거리면 자칫 국가에 큰 화를 불러올 수 있다는 내용의 소를 올렸다. 율곡은 당시의 상황을 '기력이 쇠한 사람'에 비유한다.

지금의 시사는 날로 그릇되어가고 있고 백성의 기력은 날로 소진되어 권간이 세도를 부렸을 때보다 더 심한데 그 까닭은 무엇이겠습니까. 비유하자면 어떤 사람이 젊어서 건장할 적에 마구 술을 마시고 함부로 여색을 즐겨서 상해의 요인이 여러 갈래였으나 혈기가 한창 강성하였기 때문에 아직 손상을 입지 않았지만 만년에 노쇠함에 따라 상해의 독이 갑자기 나타나서 비록 근신하고 조섭하더라도 원기가 이미 쇠하여 지탱할 수 없는 것과 같습니다. 오늘날의 일은 실로 이와 같아서 10년이 못 되어 반드시 화란이 일어날 것입니다.

-「율곡집」

율곡은 이 상소의 맺음말에서 온 마음과 정성을 다하여 해결책을 찾아야 한다고 경고하고 왕에게 자신감을 불어넣으며 격려하였다. 그러나 동서 붕당으로 나뉘어 적대하던 조선의 조정은 율곡의 충정어린 상소를 외면했다. 그로부터 18년 후인 1592년 임진왜란이 발발했다.

「만언봉사」는 공리공론을 배척하며 실질에 힘쓰는 '무실'과 기존 체제의 틀 속에서 새롭게 개혁하는 '경장'의 정치사상이 집약된 명문으로 회자되었다. 「만언봉사」를 읽은 선조는 그 내용에 매우 감탄했다고 한다. 유희춘(1513~77)은 상소를 받아들여 시행할 것을 권장했다. 그러나 선조는 경장이 필요하다는 율곡의 조언에 끝내 귀를 기울이지 않았다.

율곡은 왕과 후생들에게 유가의 이상론을 담은 책을 전하고자 했는데 그것이 바로 38세에 쓰기 시작해 2년 만에 완성한 『성학집요』다. 『성학집요』는 군주가 근독을 통해 수성守城과 경장更張을 구분하고, 유교적 이상 정치를 펴야 한다는 통치론을 담고 있다. 그는 이 책을 25세였던 선조에게 올렸다.

율곡이 이 책에서 특히 강조한 것은 점진적으로 체제를 개혁해야 한다는 '경장론'이다. 「위정」 편에서는 창업, 수성, 경장이 필요한 시기를 구분하고는 가장 어려운 것이 경장이라고 하면서 자세히 논했다.

> 수성을 해야 할 때인데 개혁에 힘쓰면 이는 병이 없는데 약을 먹는 격이어서 도리어 없던 병이 생기게 될 것입니다. 경장을 해야 할 때인데 준수하는 데만 힘쓰면 이는 병에 걸렸는데 약을 물리치고 누워서 죽기를 기다리는 격입니다.
>
> - 「성학집요」(청어람미디어, 2007)

율곡은 자신이 살았던 시대를 '경장이 필요한 시기'라고 진단했다. 선조는 기존의 세력이나 관행을 청산하지 못했다. 개혁을 추진해야 할 주체인 사림파 역시 분열되어 있었다.

율곡이 점진적 개혁을 주장한 것은 조광조(1482~1519)의 급진적 개혁이 국가적인 재앙을 초래했다고 보았기 때문이다. 조광조의 사례를 통해 그는 급진 개혁은 성공할 수 없다고 믿었다. 이러한 상황 인식을 바탕으로 율곡은 당시 정치 위기를 보다 근본적으로 타파할 방법으로서 경장의 길을 제시한 것이다. 그는 개혁의 구체적인 방안으로 인사 정책의 혁신과 제도 개혁이라는 두 가지 대책을 내놓는다.

율곡이 『성학집요』를 지어 올리자 선조는 이 저서가 치국에 매우 유용하다면서도 자신은 "능히 이대로 해내지 못하리라"라고 토로했다. 이에 율곡은 무척 실망했지만 기대를 버리지 않았다. 그러나 끝내 선조는 개혁에 나서지 않았다. 율곡은 세상을 떠나기 1년 전인 1583년에도 「시무육조소」를 올려 어질고 유능한 사람을 장수에 임용하고, 군사를 기르고, 군수물자를 충분히 준비해야 한다는 주장을 폈다. 또한 그해 4월에 그 유명한 '10만 양병론'을 주장했다. 『조선왕조실록』의 '선조수정실록'에서는 이를 다음과 같이 전한다.

지금 전하께서는 폐단이 오랫동안 쌓인 뒤에 계승하였으니 마땅히 경장시킬 계책을 강구하셔야 합니다. 그런데 매양 제도를 고치는 일에 대해 매우 어렵게 여기시므로 변통해야 한다는 말을 조금도 받아들이지 않습니다. 비유하건대 오래 묵은 집에 재목이 썩어서 언제 쓰러질지 모르는데 서까래 하나, 기둥 하나도 교체하거나 수리하지 않고서 그저 앉아서 무너지기만을 기다리는 것과 같다고 할 수 있는데 이것이 무슨 도리라 할 수 있겠습니까.

- 『이율곡 그 삶의 모습』(서울대출판부, 2000)

율곡의 경장론에 반대한
서애 유성룡

율곡의 경장론은 뜻밖에도 퇴계의 제자인 서애 유성룡(1542~1607)의 반대에 부딪혔다. 『조선왕조실록』에 따르면, 이이가 일찍이 경연에서 "미리 10만의 군사를 양성하여 앞으로 뜻하지 않은 변란에 대비해야 한다"라고 말하자 유성룡이 "군사를 양성하는 것은 화단을 키우는 것이다"라며 매우 강력히 반대했다고 한다. 이이는 탄식하기를 "유성룡은 재주와 기개가 참으로 특출하지만 우리와 더불어 일을 함께하려고 하지 않으니 우리가 죽은 뒤에야 반드시 그의 재주를 펼 수 있을 것이다"라고 했다. 율곡은 병조판서를 지내다 탄핵되어 불명에 퇴진했다. 그가 죽은 뒤 10년도 안 돼 임진왜란이 일어났고 유성룡이 재상을 맡아 이를 극복했다. 이이의 선견지명이 섬뜩하다.

율곡은 「만언봉사」를 올리던 39세 때부터 세상을 뜨기 한 해 전인

1593년까지 줄기차게 '10만 양병론'을 주장했지만 선조와 조정으로부터 외면당했다. 결국 그가 마흔아홉의 나이로 세상을 떠난 뒤 8년이 지나 임진왜란이 발발한 것이다.

이이는 마흔 살에 은퇴해, 이듬해 해주 석담에 들어가 기거하며 후학을 양성했다. 그해 대사간에 임명되었지만 정중히 거절하고 돌아가면서 다음의 시를 지었다.

사방에 구름 모두 검은데
중천에는 태양이 한창 밝아라
외로운 신하의 한줄기 눈물
한양 성을 향해 뿌려보네.
－『이율곡 그 삶의 모습』

그때 이미 조선은 동·서로 붕당朋黨이 나뉘어 당쟁의 씨앗이 움트고 있었다. 붕당은 조선 중기 이후 특정한 학문적·정치적 입장을 공유하는 양반들이 모여 구성한 정치 집단으로 16세기 중엽의 동인과 서인을 그 효시로 본다. 붕당 간의 정쟁이 격화되자 이이는 중간에서 이를 중재하려 노력했으나 양쪽 모두로부터 오해를 사 실패하고 말았다. 이에 이이는 실의에 빠져 정철(송강, 1536~1593)에게 뒷일을 부탁하고 율곡으로 돌아갔다.

대체로 도란 아득히 깊고 먼 것이 아니라 다만 일상생활에 있는 것이니 집에 들어가면 효도하고 밖에 나가면 공경하며, 거처할 때에 공손하고, 일할 때는 경건하며, 남을 대할 때는 충직하고, 이득을 보면 의리를 생각하는 이런 일일 뿐이다. 다만 의리에 밝지 않으면 시비를 깨닫기 어렵다.

그러므로 독서하는 것은 의리를 밝히고자 하는 일이지만 이 마음이 안정되지 않으면 의리를 알기 어렵다.

－『율곡집』

율곡은 『격몽요결』에서 평생 독서를 해야 하는 이유로 의리에 밝지 않으면 시비를 깨달을 수 없기 때문이라고 강조한다. 율곡은 독서란 단순히 책을 읽는 행위만이 아니며, 읽고 생각하고 판단하여 실천하는 것 모두가 독서에 해당한다고 말했다.

율곡은 군주가 독서를 게을리하면 국가적 재앙을 초래한다고 보았다. 선조가 경장을 해야 할 때 수성을 선택한 것은 결국 군주가 마땅히 해야 할 독서를 게을리한 탓이다. 군주에게 가장 요구되는 의리에 밝지 않아 시비를 깨달을 수 없었던 것이다. 그가 『성학집요』를 올린 이유이기도 하다.

경장이 시급한 것은 비단 그의 시대만이 아니며, 그가 강조한 독서의 중요성은 지금 여기의 우리에게도 유효하다. 경장이 필요한 곳에 땜질식 처방만을 해온 부작용이 우리 사회에서도 점점 날카롭게 드러나고 있지 않은가. 조직의 리더, 그리고 개인이 각자의 위치에서 독서하고 생각하며 시비를 깨닫는 데 열중해야 할 때다.

율곡문선 읽는 법

이이는 『만언봉사』 『성학집요』 『격몽요결』 등의 저서를 남겼는데 한국고전번역원에서 출간한 『율곡집』(김태완 옮김, 2013)이 이를 두루 포함하고 있다. 『성학집요』 완역본은 김태완 번역본(청어람미디어, 2007)과 고산 번역본(동서문화사, 2008)이 있다. 최인호의 『유림』 5권(열림원, 2005)은 율곡의 삶을 그리고 있다. 여기에 황준연의 『이율곡 그 삶의 모습』(서울대출판부, 2000)을 읽으면 율곡의 삶과 사상을 더욱 잘 이해할 수 있다.

세르반테스의 『돈키호테』

—

모험으로
꿈의 상실을 치유하다

—

27

스페인 마드리드의 돈키호테와 산초 판사 동상
세르반테스는 무적함대가 패배하고 스페인의 황금시대가 빠른 속도로 기울어가던 시절에 『돈키호테』를 썼다.
꿈을 잃은 시대, 한 이상주의자의 모험기는 세계 최고의 작가 100인이 꼽은 '문학 역사상 가장 위대한 소설'에 첫
번째로 이름을 올렸다.

모험담 속
일곱 개의 이야기 꾸러미

　2002년 노벨연구소는 세계 최고의 작가 100인을 대상으로 설문조사를 실시했다. 작가들이 '문학 역사상 가장 위대한 소설'로 선정한 작품은 바로 세르반테스의 『돈키호테』였다. 밀란 쿤데라는 "돈키호테보다 더 살아 있는 캐릭터는 없다"라고 말했다. 『돈키호테』는 17세기 초 스페인을 배경으로, 라만차에 사는 오십 줄의 인물 알론소 키하노의 이야기다. 그는 기사소설을 너무 탐독한 나머지 스스로 '돈키호테'라는 이름을 짓고 편력(방랑)기사를 자처하며 세 차례에 걸쳐 방랑에 나선다.

　모험담의 단조로움을 의식해서인지 세르반테스는 소설 속에 또 다른 소설을 배치하는 '액자소설' 형식을 취했다. 『돈키호테』 속에는 일곱 개의 이야기가 들어 있다. 맨 먼저 나오는 이야기는 대학생 목동 그리소스토모와 미모의 산양치기 처녀 마르셀라의 이야기(1권 11~14장)다.

마르셀라는 어린 나이에 부모를 잃고 거액의 유산을 물려받은 여성인데 너무나도 아름답게 성장한 터였다. 그녀의 미모는 그 마을에 페스트보다 더 큰 피해를 주었다고 한다.

마르셀라의 상냥함과 아름다움은 청년들의 마음을 사로잡았고, 그녀의 냉담과 경멸은 그들을 자살로 몰아넣기도 했다. 자신에 대한 그리움으로 자살한 그리소스토모의 장례식장에 나타난 마르셀라. 그녀는 혼자 살고 싶은 자신의 마음을 모두에게 알리며, 자신을 비난하지 말아달라고 당부한다.

> 그러니 제 잔혹함이 그를 죽였다고 하기에 앞서 그의 집착이 그를 죽였다고 하는 것이 맞을 겁니다. (중략) 저는 재산이 많기에 남의 재산을 탐내지 않습니다. 저는 자유로우며 구속당하고 싶지 않습니다. 어느 누구도 사랑하지도 싫어하지도 않지요. 이 사람을 속이고 저 사람에게 구애하지 않으며, 한 사람을 농락하고 다른 이의 마음을 유혹하지도 않았답니다. 이 마을의 산양치기 여인들과 이야기를 나누며 산양을 돌보는 것이 제 기쁨이지요.
>
> – 이하 『돈키호테 1』(시공사, 2015 개정판)

마르셀라는 현대의 소위 '알파걸'처럼 결혼보다 자유를 택하겠다고 선언한 것이다. 이 소설이 창작된 시기가 17세기 초임을 감안하면 상당히 급진적인 여성상이라 할 것이다. 이 말을 한 뒤, 그녀는 깊은 숲 속으로 사라진다. 돈키호테는 산속으로 들어가 그녀를 지켜주겠노라고 결심한다.

부자 카마초의 결혼식(2권 19~21장)은 반전이 흥미로운 이야기다. 카마초와 키테리아의 결혼식이 열리던 날, 사람들은 실연한 바실리오가 그 결혼식에 오지 않을까 궁금해한다. 키테리아와 같은 마을에 살던 바실리오는 어려서부터 그녀를 열렬히 사랑했다. 하지만 그녀의 부모님이 재주는 있으나 가난한 바실리오를 따돌리고 부유한 카마초와 결혼을 시킨 것이다. 결혼식이 거행되는 도중 바실리오가 식장으로 뛰어들어 자살극을 꾸미고 마지막 소원이라며 키테리아에게 결혼서약을 해달라고 청한다. 결혼서약을 하자, 바실리오는 자살극이 실은 연극이었음을 밝힌다. 카마초의 결혼식장이 복수의 아수라장으로 변하려는 순간 돈키호테가 나서서 바실리오의 연극은 좋은 의도를 가졌으니 속임수가 아니라며 하객들을 진정시킨다.

또 친구를 내세워 아내의 정조를 시험해보려는 안셀모와 로타리오, 카밀라의 이야기(1권 33~35장)도 있다. 카밀라와 결혼한 안셀모는 결혼 후 친구 로타리오와 만나는 일이 뜸해지자 푸념한다.

나를 괴롭히는 소망은 내 아내 카밀라가 내가 생각하는 만큼 착하고 완벽한 여인인지 알고 싶다는 거라네. (중략) 부정을 저지르도록 부추기는 사람이 없다면 정숙한 여자라는 게 뭐 그리 감사할 일이겠나?

안셀모는 아내 카밀라의 정조를 시험해보고 싶어 친구 로타리오로 하여금 그녀를 유혹하게 만든다. 결국 카밀라는 로타리오에게 넘어간다. 안셀모는 죽기 전에 자신이 죽음에 이른 경위를 정리하려 했다. 그는 글을 쓰다 펜을 잡은 채 죽어 있었다.

어리석고 무모한 욕망이 내 삶을 앗아 가는구나. 내가 죽었다는 소식이 카밀라의 귀에 들어간다면 내가 그녀를 용서한다고 전해주길. (중략) 결국 나 스스로 불명예를 자초했으니, 무엇 때문에 그리 했는지…….

로타리오가 전장에서 죽자 카밀라는 수녀가 되기로 결심한다. 경솔한 행동 때문에 모두가 비극적인 결말을 맞이한 것이다.

"그대가 돈이 많을 때에는 많은 친구를 헤아릴 수 있으나, 시절이 암담해지면 그대는 홀로 남으리라"라는 카토의 말도 떠오른다. 스콧 피츠제럴드가 쓴 『위대한 개츠비』에서 주인공 개츠비도 비슷한 상황에 처했다. 그는 첫사랑을 되찾았으나 또다시 첫사랑에게 배신당했다. 교통사고의 범인으로 지목되었으며 끝내 누명을 쓴 채 죽임을 당하고 만다. 축제로 휘황찬란했던 그의 대저택은 그가 죽자 조문 오는 이조차 없었다.

이외에도 카르데니오·루신다·돈 페르난도의 삼각관계와 페르난도에게 버림받은 도로테아 이야기(1권 24장과 27~29장)도 흥미롭다.

집단적 우울증에 빠진 조국을 위한 희망가

    돈키호테, 하면 가장 먼저 연상되는 것은 풍차로 돌진하는 무모한 모습이다. 방랑에 나선 돈키호테와 종자 산초는 들판에서 30~40개의 풍차를 발견했다(1권 8장). 돈키호테는 그것을 보자마자 종자 산초 판사에게 말했다.

    이것은 정당한 싸움이며, 이 땅에서 악의 씨를 뽑아버리는 것은 하느님을 극진히 섬기는 일이기도 하다.

    산초가 그것은 거인이 아니라 풍차라고 거듭 지적해주어도 돈키호테는 "도망치지 마라. 이 비열한 겁쟁이들아"라며 돌진한다. 거인을 향해 돌진하는 돈키호테의 모습은 꿈이 사라져버린 현실 세계에 대한 이상주의자의 투쟁을 희화화한 것이라고 할 수 있다. 1492년 콜럼버스에 의해 발견된 신대륙은 스페인에 무한한 부와 자신감을 가져다주었다. 하지만 1588년 무적함대가 영국과의 해전에서 패배한 뒤 스페인은 총체적 위기에 접어들었다.

> 산초야, 내가 이 철의 시대에 태어난 것은 황금시대, 소위 전성기를 되살리라는 하늘의 뜻이 있었기 때문이다.

당시 스페인은 경제적 양극화가 심각한 상황이었다. 마치 국가 부도 위기에 처한 오늘날의 스페인을 연상케 한다. 우리도 외환위기를 비롯해 역사의 질곡을 수없이 겪어왔기에, 황금기를 지나 쇠락의 길을 걷던 당시 스페인의 상황이 멀게 느껴지지 않는다. 꿈을 꾸기 어려운 냉혹한 현실 앞에 자꾸만 자신이, 그리고 삶이 위축되는 시기. 그런 시기에는 공허감을 달래줄 이야깃거리가 필요하다. 비록 그것이 돈키호테와 같은 허황되고 과장된 몸짓일지라도 말이다. 세르반테스는 스페인의 전성기인 황금시대를 되살리려는 의도에서 『돈키호테』를 썼다고 볼 수 있다. 16세기 말 국가적 환멸의 분위기에서 집필을 시작했던 세르반테스의 『돈키호테』는 1605년에 1권, 1615년에 2권이 출간되었다.

돈키호테는 길을 가다 톨레도의 장사치들과 마주친다. 그는 이들을 기사로 착각하고 다짜고짜 명령하듯 말한다. "모두 멈춰라. 이 세상 그 누구와도 비할 데 없이 아름다운 라만차의 여제, 둘시네아 델 토보소보다 아름다운 여인은 없다고 맹세하라." 그렇게 맹세하지 않으면 자신과 결투를 해야 한다는 것이다. 상인들은 이상한 복장을 한 노인이 나타나 생전 듣지도 보지도 못한 이름의 여성을 "세상에서 가장 아름다운 여인"이라고 인정하라 요구하는 상황이 어리둥절했다. 상인 가운데 한 사람이 둘시네아를 보여달라고 비아냥거리자 돈키호테는 이렇게 말한다.

> 내가 그대들에게 그분을 보여준다면 그렇게 분명한 사실을 고백하는 게 무슨 의미가 있겠소? 중요한 것은 그녀를 보지 않고도 믿고, 고백하고, 확신하고, 맹세하고, 받들어야 한다는 사실이오. 정녕 그대들이 맹세하지 않는다면 나와 결투를 벌여야 할 것이오.

이런 돈키호테의 우스꽝스러운 투쟁은 눈앞의 현실만을 믿는 현실주의, 물질주의에 대한 싸움이라고 할 수 있다. 참다운 인간은 보이지 않는 신을 믿듯 눈에 보이지 않는 양심과 사랑과 이상과 꿈을 믿을 수 있어야 한다. 그러나 17세기 초 스페인 사람들은 물질만능주의에 물들어 있었다. 일상의 타성과 관습에 젖어 편안한 생활의 굴레에서 벗어나지 못하고 그저 보는 대로 행동하고 있는 대로 먹고 살았다. 시골 양반이었던 돈키호테는 이러한 고정관념의 굴레를 분연히 떨치고 나선다. 쉰이 넘은 나이에 사랑과 이상, 자유와 용기를 가르치기 위해 창을 들고 나선 것이다. 돈키호테의 결투 신청은 장사꾼의 승리로 끝났고 결국 돈키호테는 그들에게 죽도록 두들겨 맞는 신세가 됐다. 이런 모습은 방랑 기간 내내 반복된다. 이는 현실에서 이상주의가 패배하는 모습을 반영한 것이다.

『돈키호테』에서 제시한 '방랑기사'라는 제도는 16~17세기에 존재했던 것은 아니지만 당시 기사 소설에서는 방랑기사들이 등장했다. 돈키호테가 기사 소설을 탐독하며 닮고자 했던 아마디스와 같은 기사들이 그 예다.

> 16세기 스페인 사회에서 방랑기사는 그들이 즐겨 꿈꾸는 소설 속의 영웅이면서 현실적으로 스페인에서 찾지 못한 부나 영욕, 종교적 선교를

목표로 바다를 건너 떠나는 모든 스페인 정복자들의 마음의 자세였다.

－『돈키호테, 열린 소설』(고려대출판부, 2009)

중남미나 멕시코로 떠난 많은 정복자들은 이런 방랑기사 소설에 영향을 받아 자기실현을 위해 나가 싸우는 무리들이었다는 이야기가 된다. 말하자면 소설의 인물이 현실에서 재현된 셈이다.

세르반테스는 이상주의적 인물 돈키호테와 현실주의적 인물 산초 판사를 통해 이상과 현실 사이에서 고뇌하는 인간의 내면을 냉철하게 묘사해냈다. 돈키호테와 산초는 하나로 합쳐졌을 때 총체적인 인간을 상징하는 것으로 해석된다. 촌뜨기 산초가 자신의 주인과 상반된 모습으로, 주인의 엉뚱한 행위를 이해하지는 못하지만 점차 시종으로서 훌륭한 충성심을 보이며 주인을 따르게 된다는 점에서 '산초의 점진적인 돈키호테화'가 달성되었다고 보는 해석도 있다. 산초는 돈키호테와 지내면서 점차 변화해 주인의 이상주의에 공감하게 된다. 그리고 때때로 주인처럼 행동하기도 한다. 소설 말미에서 돈키호테가 제정신을 되찾고 임종의 순간을 맞았을 때 산초는 이렇게 그의 용기에 찬사를 올린다.

오, 기사도의 꽃이시여! (중략) 모든 라만차 지방의 영광, 더 나아가 이 세상의 영광! 주인님이 계시지 않으면 나쁜 짓을 하는 자들이 두려움이 없어져 이 세상은 악당으로 넘쳐날 거예요. (중략) 오, 오만한 자에게는 겸손하게, 겸손한 자에게는 오만하게, 위험을 무릅쓰고 뛰어들고, 모욕을 견디며, 이유 없는 사랑을 하시고, 선한 자들을 따르고, 악한 자들을 매질하시며, 천박한 자들의 원수이자, 결론적으로 말로써 표현할 수 있는 모든 것의 편력기사여!

－『돈키호테』

『돈키호테』는 의외로 읽기가 쉽지 않은 소설이다. 세르반테스는 이를 걱정해서인지 서문에서 그의 '마음속 친구'의 입을 빌려 다음과 같이 소설의 목표를 내비친다.

> 그대의 글을 읽으면서 우울한 사람은 웃고, 잘 웃는 사람은 더 웃으며, 바보는 화내지 않고, 점잖은 사람은 기발함에 감탄하며, 심각한 사람은 경멸하지 않고, 진지한 사람도 칭찬하도록 해야 할 걸세.
> ─『돈키호테, 열린 소설』에서 재인용

세르반테스는 자신의 소설이 당시 '집단 우울증'에 빠진 스페인 사람들에게 치료제 역할을 해주기를 바란 듯하다. 돈키호테가 죽음에 이른 것도 우울증 때문이었다. 그는 소설을 통해 우울한 사람들의 마음을 건강하게 만들어주고 싶어했다. 그 '깊은 의도'가 서문에 담겨 있다. 그것이 바로 돈키호테가 우스꽝스런 편력기사 역할을 하는 이유인 셈이다.

『돈키호테』를 읽다 보면 묘하게도 외환위기 이후 팍팍해진 삶으로 집단 우울증이 심화된 현재의 우리나라가 겹친다. 지금 꿈을 상실했다면, 삶이 우울하다면 스스로에게 '돈키호테 읽기'를 처방해보자. 아니면 사랑과 배신, 반전이 담긴 액자소설로만 읽어도 그만이다.

빌 게이츠는 1991년에 워렌 버핏으로부터 존 브룩스의 『비즈니스 어드벤처』라는 책을 빌려보고 아직 돌려주지 않았다고 해서 화제가 된 적이 있다. 그는 이 책을 경제경영의 고전으로 소개한다. 틀을 깨는 사고를 엿볼 수 있으며 인간에 대한 이해를 담고 있기 때문이라고 했다. 말하자면 고전이란 인간에 대한 이해와 심리를 파고들어 공감을 줄 수 있는 책이다. 『돈키호테』를 읽으며, 이렇듯 인간의 심성을 꿰뚫는 명언과 명장면을 만나는 즐거움을 누리시기를 바란다.

『돈키호테』 읽는 법

『돈키호테』(1605)의 완역본으로는 창비의 번역본(민용태 옮김, 2012)과 열린책들의 번역본(안영옥 옮김, 2014), 시공사의 번역본(박철 옮김, 2015) 등이 있다. 여기서는 국내 최초 스페인어판 완역인 박철의 번역본(시공사, 2015)을 인용했다. 연구서로 민용태의 『돈키호테, 열린 소설』(고려대출판부, 2009)과 권미선의 『돈키호테 : 비극적 운명을 짊어진 희극적 영웅』(살림, 2005)을 곁들이면 이해가 쉽다.

셰익스피어의
4대 비극·5대 희극

—

세계 최고의 극작가,
인간의 심리를 꿰뚫다

—

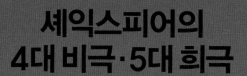

28

1864년 『The Leisure Hour Magazine』에 실린 윌리엄 셰익스피어 초상
셰익스피어의 작품은 비극이든 희극이든, 인간 내면의 치밀한 묘사와 인간관계에서 파생되는
문제에 깊이 천착한 전개를 보인다. 이것이 영국의 극작가 벤 존슨이 말했듯 그가 "한 시대에만
한정되지 않고 영원"한 작가인 이유, 엘리자베스 여왕이 국가를 모두 넘겨주어도 결코 넘길 수
없는 한 명의 작가로 그를 꼽은 이유일 것이다.

비극의 원천은
'흔들리는 가족'

　월리엄 셰익스피어(1564~1616)와 동시대 작가인 벤 존슨(1572~1637)은 "셰익스피어는 한 시대에만 한정되지 않고 영원하다"라는 유명한 말을 남겼다. 이는 셰익스피어 작품의 보편성과 불멸성을 표현하는 상징적인 문구가 되었다. 존슨의 지적처럼 인류가 셰익스피어의 문학성에 환호하는 것은 그의 작품이 보여주는 보편성 때문일 것이다. 영국의 엘리자베스 여왕은 국가를 모두 넘겨주어도 셰익스피어 한 명만은 못 넘긴다고 했고, 비평가 칼라일은 셰익스피어는 영국의 식민지 인도와도 바꿀 수 없다고 했다. 영국의 자부심이 된 셰익스피어의 작품은 모두 38편이 전해진다.『리처드 3세』등 역사극이 10편,『한여름 밤의 꿈』등 희극이 16편,『햄릿』등 비극이 12편이다. 셰익스피의 작품이 영국 비평가와 왕실을 넘어 전세계 독자들을 사로잡을 수 있었던 까닭은 아마도 '인간관계', 그리고 거기서 파생되는 문제에 깊이 뿌리박고 있기 때문일 것이다. 그는 '흔들리는 가족'이라는 주제에 관심을 가졌다. 작중 인물들의 가족관계 및 질서는 야망·탐욕·사랑 등에 의해 위기에 처하거나 해체된다. 4대 비극 모두 그 중심에는 '위기의 가족'이 있다. 『햄릿』과 『오셀로』를 비교하며 살펴보자.

『햄릿』에서 아버지를 살해한 삼촌 클로디어스는 왕위뿐 아니라 어머니마저 빼앗는다. 가족의 질서는 전도되어 삼촌이 아버지가 된다. 어머니는 아버지가 죽었음에도 여전히 왕비다. 이러한 상황에 부딪힌 아들이자 조카, 왕자로서의 햄릿의 선택과 감정이 이 극의 중심을 이룬다.

햄릿은 단순히 아버지의 원수를 갚는다는 의미를 넘어, 복수라는 행위가 인간의 존재 및 도덕성에 미치는 영향과 그 본질에 파고든다. 아버지가 돌아가신 지 두 달도 못 되어 다시 왕의 여자가 된 어머니의 상황은 구체적 요소의 변주는 있을지언정 어느 시대에나 벌어질 수 있는 일이다. 여기서 햄릿은 그리스 비극 『아가멤논』에서 아버지를 죽이고 정부와 결혼한 어머니 클리타임네스트라의 아들 오레스테스를 연상케 한다. 또한 클로디어스가 형인 선왕을 살해한 것이나 형제간의 시기와 음모 등은 성경 속 카인과 아벨의 이야기와 연결된다. 극 안에서는 '극중극' 장면으로 독살 장면이 재연되면서 클로디어스로 하여금 자신의 죄악을 떠올리게 한다.

> 난 인류 최초의 형제를 죽인 저주를 받고 있다. (중략) 저주받은 이 내 손에 형의 피가 겹겹으로 묻었다 한들, 그걸 눈처럼 희게 씻어줄 만큼의 빗물이 저 자비로운 하늘엔 없는가?
> – 이하 『햄릿』(민음사, 1998)

모든 비극을 통틀어 햄릿만큼 비극적인 성격을 특징짓는 전형적인 인물은 없을 것이다. "우리 모두가 햄릿이다"라는 말도 회자된다. 복수의 순간을 지연시키던 햄릿은 막상 클로디어스를 죽일 절호의 기회를 맞이하자 돌연 그를 살려준다. 곧 이어지는 장면에서는 또 주저 없이 칼을 휘두른다. 극단적인 행동 지연과 극단적인 행동 실천을 한꺼번에 보여주는 것이다. 또 햄릿은 기지와 재담, 존재의 본질에 대한 성찰로 인간이 가진 거의 모든 능력을 극대화하여 보여주는 인물이다. 흔히 극의 절정으로 다음의 대사를 꼽는다.

죽느냐 사느냐, 그것이 문제로다. 어느 게 더 고귀한가. 난폭한 운명의 돌팔매와 화살을 맞을 건가. 아니면 무기 들고 고해와 대항하여 싸우다가 끝장을 내야 하는 건가.

이 비극에서 햄릿을 사랑하는 오필리아는 아버지의 권위에 도전하지 못하고 순종하다 결국 스스로 목숨을 끊는다. "제 탓도 있어요. 슬픈 운명이죠. 누구도 원망하지 않아요." 존 밀레이(1829~1896)가 그린 〈오필리아〉(1852)는 눈을 뜬 채 물 위에 누워 있다.

또 다른 비극인 『오셀로』에서 무어인 장군과 사랑에 빠진 데스데모나는 아버지의 권위를 무시하고 사랑을 찾아 집을 떠나지만, 그에 대한 벌을 받는다.

가난하나 만족하며 사는 사람은 어떤 부자도 부러워하지 않는 법이지만, 제아무리 부자라도 가난해질까봐 항상 두려워하는 사람의 마음은 한겨울처럼 쓸쓸하게 마련입니다.

– 이하 『셰익스피어 4대 비극』(아름다운날, 2006)

『오셀로』는 흑인 장군 오셀로가 부하 이아고의 간계에 빠져 아름다운 아내의 정절을 의심하다 결국 아내를 목 졸라 살해한다는 이야기다. 이 극에서 데스데모나의 비극은 가부장적인 아버지의 권위를 무시한 것으로부터 시작된다. 아버지 브라반시오는 말한다. "세상의 아버지들이여, 자식을 믿지 말라." 브라반시오는 급기야 오셀로에게 "그녀를 지켜봐라, 무어인이여, 아버지를 속였으니 너도 속일지도 모른다"라고 경고하기까지 한다. 결국 브라반시오의 징벌에 대한 예언은 현실화된다.

데스데모나는 아버지의 권위는 무시할 수 있었지만 남편에 대한 무조건적인 순종이라는 한계를 극복하지 못한다. 데스데모나의 자유로운 사랑은 아버지의 권위로 대변되는 가부장제 이데올로기와 인종차별적 이데올로기를 거부한 대가로, 자신이 사랑하는 대상인 남편으로부터 심판을 받는다.

셰익스피어의 작품 속에서 주인공 못지않게 극을 지배하는 것은 악당이다. 『오셀로』에서는 이아고가 그 역할을 맡고 있는데, 이아고는 자신이 원했던 오셀로 장군의 부관 지위를 카시오에게 빼앗기자 오셀로를 파멸시키기로 결심하고 이를 실행한다. 그 과정에서 드러나는 이아고의 성품은 교활하고 사악하기 그지없다. 이간질의 명수이기도 하다. 그러나 이아고는 매력적인 인물이다. 그는 인간의 약점을 간파하는 『파우스트』 속 악마와 같은 혜안을 가지고 있다.

> 사랑에 푹 빠진 상태에서 상대를 의심하면서도 강렬하게 사랑할 수밖에 없는 사람은 저주받은 시간이 얼마나 길게 이어지겠습니까?

데스데모나의 하녀이자 이아고의 아내인 에밀리아가 데스데모나의 손수건을 훔쳐 이아고에게 넘겨준다. 이아고의 말은 폐부를 찌르는 듯하다.

공기처럼 가벼운 물건도

질투심에 사로잡힌 자에게는

성서만 한 증거가 될 수 있지.

손수건을 손에 쥔 이아고는 다시 계략을 꾸미고 오셀로의 가슴을 향해 불화살을 당긴다. 오셀로가 아내에게 딸기 무늬가 있는 손수건을 선물로 주었다고 하자 카시오가 그 손수건으로 수염을 닦는 것을 보았다고 말한 것이다.

정조야 어디 눈에 보이는 겁니까?
– 이하 『셰익스피어 읽어주는 남자』(명진출판사, 2011)

급기야 이아고는 오셀로에게 '언어 살해'라고 해도 좋을 정도의 비수를 날린다. 이에 오셀로는 정신을 잃고 쓰러진다. 오셀로는 정숙한 아내 데스데모나를 "창녀"라고 비난하면서 "무릎이나 꿇어, 매춘부야!"라고 소리친다. 이아고는 마침내 오셀로를 파멸시킨 것이다. "내 마음은 이미 돌로 변했어"라고 말하는 오셀로에게 데스데모나는 마지막까지도 사랑의 마음을 전한다. 오셀로는 아내에 대한 믿음의 끈을 끊었지만 그녀는 결코 그 끈을 놓지 않았다.

죄가 있다면 당신을 사랑하고 있다는 것뿐이에요.

아내의 마지막 항변에도 오셀로는 이렇게 말할 뿐이다. "그래, 바로 그것 때문에 당신은 죽어야 해!" 이 장면에서 그 유명한 '죽이고 사랑하노라'(5막 2장)라는 대사가 오셀로의 입에서 탄식처럼 흘러나온다.

한 번 더, 또 한 번 더 키스를

죽더라도 이대로 있어다오.

죽이고 사랑하리라. (중략)

하늘은 사랑하는 사람에게도 벌을 주니까.

이아고의 간계에 의해 억울하게 '부정한 여인'이라는 누명을 쓴 데스데모나는 자신이 왜 사랑하는 남편의 손에 죽어야 하는지 모른다. 오셀로가 "아직도 하늘에 용서받지 않은 죄가 있다면 당장 기도하고 용서를 비시오"라고 말하자 "여보, 그게 무슨 말씀이세요?"라고 항변할 따름이다. 그러자 오셀로는 또다시 데스데모나의 가슴에 대못을 박는다.

당신의 영혼마저 죽이고 싶지 않소.

셰익스피어 시대나 지금이나 사랑은 행복한 얼굴을 하다가도 갑작스레 난폭해지곤 한다. 누구나 사랑에 빠지면 오셀로처럼 이렇게 말할 것이다.

내가 그대를 사랑하지 않는다면 내 영혼은 파멸되어도 좋소. 만일 내가 당신을 사랑하지 않게 된다면 그때는 세상에 혼돈이 올 거요.
- 『셰익스피어 4대 비극』

그러다 조금만 의심이 생겨도 그 맹세는 온데간데없다. 다시 눈과 귀는 멀어버린다. 이에 셰익스피어는 말한다.

사랑이 피어날 때도

사랑이 질 때도

귀먹고 눈멀 것이다.

－『셰익스피어 읽어주는 남자』

　오셀로는 수많은 전투에서 승리했지만 단 한 번의 사랑의 전투에서는 그만 패배한 장군이 되고 말았다. 인생에서 가장 값진 것은 소중한 사람을 만나 사랑을 나누고 지켜가는 일이 아닐까. 살아갈수록 이 사실을 더욱 가슴 절절히 느끼곤 한다.

천재 작가를 만든
모방과 차용의 힘

『데미안』의 작가 헤르만 헤세는 고전에 대해 언급하면서 "진정한 대문호 가운데서도 으뜸은 셰익스피어와 괴테"라고 강조한다. 셰익스피어는 서구 문학을 상징하는 '문화 영웅'이다. 그런데 셰익스피어 작품에 대해 공부하다 보면 충격적인 사실과 접하게 된다. 그것은 그의 작품들이 대부분 '차용과 모방'에서 나왔다는 점이다.

셰익스피어는 11세에 입학한 그래머스쿨이 학력의 전부다. 그는 여기서 라틴어와 그리스어를 비롯해 문법·논리학·수사학·문학, 역사, 오비디우스의 『변신 이야기』『플루타르크 영웅전』 등 중요한 작품들에 관해 배웠다. 특히 성서와 더불어 오비디우스의 『변신 이야기』에 매료되었다. 셰익스피어에게 이 텍스트들은 무한한 상상력의 원천이 되었다.

자, 이 사람은 퓌라모스이고 이 아름다운 아가씨는 시스비입니다. (중략) 가련한 연인들은 이 담벼락 틈으로 사랑을 속삭일 수밖에 없었습니다. 이들은 나이나스의 무덤에서 만나 달빛을 받으며 사랑을 고백하게 되어 있습니다. 보기만 해도 무시무시한 이 짐승은 사자이온데, 저 진실한 티스베가 밀회 장소에 다다르기 직전 밤의 어둠을 틈타 먼저 나타나 그녀를 위협해 혼비백산해 달아나도록 합니다. 달아나면서 그 아가씨는 망토를 떨어뜨렸는데, 이 고약한 사자가 피 묻은 입으로 그걸 갖고 물어 늘어진 것입니다. 이윽고 훤칠하게 잘생긴 미남 청년 퓌라모스가 그곳에 나타나 피 묻은 망토를 보고는 진실한 티스베는 죽었다고 생각하게 되는 거죠. 그래서 굶주린 원한의 칼을 뽑아 피가 끓고 있는 제 가슴을 힘껏 찔렀습니다. 그러자 뽕나무 그늘에서 기다리고 있던 티스베는 이 장면을 보고 달려와서 퓌라모스의 가슴에 박힌 칼을 뽑아 들고 스스로 목숨을 끊습니다.

　─『셰익스피어 4대 비극』

　이 이야기는 오비디우스의 『변신 이야기』에 나오는 '퓌라모스와 티스베'(피라므스와 시스비) 이야기의 일부다.[8] 위에서 인용한 부분은 『변신 이야기』에서 가져온 것이 아니고 『한여름 밤의 꿈』의 마지막 부분(5막 1장)에 나오는 극중극의 한 장면이다. 아테네의 공작 테세우스는 히폴리타와의 결혼식에서 부친을 거역하고 사랑의 모험을 감행한 허미아와 라이샌더, 디미트리어스와 헬레나 등 두 쌍의 연인과 합동 결혼식을 올리고 이를 축하하는 공연을 펼친다. 그 공연의 내용이 바로 '퓌라모스와 티스베'의 내용이다.

　이 이야기는 『로미오와 줄리엣』의 원형으로 더 유명하다. 셰익스피어는 『한여름 밤의 꿈』을 쓴 시기에 『로미오와 줄리엣』도 함께 썼다. 셰익스피어는 『로미오와 줄리엣』의 전개를 '퓌라모스와 티스베' 이야기에 크게 의존하고 있다. 부모가 원치 않는 사랑, 여자 주인공이 죽은 것으로 오해한 끝에 자살하는 남자 주인공 등의 요소가 그것이다. 1562년 아서 브룩은 이탈리아 설화를 바탕으로 『로미오와 줄리엣의 비극』을 발표했는데 이 역시 셰익스피어가 『로미오와 줄리엣』의 큰 줄기로 수용했다고 한다.

비평가들은 또한 『한여름 밤의 꿈』은 제프리 초서의 『캔터베리 이야기』 가운데 '기사 이야기'와 플루타르크의 『영웅전』을 참조했다고 한다. 또한 권력과 영토를 놓고 혈육간의 분쟁을 벌이는 『뜻대로 하세요』는 T. 로지가 1590년에 쓴 『로잘린드』를 모방해 완성한 작품이다. 셰익스피어의 마지막 작품인 『템페스트』도 오비디우스의 『변신 이야기』를 비롯, 당대의 여러 작품을 참고했다고 한다.

『햄릿』도 모방에서 탄생했다. 『햄릿』의 원형으로는 작가 미상의 스칸디나비아 서사시 『흐뢸프스 크라카 왕의 이야기』가 우선 꼽힌다. 살해당한 왕과 그의 두 아들이 등장하는 이 서사시는 많은 부분에서 『햄릿』과 비슷한 구성을 보인다. 1514년에 출판된 삭소 그라마티쿠스의 『덴마크 연대기』에는 '비타 암렛'의 이야기가 실려 있는데 역시 덴마크 왕가 이야기인 『햄릿』과 너무나 유사하다.

왕자 암렛은 어머니 거루타와 결혼한 왕위 찬탈자인 숙부 팽고에게 복수하기 위해 미친 척 행동하며 비밀 정탐꾼인 왕의 가신을 살해한다. 팽고는 영국 왕에게 암렛을 처치하라는 밀서를 보내지만 결국 암렛은 아버지의 원수를 갚는다. 클로디어스의 왕 살해, 어머니 거트루드와 숙부 클로디어스의 근친상간/근친혼, 거짓 광기, 오래 지연된 복수와 그 실행 등 주요 사건들은 이미 '비타 암렛' 이야기 속에 포함되어 있다. 셰익스피어의 천재성은 이러한 원시적인 복수 이야기를 『햄릿』과 같이 다양하면서도 통일된 주제와 깊이를 가진 극으로 바꾸었다는 데 있다. 셰익스피어는 주어진 이야기를 재구성 혹은 재해석하는 '재창조의 천재'인 것이다.

> 그는 자유롭게 다른 작품들로부터 소재를 빌려왔고 자기 의도에 맞추어 그것을 자르고, 붙이고, 늘리고, 틈새를 메웠다.
> ─『햄릿』

셰익스피어는 희극에서도 비극처럼 가부장적 질서와 권위를 다루면서 여기에 사랑을 촉매제로 활용한다. 그중에서 지금도 세계적으로 공연되는 『말괄량이 길들이기』는 남성중심적인 세계를 옹호하는 작품이다. 이탈리아 파두아 지역의 부자 뱁티스터의 맏딸 카트리나는 사납고 수다스러운 말괄량이였지만 신랑 페트루치오에 의해 순종적인 아내로 변모한다. 한번은 누가 가장 '길들여진 아내'인지를 알아보는 내기를 했다. 세 명이 각각 아내를 불렀을 때 그 부름에 맨 먼저 달려오는 아내의 남편이 돈을 갖기로 했다. 이때 말괄량이로 소문난 카트리나가 가장 먼저 달려와 모두를 놀라게 했다. 카트리나는 파두아에서 가장 얌전한 부인으로 다시 한 번 유명해졌다. 『한여름 밤의 꿈』은 『말괄량이 길들이기』와는 달리 가부장적 관습이나 전통과 같은 현실을 뛰어넘어 사랑을 쟁취해나가는 환상적인 이야기다. "진실한 사랑은 결코 순탄치 않다"라는 메시지를 전한다.

셰익스피어는 1611년 『템페스트』를 끝으로 더 이상 작품을 쓰지 않았다. 그는 이 작품에서 "우리의 잔치는 이제 끝났다"라고 썼는데 이것을 '무대'를 떠나는 그의 '은퇴사'로 보아도 무방하지 않을까.

이제 우리의 잔치는 다 끝났다. (중략) 우리는 꿈과 같은 존재이므로.

— 『템페스트』(문학동네, 2009)

셰익스피어는 시대를 관통해 보편적인 공감을 불러일으키는 소재로 관객을 울리고 웃기며 또한 논쟁으로 이끈다. 그의 잔치는 끝났지만 그의 작품을 통해 지금도 삶과 사랑의 잔치는 계속되고 있다.

"죽음이란 나이 순으로 찾아오는 게 아니지요"(『말괄량이 길들이기』), "사랑에 빠진 연인들이란 언제나 약속 시간보다 일찍 오는 법이지"(『베니스의 상인』), "구해서 얻는 사랑도 좋지만 구하지 않고 얻는 사랑은 더욱 좋지요"(『십이야』), "온 세상은 무대이며 세상 사람들은 모두 배우에 불과하다"(『뜻대로 하세요』) 등 셰익스피어의 명대사들은 마치 격언처럼 회자된다. 한편으로 '승자의 독식'이라는 말이 머리를 스치고 지나간다. 셰익스피어가 모방하고 차용한 작품들은 모두 그의 유명세에 가려졌기 때문이다.

셰익스피어 전집 읽는 법

셰익스피어는 모두 38편의 작품을 남겼는데, 셰익스피어연구회에서 옮긴 『한 권으로 읽는 셰익스피어 4대 비극·5대 희극』(아름다운날, 2007)에 그 정수가 모두 담겨 있다. 여기서는 민음사에서 나온 『햄릿』(1998)과 『한여름 밤의 꿈』(2008), 그리고 문학동네에서 나온 『템페스트』(2009)도 참고했다. 비평서로는 강석주의 『셰익스피어 문학의 현대적 의미』(동인, 2007), 안병대의 『셰익스피어 읽어주는 남자』(명진, 2011) 등이 있다.

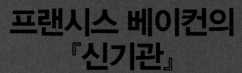

프랜시스 베이컨의
『신기관』
—

인류를 과학의 세계로
이끈 안내자
—

29

프랜시스 베이컨의 초상
베이컨은 인간의 정신을 사로잡고 있는 편견을 하나하나 논박함으로써 오래 이어진 중세라는
암흑기를 극복하고 근대 정신의 싹을 틔웠다. 영국의 과학철학자 화이트헤드는 17세기를 '천재
의 세기'라 불렀다. 프랜시스 베이컨은 그 천재의 세기를 이끌어간 인물이며, 그의 대표작 『신
기관』은 과학의 시대를 연 저작으로 평가된다.

인류에게 과학을 허하라

　흔히 학문이 뛰어난 사람은 권력을 멀리하고, 권력을 지닌 사람은 학문이 깊지 않다. 물론 권력의 화신이면서도 위대한 저작을 남긴, 극히 예외적인 인물도 있다. 그러한 인물로 "아는 것이 힘이다"라는 말을 남겼으며, 경험론의 창시자로 불리는 프랜시스 베이컨(1561~1626)이 꼽힌다.

　베이컨은 영국 제임스 1세 하에서 최고위직인 옥새상에 올랐을 뿐 아니라 서양 철학사에서 논리학의 일대 전환을 불러온 과학적 귀납법을 제창했다. 그는 대법관과 자작의 지위에 올랐다.『학문의 진보』를 비롯한 40편의 저술 가운데서 특히『신기관』은 과학의 시대를 연 저작으로 평가된다.

　영국의 과학철학자 화이트헤드는 17세기를 '천재의 세기'라 불렀다. 그 천재의 세기를 연 첫 번째 인물이 바로 프랜시스 베이컨이며,『신기관』은 그의 대표작이다. 베이컨과 함께 화이트헤드가 꼽은 17세기의 천재는 윌리엄 하비, 요하네스 케플러, 갈릴레오 갈릴레이, 르네 데카르트, 블레이즈 파스칼, 크리스티안 호이헨스, 로버트 보일, 아이작 뉴턴, 존 로크, 스피노자, 라이프니츠 등 12명이다.

귀납적 연구 방법을 주창한 『신기관』은 근대 과학 정신의 초석을 닦은 저작이다. 『신기관』에서 베이컨은 인간의 정신을 사로잡고 있는 편견들을 하나하나 논박하고 자신이 제공한 귀납법의 개요를 보여줌으로써 중세라는 척박한 토양에 근대 정신의 싹을 틔웠다. 『신기관』이라는 제목은 아리스토텔레스의 논리학 저서인 『오르가눔』Organum, 즉 '기관'에 대한 대항적 의미를 담고 있다. 그는 아리스토텔레스가 주장한 '삼단논법'의 논리학이 추론과 사색의 형이상학에 머물러 있다며 신랄하게 비판한다.

아리스토텔레스의 논리학에서 삼단논법은 '정언삼단논법'이라고 불린다. 예를 들어 "인간은 모두 죽는다"라는 대전제와 "소크라테스는 인간이다"라는 소전제로부터 "따라서 소크라테스는 죽는다"라는 결론을 도출해내는 식이다. 여기서 결론은 소크라테스와 죽음의 관계를 말하며, 대전제는 인간과 죽음의 관계, 소전제는 소크라테스와 인간의 관계를 말한다. 베이컨은 이러한 삼단논법은 명제들 사이의 관계만을 이야기할 뿐, 새로운 지식을 알려주지 못한다고 보았다. 그는 관찰이나 실험에 바탕을 두지 않는 명제는 '우상', 즉 잘못된 환상 혹은 편견일 뿐이라고 말한다.

베이컨은 책의 제목에서부터 스콜라철학(8세기부터 17세기까지 중세 유럽의 주류 학문이었던 신학 중심의 철학을 이르는 말로, 고대 철학의 전통적 권위에 의존하여 주로 아리스토텔레스 및 플라톤의 철학을 원용한다) 학자들의 연역 논리학(삼단논법)과 결별할 뜻을 분명히 밝히면서 참된 귀납법을 통해 얻는 지식만이 인류의 삶을 증진할 수 있다고 역설한다. 1620년 출간된 『신기관』 표지의 중앙에는 새로운 과학이라는 대양을 향해 항해를 시작한 '과학의 배'가 그려져 있다.

베이컨은 학문이 인간의 실생활에 도움을 줄 수 있어야 한다는 신념을 지니고 있었다. 그는 인쇄술이나 화약, 나침반으로부터 매우 깊은 감명을 받았다. 베이컨은 이처럼 중요한 발견(발명)이 지금까지의 학문적 전통과는 무관하게 이루어졌다는 사실에 특별히 주목했다. 인쇄술은 필사 기술이 발달한 것이 아니고, 대포는 발석차가 개선된 것이 아니다. 나침반도 뱃사람들이 쓰던 기구가 개량된 것이 아니고, 명주실도 양모 제품이나 식물 섬유를 들여다보던 와중에 발견한 것이 아니다.

> 그토록 오랜 세월 동안 인간이 알지 못했던 이러한 일들이 드디어 발견되긴 했지만, 철학이나 이성의 힘으로 된 것은 하나도 없고 순전히 예기치 못한 상황에서 우연히 얻은 것들이었다. 이 모든 발명품들은 예전부터 우리가 알고 있던 것과는 전혀 다른 종류의 것들이었기 때문에 기존의 지식이 아무런 도움이 될 수 없었던 것이다.
> – 이하 『신기관』(한길사, 2001)

여기서 그는 당시의 지배적 학문인 아리스토텔레스의 형이상학적 자연학(물리학)을 청산하고 새로운 방법론을 세워야 할 필요를 느꼈다. 그래서 베이컨은 자연에서 진리를 구하는 새로운 방법으로서 특히 '실험'을 강조했다. "자연의 비밀은 제 스스로 진행되도록 방임했을 때보다는 인간이 기술로 조작을 가했을 때 그 정체가 훨씬 더 잘 드러난다"라는 것이 그의 생각이었다.

서구 문명을 이끈 것은
'실험'에 의한 과학이다

　흔히 한국 대학이 시대에 뒤떨어진 교육을 한다고 말한다. 하지만 이는 오늘날만의 이야기도 국내에만 국한된 이야기도 아니다. 베이컨이 케임브리지 트리니티 칼리지에 다닐 때에는 코페르니쿠스 등이 이미 지동설을 주장하는 등 과학적 사고가 움트기 시작한 상태였다. 하지만 대학에서는 여전히 아리스토텔레스의 형이상학과 스콜라철학을 가르쳤고 당시 지식인들의 초관심사였던 자연철학은 외면했다. 그가 거론한 '극장의 우상'(베이컨이 말한 네 가지 우상 가운데 하나. 자기의 생각이나 판단에 의하지 않고 어떤 권위나 전통에 기대어 생각하고 판단할 때 범하는 편견을 이름) 역시 시대가 변함에도 불구하고 낡은 학문과 학파를 고수하는 분위기에서 나온 것이다.

　베이컨이 보기에 고대 그리스에서 학문이 생겨난 이후 2,000년 이상이 흐르도록 학자들의 세계를 지배해온 아리스토텔레스의 연역 논리학은 새로운 지식을 얻는 데 전혀 도움이 되지 않았다. 학문 목표와 방법이 상실되었기 때문이다. 그는 "모든 학문이 나아가야 할 진정한 목표는 인류 생활을 위한 발견에 힘을 실어주는 것이다"라고 말했다. 베이컨은 학문은 단순히 사색이나 추론, 정신적 활동을 위해서가 아니라 '이용후생'을 위해 존재해야 한다고 강조한다. 베이컨에게 학문이란 자연을 지배하기 위한 것이었다. 자연에 대한 지배는 자연에 대한 진정한 지식을 획득함으로써 이룰 수 있었다.

베이컨의 이용후생론은 17세기 후반 조선에 등장한 실학파의 그것보다 시기적으로 50년 정도 앞선 것이다. 당시 조선에서도 유형원·이익 등을 필두로 한 실학파 학자들이 이용후생을 주창하기 시작했다. 이 무렵까지는 유럽과 조선의 학문 수준이 큰 차이를 보이지 않았다. 문제는 귀납적 방법론의 등장 이후다. 서양은 베이컨 이후 수많은 과학자들이 획기적인 성과를 내기 시작했다. 영국은 베이컨의 과학적 방법론을 통해 수많은 발명과 발견을 이루어내면서 산업혁명을 꽃피웠다. 반면 조선이나 중국의 경우 주자학의 지배질서를 고수하면서 형이상학적인 논쟁에 매몰되었다. 자연스럽게 유럽의 과학 수준과 점점 격차를 벌리며 뒤처졌다.

『신기관』은 두 권으로 이루어져 있다. 제1권은 「우상 파괴」 편이고, 제2권은 「진리 건설」 편이다. 제1권은 '아는 것이 힘이다'라는 경구로 시작해 인간의 정신을 사로잡고 있는 편견들, 즉 네 가지 우상을 하나하나 논박하고 자신이 제창한 귀납법의 개요를 보여주고 있다. 제2권에서는 우상으로부터 해방된 인간의 지성이 과학적 발견을 위해 걸어야 할 길, 즉 참된 귀납법의 구체적인 예를 보여준다.

인간의 지식이 곧 인간의 힘이다. 원인을 밝히지 못하면 어떤 효과도 낼
수 없다.

『신기관』제1권에서는 먼저 경험론의 경구로서 위의 금언이 나온다.
베이컨은 지식이 곧 자연을 정복하는 인간의 힘이 되었다고 강조한다.
나침반이 없던 시대에는 별에 의존해 항해했다. 나침반이 발명된 후 인
류는 대양 너머 신세계를 발견했다. 제방·댐·운하 등을 만드는 토목 기
술과 산업이 발달하지 않았을 때 인간은 홍수 등 자연재해에 무력했다.
그러나 물을 제어하는 기술이 발전하면서 인간은 안전뿐 아니라 에너
지까지 확보할 수 있게 되었다.

그러나 베이컨은 참된 귀납법을 채택한다고 해서 저절로 자연의 진
리가 발견되는 것은 아니라고 말한다. 인간의 정신 속에 뿌리 박혀 있는
편견, 즉 우상idola을 먼저 제거해야 했다. 그는 우상을 크게 네 가지로
나누는데, 종족의 우상·동굴의 우상·시장의 우상·극장의 우상이 그것
이다.

먼저 종족의 우상은 인간성 그 자체에, 인간이라는 종족 그 자체에 뿌
리박고 있는 우상이다. '인간이 만물의 척도'라는 주장이 그러하듯, 인간
의 지각은 우주를 준거로 삼는 것이 아니라 인간 자신을 준거로 삼기 쉽
다. 표면이 고르지 못한 거울은 사물을 그 본모습대로 비추지 않고 사물
에서 나오는 반사광선을 왜곡·굴절시킨다. 인간의 지성은 그것과 같다.
동굴의 우상은 각 개인이 가지고 있는 우상이다. 그것은 개인 고유의 특
수한 본성에 의한 것일 수도 있고 그가 받은 교육이나 다른 사람에게 들
은 이야기에 의한 것일 수도 있고, 그가 읽은 책이나 존경하고 찬양하는
사람의 권위에 의한 것일 수도 있고, 첫인상의 차이에 의한 것일 수도
있다. 시장의 우상은 인간 상호 간의 교류 및 접촉에서 생기는 우상이다.

잘못된 언어는 지성에 폭력을 가하고, 모든 것을 혼란 속으로 몰아넣고, 인간으로 하여금 공허한 논쟁이나 일삼게 하며 수없는 오류를 범하게 한다. 극장의 우상은 '학설의 우상'이라고도 하는데 철학의 다양한 학설과 그릇된 증명 방법 때문에 사람의 마음에 생기게 된 우상이다. 베이컨은 기존의 철학 체계들이 극장에서 상연하는 연극의 각본과 같은 것이라고 생각했다.

> 인간의 지성을 고질적으로 사로잡고 있는 우상과 그릇된 관념들은 인간의 정신을 혼미하게 할 뿐만 아니라 우리가 얻을 수 있는 진리조차도 얻을 수 없게 만든다.

이러한 우상을 제거하려면 계획된 실험을 통해 얻은 경험에서 중간 수준의 공리를 이끌어내고, 이 공리에서 다시 새로운 실험을 이끌어내야 한다. 적절한 배제와 제외에 의해 자연을 분해한 다음, 부정적 사례를 필요한 만큼 수집하고 나서 긍정적 사례에 대해 결론을 내리는 것이다.

베이컨은 학문을 통해 자연에 대한 인간의 지배권을 확대하고 인류에게 유익한 발견과 발명을 이끌어내려 했다. 그리고 정신의 힘에만 의존하거나 실험 결과만을 믿어서는 안 되며 학문과 현상을 긴밀하게 결합하는 것이 올바른 길이라고 주장했다. 화이트헤드는 베이컨을 "근대적 정신을 세운 위대한 건설자의 한 사람"이라고 평가한다. 그는 새로운 과학의 세계가 있다는 사실을 알려주었으며, 또한 그 문이 어디쯤에 있는지, 그 문이 있는 곳에 도달하기 위해 필요한 장비는 무엇이고 어떤 방법으로 가야 하는지를 알려주었다는 것이다.

『신기관』 읽는 법

베이컨의 『신기관』(1620)은 진석용의 번역본(한길사, 2001)이 있다. 여기에 베이컨의 주요 저서인 『학문의 진보』와 『수상록』을 실은 『학문의 진보/베이컨 에세이』(이종구 옮김, 동서문화사, 2008)를 함께 읽으면 그의 사상을 더 체계적으로 이해할 수 있다.

데카르트의 『방법서설』

나는 생각한다,
고로 나는 존재한다

30

프랑스 베르사유 지역에 전시된 르네 데카르트 흉상
데카르트는 신 중심의 세계관, 신학 중심의 철학을 인간 중심으로 옮겨온 철학자다. 또 하나의 '코페르니쿠스적 전환'이라 할 그의 인간중심주의는 근대로 향하는 어두운 길을 비추는 '이성의 빛'이 되었다.

은총의 빛에서
이성의 빛으로

난세에는 영웅이 등장하고 또한 위대한 명작이 탄생한다. 인류 역사와 인간의 정신사에 큰 영향을 미친 명저와 고전은 대부분 극도의 혼란기나 과도기의 산물이다. 인간은 왜 사는지, 세상은 어떤 곳인지, 어떻게 세상을 이해하고 인식해야 하는지 등의 생각들이 새로운 명작의 탄생으로 이어지는 것이다. 천년이나 이어진 중세라는 암흑기에서 빠져나온 15세기, 사회체제뿐 아니라 사람들의 정신도 혼란에 빠져들었다. 이때 다시 길을 비춘 것이 '이성의 빛'을 밝힌 르네 데카르트(1596~1650)였다. 데카르트가 1637년 세상에 내놓은 『방법서설』Discours de la méhode은 중세를 지배해온 신 중심의 인식체계를 인간 중심으로 바꾸었다. 당시 세계인식의 틀은 고대 신학 중심의 스콜라철학이었다. 데카르트의 인간중심주의는 이를 뒤흔든, 또 한 번의 코페르니쿠스적 사건이라 할 만했다.

코페르니쿠스는 지동설을 제기하면서 지구가 우주의 중심이라는 인식을 근본적으로 뒤흔든 바 있다. 괴테가 지적했듯, 코페르니쿠스의 새로운 우주관을 받아들이기 위해서는 유례없는 자유로운 사고와 위대한 감성이 필요했다. 데카르트는 인간중심주의를 역설함으로써 중세를 지배한 '은총(신)의 빛' 대신에 '이성(인간)의 빛'을 밝혀 새로운 시대를 연 것이다. 독일의 사상가 슈펭글러는 "근세 철학의 창시자요 아버지는 데카르트다"라고 말했다.

데카르트와 함께 『현대정신』을 출간한 미국 철학자 앨버트 벨츠는 『방법서설』을 두고 "서양의 정신이 중세주의로부터 현대로 이행해가려 한 노력에서 피어난 이야기"라고 했다. 데카르트가 『방법서설』 제3부에서 비유한 '길 잃은 나그네'가 가리키는 것은 젊은 시절의 데카르트만이 아니었다. 그 시대의 정신적 상황이 전체적으로 길 잃은 나그네를 닮아 있었다. 데카르트가 이 책에서 말하고자 한 것은 하나의 보편적 학문이다. 이 학문의 목표는 중세의 암흑을 헤치고 이성의 빛 아래 모든 사물과 현상을 두는 것이었다.

데카르트가 『방법서설』을 내놓기까지는 처음 회의에 빠진 이후 20년의 시간이 걸렸다. 데카르트가 자랑삼아 말하듯이, 그는 당대 석학들이 운집해 있던 라플레슈 대학에서 공부했다. 아주 우수한 학생으로 인정받았기 때문에 원하면 학교에 남아 편안히 학자의 길을 걸을 수 있었다. 그러나 데카르트는 미련 없이 그 길을 포기했다. 데카르트는 이때 학교에서 배운 학문, 즉 인문학과 스콜라철학을 포함해 모든 것에 실망하고 있었다. 그는 『방법서설』 제1부에서 "교사의 감시로부터 해방되자마자 '자신의 내부'에서 혹은 '세상이라는 크나큰 책' 속에서 찾아낼 수 있는 것 외에는 어떠한 학문도 구하지 않겠다"라고 결심했음을 밝혔다. 그리하여 그는 22세 때 '방랑'을 떠났다. 세계라고 하는 큰 책 속에서 자기 자신의 이성을 활성화시켜 관찰과 경험을 통해 진리를 찾아내기 위해서였다. 이러한 데카르트의 방랑을 가리켜 혹자는 '방법적 방랑'이라 부르기도 한다.

1619년 11월 10일, 그는 독일 울름의 시골 난로 방에서 '계시의 날'을 경험한다. 이를 계기로 데카르트는 자기 혼자만의 힘으로 전혀 새로운 기초 위에 학문을 세우기로 결심했다. 난로 방에서 각성의 체험을 한 뒤 데카르트는 과학자가 아닌 철학자의 길을 가게 되었다.

『방법서설』 제2부 서두에는 울름 난로 방에서의 사색이 차분하게 기록되어 있다.

> 많은 재료로 구성되고 여러 목공의 손으로 만들어진 작품에는 한 사람만이 만들어낸 작품만큼의 완전성이 없다는 것이었다. 단 한 사람의 건축가가 착수하고 완성한 건물은 여러 가지 다른 목적을 위하여 세워졌던 낡은 벽돌을 가져다가 많은 사람들이 고쳐가면서 만든 건물보다 아름답고 더 잘 정돈되어 있는 것이 보통이다.
>
> – 이하 『데카르트 연구 : 방법서설·성찰』(창, 2010)

데카르트는 학문 또한 이와 다르지 않다고 주장한다. 아무것도 논증할 수 없는 학문인 스콜라철학은 수많은 사람들이 저마다 조금씩 짜맞춘 것이다. 단 한 사람의 인간이 올바른 방법에 따라 이끌어낸 인식의 체계만이 진정한 학문이라고 할 수 있다. 그래서 데카르트는 시대에 뒤떨어져 외면받는 학문의 진정한 목표와 체계를 자신이 다시 세우겠노라고 다짐했다. 그 방법론이란 바로 중세를 지배해온 '신'을 대신하여 '이성'을 세우는 것이었다. 데카르트는 이날 체험을 통해 "혼자서 어둠 속을 걸어가듯이 나아가고, 모든 일에 세심한 주의를 기울이기로 결심하게 되었다"

라고 밝혔다. 데카르트가 찾고 있던 것은 세계의 질서, 즉 우주의 비밀에 대한 해답이었다. 이를 위해 그는 세계가 합리적인 질서를 갖춘 모습을 '이성의 방법'에 따라 조금씩 밝은 곳에 드러나게 하려 했다.

데카르트는 1620년 3월에 길을 떠나 헝가리를 두루 편력하고 1621년 독일, 폴란드, 북부 독일을 두루 돌아다녔다. 이어 파리에서 이탈리아로 갔다가, 프랑스로 돌아왔다. 그는 1628년 네덜란드로 이주해 은거생활을 시작할 때까지의 여행에 관해 『방법서설』 제3부에서 다음과 같이 술회한다.

> 그리고 그 후 만 9년 동안 세상에서 연출되는 모든 희극에 있어서 배우가 되느니보다는 오히려 구경꾼이 되려고 힘쓰면서 여기저기 떠돌아다니기만 했다.

데카르트는 9년간의 방랑과 8년간의 은거 끝에 『방법서설』을 내놓았다.

> 양식bon sens은 이 세상에서 가장 공평하게 분배되어 있는 것이다. (중략) 참된 것을 거짓된 것으로부터 가려내는 능력, 바로 양식 혹은 이성이라 일컬어지는 것이 모든 사람에게 있어서 나면서부터 평등함을 보여주는 것이다.

『방법서설』을 여는 이 유명한 문장은 '사상계의 인권선언'으로 불린다. 이성 능력의 평등이라는 사고방식을 사회적 시각으로 보면 루소의 평등사상이 된다는 것이다. 데카르트는 참과 거짓을 식별하고 사태를 판단하는 능력을 '이성'이라고 부른다. 그렇지만 그것은 이제 '신의 이성'이 아니라 '인간 정신의 이성'이다. 모든 인간은 이러한 이성 능력을 똑같이 갖추고 있다. 그것이 "양식은 이 세상에서 가장 공평하게 분배되어 있는 것이다"라는 문장의 의미다.

　데카르트는 이성의 평등성에 머무르지 않고, 그것을 제대로 사용할 것을 주문한다. "좋은 정신을 지니는 것만으로는 충분치 않으며, 그것을 잘 사용하는 것이 더 중요하기 때문이다." 데카르트에게 철학의 임무는 이성을 그저 소유하는 것이 아니라 올바르게 활용해 확실한 절대 진리를 발견하고, 이것을 토대로 잘 행동함으로써 후회 없는 삶, 만족하는 삶을 영위하는 데 있다. 『방법서설』은 '방법에 관한 이야기'다. 즉 자기 자신의 이성을 올바로 이끌어가는 방법에 대한 이야기인 것이다.

　　그래서 여기서 내 의도는 각자가 자기의 이성을 잘 이끌어가기 위하여 따라야 할 방법을 가르치려는 것이 아니라, 다만 내가 어떤 모양으로 내 이성을 이끌어가려고 힘썼는가를 보여주려는 것이다.

이성은 인간 누구에게나 공평하게 배분되어 있다

　근대 과학의 기초가 들어 있는 이 짧은 저작은 얼핏 엉성하고 구성이 치밀하지 못한 듯 보인다. 이 책은 총 6부로 구성되어 있는데, 제1부는 일종의 자전적 고백으로 방랑과 학문에 관한 갖가지 고찰을 담고 있다. 책의 핵심을 이루는 제2부에서는 난로 방에서의 계시적 체험으로 학문의 길을 가고자 결심한 것과 그때 얻은 생각을 이야기한다. 그러면서 이성을 인도하는 '방법의 네 가지 규칙'을 제시한다. 이것이 바로 그 유명한 '명증성의 규칙' '분석의 규칙' '종합의 규칙' '열거의 규칙'이다.

　첫째, 의심할 여지가 없을 정도로 명증적으로 진리인 것 외에는 아무것도 진리로 받아들이지 말 것, 속단과 편견을 피할 것(명증성의 규칙). 둘째, 어려운 문제를 해결하기 위해 그것을 분할할 것(분석의 규칙). 셋째, 가장 단순한 것에서 시작해 가장 복잡한 것에 이를 것(종합의 규칙). 넷째, 문제의 모든 요소를 다 열거하고 그중에 단 하나라도 빠뜨리지 말 것(열거의 규칙).

> 데카르트는 이러한 방법론으로 학원에서 가르치는 사변적인 스콜라철학 대신에 실제적인 철학을 찾아내고, 이것에 의해 우리가 물·불·공기·별·하늘 및 우리를 둘러싸고 있는 다른 모든 물체들의 힘과 작용을, 마치 우리가 장인들의 갖가지 재주를 알듯이 판명하게 알고서, 장인들처럼 이것들을 모두 적절한 용도에 사용하고, 그리하여 마치 우리를 자연의 주인이요 소유자가 되게 하는 것이었다.
>
> – 이하 『방법서설/성찰/철학의 원리/정념론』(동서문화사, 2007)

제3부에서는 도덕상의 격률을 제시하고 제4부에서 형이상학적 문제를 다룬다. 제4부에서는 '코기토 에르고 숨'Cogito ergo sum, 즉 "나는 생각한다, 고로 나는 존재한다"라는 유명한 명제가 등장한다. 데카르트는 '방법적 회의', 즉 모든 것을 의심한 끝에 도달한 이 진리만이 가장 확실한 진리라며 철학의 제1원리로 삼았다. 그는 '나'라는 존재는 신이 창조한 것이 아니라, 스스로 생각할 수 있는 주체로서 존재한다고 보았다. 여기서 '코기토의 주체'라는 말이 나왔다. 새로운 세계인식의 체계는 코기토의 주체, 즉 생각하는 자신에 의해 도출된다. 데카르트는 중세적 신 중심의 인식을 송두리째 뒤흔들며 '나'를 전면에 등장시켰다. "양식, 즉 이성은 인간 누구에게나 공평하게 배분되어 있다"라는 이 책의 첫 문장을 떠올려보자. 데카르트에 의하면 누구나 신에 의해서가 아니라 자기 자신에 의해 생각하는 주체로 살아갈 수 있다. 말하자면 『방법서설』은 인간의 '이성 사용 방법'에 대해 최초로 언표한 책인 셈이다.

그가 이성의 시대를 열 수 있었던 것은 바로 수학에 대한 열정 덕분이었다.

> 나는 수학을 특히 좋아했는데 그 추리의 확실성과 명증성 때문이었다.
> 그러나 나는 아직 그 참된 용도를 전혀 깨닫지 못하고 있었다. 그리고 그
> 것이 기계적 기술에만 응용되고 있음을 생각하고서 그 기초가 아주 확고
> 하고 견실한 데도 불구하고 아무도 그 위에다가 더 높은 건물을 세우지
> 않은 것을 이상하게 여겼다.

데카르트는 모든 학문으로 하여금 수학적 성격, 즉 과학적 성격을 띠게 하려 했다. 데카르트는 이를 '보편적 수학'이라 부른다. 그는 중세적인 것, 비합리적인 것, 미신적인 것을 학문에서 제거하려 했다. 수학적 증명의 명증성과 확실성에 따라 인식하고, 형이상학적 사색에 자연과학적 관찰과 실험을 접목해 합리적 인식에 도달했던 것이다.

데카르트는 언젠가 "내가 '하느님'이라는 말을 쓸 때에는 언제나 그 말 대신 '자연의 수학적 질서'라고 바꾸어보아도 좋다"라고 말한 적이 있다. 그는 이 우주가 근본적으로 질서 있는 것이며, 그 질서의 근거는 하느님(자연의 수학적 질서)이라고 보았다. 데카르트에 따르면 우주는 얼핏 불규칙하고 혼란으로 가득한 듯 보이지만, 그 깊은 근원에는 자연적 질서가 숨쉬고 있다.

데카르트는 1629년부터 약 3년간 우주의 현상을 설명해줄 자연학의 체계를 세우는 데 매진했다. 1633년에는 그 연구결과를 『우주론』(세계론)이라는 책으로 간행할 예정이었다. 그러나 1633년 6월에 갈릴레이가 로마의 종교재판소에서 지동설 때문에 유죄 판결을 받았다는 소식을 들었다. "나 70세의 갈릴레이는 수인으로서 무릎을 꿇고 심문관 앞에서 성서

에 손을 얹고 선서한다. 나는 잘못된 지동설과 이단설을 버리고 저주하며 혐오하는 바이다." 갈릴레이가 교황의 권력 앞에 굴복한 1633년 6월 22일, 유럽 전역의 과학자들은 큰 충격에 빠졌다. 데카르트도 예외는 아니었다. 『우주론』은 지동설이 차지하는 비중이 실로 대단해 그것을 제외하면 그의 논리 전체가 효력을 상실할 정도였다. 이에 데카르트는 의욕적으로 쓴 『우주론』의 출간을 단념하지 않을 수 없다며 우선 일 년 동안 출판을 유예하기로 했다. 결국 데카르트 생전에 이 책은 나오지 못했다.

> 데카르트는 노년학을 연구한 듯한 인상을 주는 편지를 보낸다. 1637년 10월 5일 호이헨스에게 보낸 편지에서 "나에게 들이닥치는 백발은 내가 이제는 그것을 늦추는 수단 이외에 다른 것을 더 연구해서는 안된다는 것을 나에게 알린다"라고 유머러스하게 말한다.
> ─『데카르트 연구 : 방법서설·성찰』

데카르트는 "건강이 이 세상에 있어서 생의 첫째가는 선이요, 다른 모든 선의 기초가 된다"라고 말했다. 데카르트는 『방법서설』의 마지막 부분에서 의학 연구에 여생을 바치겠다는 계획을 밝혔다. 하지만 이미 때는 늦었던 모양이다. 데카르트는 1650년 54세로 삶을 마감했다. 데카르트의 묘비에는 다음과 같이 적혀 있다. "그는 겨울 휴가 중에 자연의 비밀과 수학의 법칙을 비교하고, 그 두 가지 신비를 하나의 열쇠로 열어 보이려는 대담한 기대를 품게 되었노라."

"데카르트, 유럽 르네상스 이후 인류를 위해 처음으로 이성의 권리를 쟁취하고 확보한 사람." 그의 묘비에 적힌 또 다른 문장이다. 데카르트의 '보편적 수학'이 없었다면 뉴턴은 천문학과 물리학의 혁명적 가정을 뒷받침하는 계산을 할 수 없었을 것이다. 그의 사상은 18세기 진보 사상과 결합해 계몽운동의 모태가 되었고 이 지상에 하늘나라를 세우려는 프랑스혁명의 사상적 길잡이가 되었다. 서구가 동양보다 먼저 문명의 이기를 창조하고 산업혁명을 이루어낸 것은 데카르트에게서 시작된 방법적 회의와 실험 정신에 있다 할 것이다.

『방법서설』 읽는 법

로네 데카르트의 『방법서설』(1637)은 최명관 번역본(창, 2010)과 이현복 번역본(문예출판사, 1997)이 있다. 최명관의 번역본에는 데카르트 연구로서 「데카르트의 중심 사상과 현대적 정신의 형성」, 「데카르트의 생애」가 함께 수록되어 있다. 여기에 르네 데카르트의 『방법서설/성찰/철학의 원리/정념론』(동서문화사, 2007)의 해설을 참고했다.

홉스의 『리바이어던』

국가와 개인의 관계를 재정의하다

구약성서에 등장하는 바다괴물 '리바이어던'을 묘사한 구스타프 도레(1832~1883)의 그림
성서 속 리바이어던은 혼돈과 무질서를 상징하며, 하느님의 적대자이자 모든 교만한 자들의 왕으로 그려진다. 하지만 홉스는 통치 질서를 보장할 수 있는 막강한 힘의 소유자이며 하느님의 대리자로서 인간의 교만함을 억누르는 존재로 리바이어던을 차용하여 자신의 권력 및 국가관을 서술한다.

만인에 대한 만인의
투쟁 상태를 벗어나려면?

대학에서 우선 개선해야 할 것 가운데 하나는 무의미한 말이 너무 많다
는 것이다.

– 이하 『리바이어던』(동서문화사, 2009)

17세기 초 과학혁명의 시대가 도래했음에도 여전히 대학의 교과 과
정은 아리스토텔레스와 스콜라철학 중심으로 이루어져 있었다. 『리바
이어던』을 쓴 토머스 홉스(1588~1679)가 다녔던 옥스퍼드 대학조차 중
세시대의 교과목에서 벗어나지 못한 상태였다. 홉스는 '학문의 나무'를
다시 그려야 한다고 주장했다. 17세기 초 근대 철학의 문을 연 베이컨과
데카르트 역시 '학문의 나무'를 새롭게 그렸다는 공통점을 갖는다. 먼
저 베이컨은 『학문의 진보』에서 정신의 세 가지 기능, 즉 기억·상상력·

이성에 따라 학문을 역사학·시학·철학으로 분류하고 철학은 다시 신의 철학(신학)·자연철학·인간의 철학(인문학)으로 구분했다. 데카르트가 『철학의 원리』 서문에서 그린 나무는 형이상학을 뿌리로 하고 물리학을 줄기로 한다. 이 줄기로부터 다른 과학들이 뻗어나온 형태다. 홉스는 『리바이어던』 9장에서 철학은 크게 자연철학과 정치철학으로 구분된다며 나름의 체계를 세웠다.

> 하나씩 떼어놓고 볼 때 사고는 흔히 '대상'object이라고 하는 우리 외부에 있는 물체body의 어떤 특성이나 우연적 성질의 표상 또는 현상이다. 그 대상이 우리 눈이나 귀와 같은 인체기관에 작용하는데, 이 작용이 다양하므로 현상도 여러 모습을 띤다.

그 '악명' 높은 『리바이어던』의 첫 문장은 유물론에 대한 것이다. 근대 최초의 유물론자로 평가받는 홉스는 고대 그리스의 데모크리토스, 로마의 에피쿠로스와 루크레티우스의 원자론 및 유물론을 계승하고 있다. 기독교의 등장 이후 역사의 무대에서 사라졌던 유물론은 17세기 홉스와 프랑스의 피에르 가상디를 통해 철학사의 전면에 떠오르게 된다. 홉스는 베이컨의 개인 비서로 일하면서 인식의 기초를 다졌으나 베이컨의 경험주의에만 머물지 않았다. 그는 갈릴레이와 데카르트를 만나 기하학적·자연과학적 방법을 흡수함으로써 기계론적 유물론으로 자신의 철학을 정립했다.

홉스는 옥스퍼드 대학교를 졸업하고 미지의 세계로의 여행을 꿈꾸다 1608년 2월 존 윌슨 교수의 추천으로 윌리엄 캐번디시 가문의 가정교사 일을 시작했다. 생애 첫 직업이었던 가정교사는 평생 직업이 되었다. 귀족이자 재력가였던 윌리엄 캐번디시는 이후에 아들과 손자의 교육을 홉스에게 맡겼다. 홉스는 평생 이 가문의 후원 속에서 독신으로 살았다. 그는 1614년에서 1634년까지 모두 세 차례에 걸쳐 유럽으로 제자를 데리고 그랜드투어(영국 귀족 자녀들의 유럽 여행)를 다녀왔는데 이때 새로운 학문에 눈을 뜨게 된다. 흔히 그렇듯이 홉스에게도 여행은 시야를 확장하는 훌륭한 계기가 되어주었다.

1651년 출간된 『리바이어던』의 정식 제목은 '리바이어던 혹은 교회적 및 정치적 국가의 소재 형체 및 권력'이다. '리바이어던'은 구약성서 욥기 41장에 나오는 바다 괴물의 이름이다. 성서 속 리바이어던은 혼돈과 무질서를 상징하며 하느님의 적대자, 모든 교만한 자들의 왕으로 그려지고 있다. 그러나 홉스는 그 반대의 뜻으로 리바이어던을 차용한다.

홉스의 리바이어던은 통치 질서를 보장할 수 있는 막강한 힘의 소유자이며 하느님의 대리자로서 인간의 교만함을 억누르고 그들을 복종하게 할 수 있는 존재다. 여기서 홉스의 의중이 드러난다. 이 책은 바로 그리스도교 세계의 절대 권력자로 군림해온 교황 대신, 세속 세계를 지배하는 절대 권력자가 종교와 세속 국가를 모두 지배해야 한다는 의미를 담고 있는 것이다. 이를 위해 홉스는 하느님의 적대자인 리바이어던을 그리스도 세계와 세속 세계를 모두 통치하는 새로운 절대 권력자로 내세웠다.

홉스의 『리바이어던』에는 17세기 영국의 시대상이 반영되어 있다. 홉스 시대 영국은 대외적으로는 세력이 확고해졌고, 대내적으로는 두 차례의 시민혁명(청교도혁명과 명예혁명)을 겪었다. 홉스는 청교도혁명으로 영국이 내전 상태에 처한 것은 주권의 소재가 명확치 않았기 때문이었다고 확신한다. 이에 홉스는 새로운 통치자인 리바이어던을 내세워 교회보다 우월한 위치에서 절대 주권을 확립함으로써 국민의 안전과 평화를 달성하고자 했다. 홉스의 정치철학은 영국의 시민전쟁을 거치면서 탄생한 것이다. 맹자가 전국시대 무정부 상태의 혼란기에 『맹자』를 써서 강력한 '왕도정치'를 주창했듯 말이다.

『리바이어던』의 핵심은 '자연상태'(13장)와 '자연법'(14~15장)에 대한 논의, 새로운 통치자인 '리바이어던'의 탄생(17장), 그리고 교회에 대한 국가의 우위(42장) 등으로 요약된다. 이 가운데 13장 '인간의 자연상태'에 대한 이해가 중요하다. 먼저 홉스는 자연상태에서 쾌락을 얻기 위해 끊임없이 투쟁하면서 살아가는 비참한 인간의 모습을 그린다. 자연상태에서는 쾌락은 선이고 고통은 악이다. 여기서 인간은 누구나 자신의 쾌락적 욕망을 위해 투쟁한다. 먼저 그는 "사람은 날 때부터 평등하다"라며 이렇게 말한다.

> 육체적으로 아무리 약한 사람이라도 음모를 꾸미거나 같은 위험에 처해 있는 약자들끼리 공모하면 아무리 강한 사람도 충분히 쓰러뜨릴 수 있기 때문이다.

홉스는 이러한 "평등성에서 불신이 생기고 불신에서 전쟁이 발생한다"라며 논의를 진전시킨다.

> 이런 능력의 평등에서 목적 달성에 대한 희망의 평등이 생긴다. 두 사람이 서로 같은 것을 원하지만 그것을 똑같이 누릴 수 없다면 그 둘이 서로 적이 되어 상대편을 무너뜨리거나 굴복시키려 하게 된다.

상대방을 파괴하고 정복하게 하는 경쟁의 주된 목적은 자기보존 그리고 때로는 파괴와 정복에서 오는 쾌감 자체라고 홉스는 말한다. 이는 결국 불신과 투쟁(전쟁)을 낳는다. 멀리 보지 않아도 요즘 우리 사회에서 벌어지는 일들을 떠올리면 홉스의 개념을 쉽게 이해할 수 있을 것이다. 학생들은 내신점수를 잘 따기 위해, 직장에서는 승진하기 위해 서로 경쟁한다. 점점 우리 사회가 홉스가 말한 자연상태와 비슷해지고 있다는 생각을 하게 되는 요즘이다.

홉스는 인간의 본성 가운데 폭력이나 분쟁을 일으키는 주된 원인으로 세 가지를 꼽는다. "첫째는 경쟁이며, 두 번째는 불신이고, 세 번째는 공명심이다." 인간은 이득을 위해 침략하고, 안전을 바라며, 공명심 때문에 명예수호를 위한 공격자가 된다는 것이다.

인간은 그들 모두를 위압하는 공통 권력이 없이 살아갈 때는 전쟁상태로 들어간다는 것이다. 이 전쟁은 만인에 대한 만인의 전쟁이다.

홉스는 인간이란 본래 이기적 존재라는 인성론에서 출발한다. 자연상태에서 인간은 이기적 목적을 위해 각각 자기의 자연권을 행사하려 하고 그 실현을 위해 노력한다. 그것은 타인을 굴복시키는 형태다. 따라서 자연상태는 '만인에 대한 만인의 투쟁'이라는 비참한 상태로 나타난다.

이와 같이 서로 불신하는 상황에서 누구나 닥쳐올 위협으로부터 자신을 안전하게 보존하려는 선수를 치는 것 외에는 타당한 방법이 없다.

홉스의 자연상태는 '수인의 딜레마'와 연결해 생각해볼 수 있다. 예를 들어보자. 당신이 자백하고 공범자가 자백하지 않는다면 당신은 그 보상으로 석방될 수 있다. 하지만 자백하지 않은 공범자는 10년간 복역해야 한다. 당신도 자백하고 공범자도 자백하면 둘 다 5년간 복역한다. 만약 쌍방이 협력해 자백하지 않으면 6개월만 복역하면 된다. 둘 다 자백하지 않는 것이 가장 좋은 상황임에도 불구하고, 최악의 사태를 피하겠다는 생각에 결국 둘 다 자백해버린다. 자신의 이익을 위해 결국 계약을 어기고 서로를 배신하는 것이다. 수인의 딜레마는 사람들이 개별적 합리성만을 추구하면 사회 전체의 집단적 합리성이 달성되지 않음을 시사하고 있다. 만인에 의한 만인의 투쟁 상태인 홉스 식의 자연상태에서, 이익을 얻기 위해서는 선수를 쳐야 한다. 당신이 계약을 지키는 동안 다른 누군가 그것을 깨뜨려 이익을 취한다면, 당신 자신의 이익과 안전은 보전되지 않는다.

여기서 홉스는 '리바이어던'(통치자, 주권자)의 개념을 도입한다. 약속을 지키도록 하는 강한 주권자가 없으면 누구도 자신이 한 약속을 지키려고 하지 않기 때문이다.

개인의 자기보존 욕구를
처음으로 주장하다

홉스의 자연상태는 욕망에 따른 무질서한 개인들 간의 상호대립과 투쟁의 상태다. 여기서는 선수를 치고 이익을 차지하는 이른바 '홉스적 인간'만이 살아남는다. 그것이 '선'이기 때문이다. 인간은 모두 불안과 적의를 안고 생존투쟁을 지속한다. 이러한 투쟁 상태에 종지부를 찍고 평화로운 생활을 가능하게 하는 것이 이성과 '자연법'이다.

모든 사람은 평화를 획득할 가망이 있는 한 그것을 얻기 위해 노력해야 한다. 평화 달성이 불가능한 경우에는 전쟁에서 이기기 위한 어떤 수단 이라도 바라거나 사용해도 좋다.

여기서 '평화를 추구하고 그것을 따르라'라는 것이 홉스가 주장한 제

1의 자연법이다. 그리고 '우리가 할 수 있는 모든 수단을 통해 우리 자신을 방어하라'라는 원칙은 개인의 '자기보존(보호)'의 권리인 자연권을 압축한 것이다. '평화의 추구'와 '자기보존'은 당시 영국에서 시민전쟁을 직접 경험한 모든 이의 관심사였다. 자연상태에서 시민사회로의 이행은 곧 평화와 안전의 확보를 의미했다. 홉스는 '자기보존'을 자신의 철학의 전면에 내세웠다.

홉스는 '자기보존'을 위해서는 패배한 군주를 선택하지 않아도 될 권리가 개인에게 있다고 했다. 또 자기 방어와 보호를 위해서는 '묵비권'과 '양심적인 병역거부'의 권리도 인정한다. 홉스는 아리스토텔레스와는 달리 인간은 원래 사회적 동물이 아니며 이기심을 본성으로 한다고 본다. 인간은 자기보존에 이익이 된다고 생각되는 것을 획득하려 하고 해악이 되는 것은 회피하려 한다.

홉스는 국가를 개인의 자기보존을 위한 필연성의 관점에서 본다. 무정부 상태(자연상태)에서는 자기보존이 불가능하다. 인간은 절대주권자의 권위를 인정하는 국가 상태를 선택하는 것 외에 선택지를 갖고 있지 않다. 강한 주권자가 없다면 누구나 자신들이 한 약속을 지키려고 하지 않을 것이기 때문이다.

홉스는 국가란 개인과 개인이 상호 계약을 맺고 의지를 합체해 하나의 '인공적 인격체', 즉 리바이어던이라는 새로운 주권자에게 권리를 양도한 것으로 본다. 리바이어던은 사회의 질서와 평화를 위해 모든 권력을 자유로이 행사할 수 있다. 홉스는 그리스도교적 절대 권력을 새로운 인공적 절대 권력인 '리바이어던'으로 대체함으로써 국가와 국민 사이에 '보호'와 '복종'이라는 새로운 관계를 설정하고자 했다. 이것으로 홉스는 근대 정치사상사에 커다란 기여를 했다.

홉스는 민주정과 귀족정, 군주정 가운데 군주정치가 최선의 국가형태라고 주장했다. 하지만 이미 싹트기 시작한 민주정치의 거부할 수 없는 흐름도 읽고 있었다. 홉스는 사회계약론과 절대군주론의 접합을 시도했다. 이에 대해 영국 사회학자 버트런드 러셀은 『서양철학사』에서 "어느 공동체든 두 가지 위험, 즉 무정부 상태와 전제정치의 위험에 직면한다"라면서 홉스는 청교도혁명 당시의 무정부 상태를 몹시 두려워했고 이 때문에 절대 권력을 가지는 군주제를 옹호하게 되었다고 분석한다.

『리바이어던』은 4부 47장으로 구성되는데 1부 '인간에 대하여'와 2부 '국가에 관하여'에서 홉스의 사회·정치 철학의 대부분이 집중적으로 논의된다. 그러나 『리바이어던』의 전체 분량으로 보면 종교와 신학의 문제를 다루는 3부와 4부가 절반을 차지한다. 3부 '그리스도 왕국에 관하여'에서 홉스는 사회계약론적 관점에서 성서를 해석한다. 4부 '어둠의 왕국에 관하여'에서는 잘못된 성서 해석의 위험성을 경고하고 아리스토텔레스의 잘못된 철학이야말로 '어둠의 왕국'을 지배하는 세력이라는 사실을 폭로한다. 이를 통해 그는 '종교에 대한 국가 우위론'을 주장한다.

홉스는 『리바이어던』으로 평생 적대자들의 비난에 시달리며 살았다. 17세기 당시 홉스의 무신론·유물론·성악설·절대군주론 등은 정통주의자들의 공분을 사, 부정적인 의미로 '호비즘'이라 불렸다. 홉스 철학에 우호적이었으며 그를 지지했던 사람들조차 '호비스트'라고 불리기를 원하지 않았다. 이런 상황에서도 홉스는 교회에 대한 국가 우위론 등 상당히 도발적인 철학을 개진했으며 로크와 더불어 근대 자유주의 전통을 세우는 데 앞장선 고전적 자유주의자로 자리매김했다.

가장 나쁜 것은 끊임없는 두려움과 폭력에 의한 삶과 죽음의 갈림길에서 인간의 삶은 고독하고, 가난하고, 비참하고, 잔인하고 그리고 짧다는 것이다.

『리바이어던』 속의 구절이다. 인간의 삶이 짧음을 아쉬워했지만, 홉스는 교회 세력으로부터 쏟아진 매서운 비난과 죽음의 위협 속에서도 91세까지 독신으로 장수했다.

『리바이어던』 읽는 법

토머스 홉스의 『리바이어던』(1651)은 본문에서 최공웅·최진원 번역본(동서
문화사, 2009)을 참조했다. 여기에 김용환의 『국가라는 이름의 괴물, 리바이
어던』(살림, 2005)과 버트런드 러셀의 『서양철학사』(을유문화사, 2009)를 함께
읽으면 이해하기 쉽다.

『과학고전선집』

—

종교에 맞선
과학의 혁명가들

—

32

폴란드 토루뉴 지역에 세워진 코페르니쿠스 동상
코페르니쿠스는 중세시대 종교의 폭압으로부터 벗어나 과학과 이성의 시대로 진입하는 포문을 연 인물이다. 지구가 세계의 중심이라는 오래된 믿음을 정면으로 반박함으로써, 지구를 신이 창조했다는 중세의 세계관을 뿌리부터 뒤흔들었다. 그에 의해 새로운 인식과 패러다임으로 이행한 후 서양에서는 위대한 과학적 발견이 계속 이어졌다.

코페르니쿠스와 갈릴레이, 중세적 세계관을 뒤흔들다

17세기까지 서구에서는 기독교의 성경이, 동양에서는 유교의 주자학이 절대 진리로 군림했다. 성경이나 주자학 이외에는 어떠한 주장이나 목소리도 용납되지 않았고 심지어 이단으로 몰려 가혹한 처벌을 받았다. 조선에서는 주자학의 해석에서 벗어났다며 윤휴와 박세당이 단죄되었고 명나라에서는 이탁오가 이단으로 내몰렸다. 서구에서는 성경에서 벗어나면 마녀사냥을 당했으며 화형에 처해지기도 했다. 대표적인 이가 코페르니쿠스의 지동설을 옹호하다 화형당한 브루노(1548~1600)다.

종교의 폭압이 극심해지자 이로부터 벗어나려는 저항이 이어졌다. 이러한 다방면의 저항에 힘입어 서양은 과학과 이성의 시대, 탈종교의 시대로 접어들었다. 그 첫 번째 포문을 연 이가 폴란드 천문학자 코페르니쿠스(1473~1543)다. 그는 이탈리아 유학 중 그리스의 고문헌을 통해 사모스의 아리스타르코스의 태양중심설에 대해 알게 된 후 지동설을 내놓았다.

　오늘날까지 '코페르니쿠스적 전환'이라는 말은 획기적인 발견 및 인식의 전환을 가리키는 표현으로 사용된다. 코페르니쿠스의 업적에 대해 괴테는 이렇게 갈파했다.

　　지구는 우주의 중심점이라는 엄청난 특권을 포기해야 했다. 이제 인간은 엄청난 위기에 봉착했다. 낙원으로의 복귀, 종교적 믿음에 대한 확신, 거룩함, 죄 없는 세상, 이런 것들이 모두 일장춘몽으로 끝날 위기에 놓인 것이다. 새로운 우주관을 받아들인다는 것은 사상 유례가 없는 사고의 자유과 감성의 위대함을 일깨워야 하는 일이다.

　새로운 패러다임으로의 이행은 인간에게 충격적인 인식의 전환을 요구한다. 괴테의 찬사에서 보듯이 코페르니쿠스의 『천구의 회전에 관하여』(1543)는 과학혁명의 서곡을 연 저술이다. 그는 이 책에서 지구가 하루에 한 바퀴씩 자전하며, 태양의 주위를 1년에 한 번씩 공전하고, 지구축이 회전한다고 밝혔다. 코페르니쿠스는 지구가 우주의 중심에 위치하며 움직이지 않는다는 오래된 믿음을 정면으로 반박함으로써 아리스토텔레스-프톨레마이오스적 과학관에 정면 도전했다. 지동설은 지구가 우주의 중심이고 그 지구를 신(기독교의 신)이 창조했다는 중세의 세계관을 뿌리부터 뒤흔드는 것이었다.

　그렇다면 코페르니쿠스는 어떻게 브루노처럼 화형당하지 않을 수 있었을까. 당시 자연철학자(과학이란 말은 19세기에 등장했다)들은 종교권력의 검열을 피하기 위해 자신의 연구 결과를 진리가 아닌 '가설'로 제시했다. 코페르니쿠스 역시 마찬가지였다. 코페르니쿠스의 『천구의 회전에 관하여』에는 뉘른베르크의 루터주의 신학자 오시엔더가 쓴 짧은 서문이 붙어 있다. 오시엔더는 이 서문에서 "코페르니쿠스가 지동설을 하나의 가설로 제시하고 있다"라고 적었다. 이는 코페르니쿠스와 그의 책을 보호하기 위한 방편이었다. 오시엔더의 서문과는 달리 코페르니쿠스가 지동설을 확고한 진리로 여겼음은 의심의 여지가 없다.

코페르니쿠스는 필생의 역작이 인쇄되어 자기 손에 들어오던 날 죽었다. 이는 철저한 계획에 따른 것이었다. 코페르니쿠스는 자신이 발표한 견해가 교회 지도부와 기독교도들의 마음에 어떠한 소용돌이를 불러일으킬지 잘 알고 있었다. 그래서 그는 "9년이 아니라 9년씩 네 번이나 감추면서" 책의 출판을 미루었던 것이다. 그리고 당시 시대 상황에 맞게 가장 영리한 행동을 취했다. 자신의 책을 교황 바오로 3세에게 헌정한 것이다. 그럼으로써 그는 많은 사람들에게 읽히지는 못했을지라도 어쨌든 자신의 책이 살아남도록 만들었다.

과학사학자 토마스 쿤은『천구의 회전에 관하여』를 '혁명적'인 책이 아니라 '혁명을 가져온' 책이라고 평가한다. 코페르니쿠스의 한계는 요하네스 케플러(1571~1630)와 갈릴레오 갈릴레이(1564~1642)에 의해 극복되었다. 케플러는『신천문학』에서 행성이 태양을 초점으로 타원운동을 한다고 주장했다. 이 책은 태양과 행성을 잇는 반경은 같은 시간 동안 같은 면적을 그리며 움직인다는 케플러의 1, 2법칙을 담고 있다. 케플러는 그동안 원운동 조합으로 행성의 운동을 설명했던 아리스토텔레스-프톨레마이오스의 체계를 깨뜨렸다. 그는 행성의 운동을 과학적으로 정확히 밝힘으로써 천문학자들이 코페르니쿠스 체계를 받아들이도록 하는 데 결정적인 역할을 했다.

갈릴레이는 지상의 역학 분야에서 코페르니쿠스의 한계를 넘어섰다. 갈릴레이는 1632년에 출판된『프톨레마이오스 대 코페르니쿠스의 우주의 대체계들에 관한 대화』(이하 『대화』)에서 지구가 빠른 속도로 운동을 함에도 불구하고 왜 쏘아올린 화살은 항상 그 자리에 떨어지는가, 왜 사람들은 지구의 운동을 느끼지 못하는가라는 문제를 관성의 법칙과 고전적인 운동의 상대성 이론으로 설명했다.

갈릴레이는 케플러에게 자신이 오래 전부터 코페르니쿠스 세계관의 추종자였다고 밝혔다. 갈릴레이보다 여덟 살 아래였던 케플러는 그를 싸움터로 끌어들이기 위해 애썼다. 케플러는 1597년 10월 13일 갈릴레이에게 보낸 답장에 라틴어로 다음과 같이 썼다. "Confide, Dalilaee, et progredere."(용기를 가지세요, 갈릴레이, 그리고 앞으로 나아가세요!) 이어 케플러는 "Tanta vis est veritas"(진리의 힘은 그토록 위대합니다)라고 덧붙였다. 결국 갈릴레이는 케플러의 의도대로 '과학혁명의 전사'가 되었다.

1616년 3월 5일, 교황은 모든 가톨릭교도에게 코페르니쿠스의 사상을 순수한 '가설' 이외의 방식으로 다루는 것을 일절 금하는 교령을 내렸다. 가설이 아닌 진실로써 다룬다면 이는 성서에 위배되는 이단 학설이 된다. 그러나 이러한 조치가 잘못된 것이라고 여기고 있던 갈릴레이는 이를 바로잡기 위해 『대화』를 집필하기에 이른다. 『대화』는 네 개의 장으로 구성되는데 첫 장에서는 지구와 천체들, 망원경으로 관측한 달의 생김새 등 천문학적 현상에 대해 이야기한다. 둘째 장에서는 지구의 자전을, 셋째 장에서는 지구의 공전을, 넷째 장에서는 조수현상을 다룬다. 갈릴레이가 『대화』에서 가장 중요하고 독창적이라고 생각한 부분은 조수 이론이다. 갈릴레이에게 그것은 지구의 운동을 증명하는 결정적인 증거였다.

갈릴레이는 교황청으로부터 『대화』의 출간 허가를 얻기 위해 다섯 번에 걸쳐 로마에 다녀왔다. 1630년 5월 다섯 번째 로마 방문에서 자신의 논문 제목을 '썰물과 밀물에 대하여'라고 할 계획이라고 교황에게 밝혔다. 교황은 그 제목 대신 '지구가 움직인다는 코페르니쿠스 가설에 대한 수학적인 고찰'이라고 붙이기를 바랐다. 그렇게 되면 지동설이 '가설'로 다루어지고 있다는 사실이 제목에서부터 분명해지기 때문이다. 가설이라면 성경이 주장하는 지구중심설을 정면으로 반박하는 것이 아니게 된다. 갈릴레이의 저술은 결국 '가설'이라는 단어가 제목에서 빠진 채 출판 허가를 받았다. 1632년 초 출간된 『대화』는 피렌체에서 배포되었지만 몇 달 되지 않아 금서 목록에 포함되었다. 갈릴레이는 1633년 종교재판을 받았고 '심각한 이단의 혐의'가 있다며 유죄를 선고받았다. 갈릴레이는 교황 앞에서 무릎을 꿇고 자신의 잘못을 굴욕적으로 인정한 뒤 종신 가택연금에 처해졌다.

나 갈릴레오는 일흔 살의 나이로 법정에 출두해 전 기독교 세계에서 이단의 망언에 반대하는 종교재판관들이신 여러 추기경 예하 앞에 무릎을 꿇는 바입니다. 성서를 앞에 놓고 성서에 손을 대고 맹세하거니와, 나는 성스러운 가톨릭 교회와 교황께서 참되다고 여기고 설교하고 가르치는 모든 것을 언제나 믿어왔고 지금도 믿고 있으며, 하느님의 도움으로 앞으로도 그것을 믿을 것입니다.

– 『갈릴레이』(한길사, 1998)

교회가 진리와 오류를
결정하는 시대는 지났다

『대화』는 세 인물, 즉 코페르니쿠스적 관점을 지닌 살비아티와 아리
스토텔레스의 입장에 선 심플리치오, 중립적인 사그레도가 나흘 연속
대화를 나누는 형식으로 이루어져 있다. 노골적으로 코페르니쿠스의 정
당성을 주장하지는 않지만 독자들은 이 책이 코페르니쿠스주의를 옹호
하고 있음을 쉽게 알 수 있다. 코페르니쿠스의 지동설을 지지하는 살비
아티는 매우 설득력 있게 아리스토텔레스의 천동설을 옹호하는 심플리
치오의 주장을 조목조목 비판한다. 중립적인 입장의 사그레도도 시간이
갈수록 살비아티에 가세하는 경향을 보인다. 게다가 라틴어로 집필되곤
했던 보통의 학술서와 달리 『대화』는 이탈리아어로 쓰인데다 쉽고 재미
있어 일반인 사이에서도 큰 인기를 끌었다. 만일 이 책이 이탈리아어로
쓰이지 않았고, 대중의 인기를 끌지 못했다면 갈릴레이는 굴욕을 당하

지 않았을지도 모를 일이다. '갈릴레이 사건'에서 일차적으로 중요한 것은 우주에서 지구가 어떤 위치를 차지하느냐 하는 인식론적 문제가 아니었다. 교회가 모든 신자들을 위해 진리와 오류를 결정한다는, 교회의 권한이 문제의 핵심이었다.

코페르니쿠스는 자신의 세계관을 '사색'을 통해서 발견했을 뿐 관찰을 통해 밝혀내지는 못했다. 갈릴레이는 사색보다 '관찰'을 우선시하는 연구방법론에 도달했다. 이 새로운 근대인은 성서의 계시와 교부들의 가르침 대신, 인간의 감각기관과 망원경 같은 보조수단을 이용해 관찰하고 그렇게 드러나는 자연을 인식의 대상으로 여겼다. 결국 갈릴레이를 재판장으로 이끌어간 것은 관찰과 수학을 이용한 그의 연구 방식이었다. 그 방식과 더불어 세계에 대한 인간의 태도는 완전히 바뀌게 되었다. 즉 『대화』의 혁명성은 자연을 계량·계측하는 연구방법론을 정립했다는 데 있다.

> 수학의 도움 없이 자연과학의 문제들을 해결하려고 하는 것은 성취할 수 없는 일을 감행하는 것이다. 측량할 수 있는 것은 측량해야 하고, 측량할 수 없는 것은 측량할 수 있도록 만들어야 한다.
> ―『과학고전선집』(서울대출판문화원, 2013)

그는 훗날 과학자들에게 이정표가 된 이러한 경구를 남겼다. 서양의 자연과학은 이 주장에 힘입어 비약적으로 발전하게 된다. 그것은 기술에 적용되면서 이전의 모든 신화적인 세계관에 대한 의문을 품게 만들었으며, 지상의 모든 삶을 근본적으로 변화시켰다.

과학혁명은 뉴턴(1643~1727)에 의해 완성되었다. 우연하게도 뉴턴은 갈릴레이가 죽은 다음 해에 태어났다. 그는 바닷물이 들고 나는 현상에 대해 "바다의 밀물과 썰물은 태양과 달의 작용에 의한 것이다"라는 결론을 내렸다. 모든 물체에는 인력이 존재한다. 끌어당기는 힘은 끌어당기고 있는 천체를 바라보는 쪽의 물에 작용하는 것이 지구 전체에 작용하는 것보다 크며, 지구 전체에 작용하는 것이 반대편의 물에 작용하는 것보다 크다. 달이 지구 가까이에 있기 때문에 달의 중력이 바닷물을 들고 나게 한다. 태양의 인력도 이와 유사한 현상을 만든다.

뉴턴은 케플러의 법칙들을 수학적으로 명확하게 증명했다. 역학과 천체 이론을 집대성한 『프린키피아』(1687)에서 뉴턴은 만유인력 이론으로 이전까지의 수많은 지상 및 천상의 현상을 설명했다. 행성의 궤도와 주기의 관계는 물론 지구의 조수간만 현상에 이르기까지 포괄했다. 『프린키피아』는 지금까지도 쉽게 읽을 수 있는 책이 아니다. 책이 출간되고 난 후 뉴턴이 거리를 지나는데 어떤 학생이 이런 말을 했다고 한다.

> 자신도 이해하지 못하고 세상 누구도 이해할 수 없는 책을 쓴 사람이 저기 가고 있다.
> ─『만유인력과 뉴턴』(바다출판사, 2002)

그로부터 약 250년 뒤 아인슈타인이 상대성이론에 관한 논문들을 발표했을 때도 이와 똑같은 상황이 벌어졌다. 뉴턴은 1703년 자신의 광학 연구를 집대성하기 시작해 이듬해 『광학』을 출판했다. 이 저서에서 그는 빛과 색에 대해 데카르트를 뛰어넘는 새로운 이론을 제시했다.

그는 영국 물리학자 로버트 후크와 '중력은 거리 제곱에 반비례한다'라는 내용을 두고 서로가 자신의 것을 베꼈다고 주장하며 논란에 휩싸였다. 독일 철학자이자 수학자 라이프니츠와는 미적분으로 원조 논란을 벌였다.

갈릴레이와 뉴턴에 이르러 측량과 실험을 통해 얻어진 과학 지식은 다른 어떤 지식보다 더 견고한 진리로 간주되었다. 철학과 신학을 정당화해주던 부차적 지식의 영역에 머물렀던 과학은 그 자체의 방법론을 가진 독자적 학문 영역으로 부상했다. 갈릴레이는 교황 앞에 무릎을 꿇었지만 그가 관찰로 이끌어낸 진리마저 무릎을 꿇게 할 수는 없었다. 뉴턴은 케임브리지 트리니티 칼리지에 다니던 시절, '생각의 샘'이라고 이름 붙인 노트에 이런 문구를 써놓았다.

> 플라톤은 나의 친구다, 아리스토텔레스는 나의 친구다. 그러나 진리야말로 누구보다도 더 소중한 나의 친구다.

서구의 과학문명은 코페르니쿠스를 비롯해 데카르트·갈릴레이·케플러·뉴턴 등 그때까지의 세계관과 배치되는 생각을 가진 사상가들이 나타나 연구 업적을 '업데이트'하면서 만개했다.

필자는 동서양의 고전을 읽으면서 한 가지 궁금증을 가졌다. '서양은 어떻게 인류 문명의 발전을 선도할 수 있었는가?'라는 것이다. 그 키워드는 17세기에 숨어 있었다. 즉 유럽에서 과학혁명을 이루던 그 시기에 조선은 주자학의 질서로부터 한 발짝도 나아가지 못했다. 조정은 이익 등 실학파를 철저하게 외면했고 결국 조선은 근대 과학혁명의 세례를 받을 수 없었다. 조선이 패망하고 일제강점기로 들어섰던 16~18세기, 조정에서 만일 실학파의 의견에 귀를 기울였다면 조선은 외세의 지배를 받지 않고 부강한 조선을 일으킬 수 있었을지 모른다.

『과학고전선집』 읽는 법

서구의 과학혁명을 이끈 선구자로는 코페르니쿠스, 갈릴레이, 뉴턴은 꼽는다. 『과학고전선집』은 홍성욱 편역으로 '코페르니쿠스에서 뉴턴까지'라는 부제로 서울대출판문화원(2013)에서 출간했다. 핵심적인 내용만 실은데다 전문적인 내용이라 일반인이 이해하기는 쉽지 않다. 요하네스 헴레벤의 『갈릴레이』(한길사, 1998)와 게일 크리스티안슨의 『만유인력과 뉴턴』(바다출판사, 2002)을 읽으면 대강의 흐름을 이해할 수 있다.

김만중의 『구운몽』

—

유배지에서 쓴 환상소설,
조선 최고의 베스트셀러가 되다

—

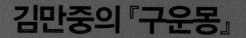

김만중 초상
김만중은 평안도 선천에서 귀양살이를 할 때 「구운몽」을 썼다. 그는 아들들을 줄
줄이 유배지로 보낸 어머니를 위로하고자 이 소설을 썼다고 말하고 있지만, 사
실은 삭막한 유배지의 밤을 견뎌야 하는 자신을 위로하기 위한 것이었으리라.

『구운몽』은 누구를
위로하기 위한 것이었을까?

　　『구운몽』과 『사씨남정기』를 쓴 김만중(1637~1692)의 삶과 작품세계를 들여다 보노라면 문득 다산 정약용을 그린 한승원의 소설 『다산』의 한 구절이 떠오른다.

> 　어여쁜 아가씨와 사랑에 깊이 빠지듯이, 책 저술하는 사업 속으로 푹 빠져 들어가자, 금방 날이 저물고 밤이 짧았고 배고픔과 추위도 잊을 수 있었다. 게다가 사약에 대한 공포로부터도 벗어날 수 있었다.
> ─ 『다산 2』(랜덤하우스코리아, 2008)

　　한승원은 다산의 글쓰기에 대한 열정을 『시경』에 나오는 '동문 밖의 연못'에 비유한다. "그가 사랑해야 할 어여쁜 아가씨는 이 세상 어디를 가든지 함께 있었다. 책을 쓰는 일이 그 어여쁜 아가씨를 열정적으로 사랑하기였다." 그는 유배지에서 저술을 시작하면서 사약의 공포로부터 벗어나 정신적 안정을 찾았고 결국 500권에 이르는 저술을 내놓을 수 있었다는 것이다.

『구운몽』은 김만중이 평안도 선천에서 귀양살이를 할 때 쓴 작품으로 알려져 있다. 김만중은 사계 김장생의 증손이다. 그의 가문은 조선 사회 최고의 예학 가문으로 명성이 높았다. 유학자 집안에서 나고 자란 김만중이 어떻게 자칫 도색소설로도 오해받을 수 있을 정도의 애정소설을 쓸 수 있었던 것일까? 잘 알려진 대로 강직한 성격이었던 김만중은 자신에게로 조여들어오는 위협 속에서도 그 강직함을 꺾지 않아 관직에서 추방당하고 유배까지 간 신세였다. 그도 다산 정약용처럼 삭막한 유배지의 밤을 견딜 수 없어 『구운몽』을 썼던 것이다. 하지만 누구보다 자신에게 엄격했던 유학자인 김만중은 이를 살짝 은폐하고는, 아들을 유배지로 보내놓고 회한에 잠겨 있을 어머니를 위로하고자 『구운몽』을 썼다는 내용을 『서포연보』에 전한다.

> 멀리 어머님께서 아들을 그리며 눈물 흘리실 것을 생각하니 하나는 죽어
> 이별이요, 하나는 생이별이라. 또 글을 지어 부쳐서 윤씨 부인의 소일거
> 리를 삼게 하였는데 그 글의 요지는 일체의 부귀영화가 모든 몽환이라는
> 것이었으니.
> – 이하 『구운몽』(민음사, 2003)

김만중은 어머니의 생신을 맞아 한편으로 어머니를 위로하고 다른 한편으로 자신의 복잡한 심사를 달래기 위해 일체의 부귀영화가 모두 헛된 것이라는 주제의 글을 지었다고 한다. 김만중은 적소에서 희미하

게 꺼져가는 자신의 정신을 붙들기 위해 그리고 어머니의 깊은 정을 잊지 않기 위해 글을 썼고 그것이 『구운몽』이 되었다는 것이다.

　김만중은 병자호란 때 유복자로 태어나 21세에 과부가 된 어머니에게 평생 효를 다했고 두 번이나 대제학 벼슬에 올랐다. 어머니 윤씨 부인의 교육열은 오늘날 어머니들 못지 않았다. 요즘 자녀가 수능 시험을 볼 때 어머니가 교문 밖에서 추위에 발을 구르며 기다리는 모습을 자주 볼 수 있다. 열네 살이던 김만중이 시험을 보던 날, 윤씨 부인 역시 시험장 밖에서 온종일 가마에 앉아 눈물을 흘리며 기다렸다고 한다. 윤씨 부인은 한번은 이웃에 사는 홍문관, 즉 왕실도서관에서 근무하는 관리에게 부탁해 『시경언해』를 빌려달라고 했다. 부인은 그 책을 빌려 며칠 만에 모두 베껴 적었는데 글자의 획이 정교하고 섬세해서 한 구절도 흐트러짐이 없었다고 한다. 그렇게 필사한 책으로 두 아들을 공부시켰다.

　소설 『구운몽』을 서포의 말처럼 아들과 손자 등 다섯 명을 유배지로 보낸 어머니에게 '속절없는' 위로 혹은 '속 깊은' 위로를 전하기 위한 이야기라고 볼 수도 있다. 그러나 정작 소설에서 어머니는 몇 번 등장하지 않는다. 결혼 후에 어머니를 모셔오는 내용이 전부다. 어머니를 위해 소설을 썼다면서 정작 어머니에 대한 이야기는 거의 없는데다 스물한 살에 과부가 된 어머니가 보기에 민망할지 모를 애정행각이 주를 이룬다. 그의 말과는 달리 사실 『구운몽』은 자기 스스로를 위로하는 작품이었으리라고 추측할 수 있는 부분이다.

　김만중은 셰익스피어가 마법 등 환상을 이용하는 것처럼 『구운몽』을 비롯 『서포집』에 수록된 많은 작품들에서 환시와 몽환을 중요한 장치로 활용한다. 그 자신이 모든 현실적 욕망이 좌절된 상황에 있었기 때문일까. 김만중의 소설에는 꿈과 구름과 미녀가 자주 등장한다. 『구운몽』도 입부의 팔선녀와 성진의 첫 만남이 대표적이다.

손을 들어 도화 한 가지를 꺾어 모든 선녀의 앞에 던지니, 여덟 봉오리 땅에 떨어져 명주가 되었다. 여덟 명이 각각 주워 손에 쥐고 성진을 돌아보며 찬연히 한 번 웃고 몸을 솟구쳐 바람을 타고 공중으로 올라갔다. 성진이 석교 위에서 선녀가 가는 곳을 한동안 바라보더니, 구름 그림자가 사라지고 향기로운 바람이 잦아지자 바야흐로 석교를 떠났다.

여인들의 이 '향기로운 바람'으로 인해 성진은 윤회의 벌을 받고 환생해 양소유로 살아가게 된다. 그때부터 화려한 '애정놀음'이 시작된다. 양소유는 만나는 여성과 이내 정을 통한다. 기생이었던 계섬월이나 적경홍뿐 아니라, 귀신으로 변신한 가춘운을 대하고도 한시도 그녀를 잊지 못했다. 귀신인 줄 알면서도 그리고 그 관계가 액운을 불러올 것을 알면서도 말이다. 정경패는 이런 양소유를 보고 '여색에 굶주린 아귀' 같다고 했다.

이 소설의 모든 초점은 양소유의 애정관계에 맞춰져 있다. 양소유는 전 생애를 통해 모두 두 명의 처와 여섯 명의 첩을 두었다. 정경패와 난양공주 이소화가 정부인이고, 가춘운·계섬월·적경홍·진채봉·심요연·백능파가 첩이다.

『구운몽』에서 특히 흥미로운 대목은, 처첩들은 투기하기는커녕 양소유의 욕망 충족에 기꺼이 '협조'한다는 것이다. 난양공주는 양소유가 다른 처나 첩을 맞이하는 것을 적극 주선할 정도다. 또 정경패를 자신과 같이 정부인으로 맞이할 것을 제안했다. 심지어 난양공주는 정경패와 의자매를 맺고 정경패를 양녀로 들어 영양공주라는 칭호를 내린 뒤 같은 날 동시에 양소유와 혼인한다. 정경패는 혼인도 하기 전에 몸종 가춘운을 양소유의 첩으로 먼저 들여보냈으며, 또 다른 몸종인 진채봉으로부터 양소유와의 러브 스토리를 듣고는 진채봉이 양소유의 첩이 될 수 있도록 연결해주기도 한다. 기생인 계섬월은 적경홍을 자신과 같은 경국지색이라며 천거한다.

양소유는 여섯 부인과의 사이에서 자녀를 한 명씩만 두었으며 자식에게 미련을 두지 않았다. 여덟 명의 여인은 그 자신의 애정 욕구를 다양하게 성취하기 위한 도구적 대상인 셈이다. 현실의 부귀영화를 성취하기 위해 심각한 위기와 고난을 헤쳐나가야 하는 다른 영웅소설의 주인공과 양소유의 삶 사이에는 엄청난 거리가 있다. 양소유가 허무하다고 느낀 세상사의 핵심에는 다름 아닌 애정욕구가 자리 잡고 있다.

가부장제 아래
남성적 욕망의 대리충족

김만중은 『구운몽』을 통해 상층 사대부의 삶을 살았던 남성의 욕망을 드러내는 데 초점을 맞추고 있다고 할 것이다. 아무리 굳건한 가부장제가 존속했고 부인을 여럿 거느릴 수 있었던 시대라지만, 조선시대에 그 누구도 양소유처럼 살 수는 없었을 것이다. 모두 여덟 명의 여성을 거느린 양소유의 애정욕구는 어쩌면 억압적인 유교 문화 속 남성과 여성들의 성적 로망을 담고 있다고 볼 수도 있을 것이다. 이 소설에 등장하는 여성들 또한 당차게 사랑을 선택하고 애정을 전하고 사랑을 나눈다. 진채봉은 양소유를 처음 보고 먼저 '러브레터'를 보내 과감하게 구애한다.

하지만 이 이야기가 모든 것이 헛되다는, 불교적 세계관으로 끝맺는 것은 김만중 자신의 현실적 상황이 투영된 결과일 것이다. 세속의 명성을 한껏 누렸지만 유배지에서 쓸쓸하게 살아가고 있는 자신의 경험으로, 부귀영화조차 한때의 헛된 꿈임을 역설적으로 말하고자 한 것 아닐지. 비극을 보면서 카타르시스를 느끼듯이, 화려하고 아름다운 이야기를 통해 독자들은 눈앞의 고통을 잊을 수 있다. 또한 작품 속 인물이 겪은 것처럼 영화로운 삶조차 '한바탕 꿈'에 불과할 수 있다는 것을 생생하게 체험한다.

이 작품을 요즘 우리 사회를 뜨겁게 달구는 힐링, 즉 위로와 치유의 서사라고 말해도 좋으리라. 열등감과 불안감이 내면을 지배하고 있던 군왕에서부터 삶과 사랑에 절망한 기생에 이르기까지, 『구운몽』을 읽으며 위로와 즐거운 상상의 시간을 선물받았을 것이다.

> 마음이 깨끗하지 못하면 비록 산중에 있어도 도를 이루기 어렵고, 근본을 잊지 아니하면 속세에 있어도 돌아갈 길이 있는지라. 네 만일 오고자 하면 내 손수 데려올 것이니 의심말고 행할지어다.

김만중은 최고의 예학 가문의 후예답게 『구운몽』에서 주인공의 애정 행각을 거침없이 묘사하면서도 그 속에 '김만중의 예학'을 녹여낸다. 유교의 수신 덕목과 결부된 위의 구절은 김만중의 사상이 녹아 있는 명문장이라고 하겠다. 성진은 여덟 선녀와 수작을 하다 발각되어 윤회를 거쳐 양소유로 환생하게 되는 것이다.

> 인위적인 일체의 법은 꿈과 환상 같고, 거품과 그림자 같으며 이슬과 같고 또한 번개와 같으니 응당 이와 같이 볼지어다.

소설의 결말 부분에서 성진을 환속하게 만든 팔선녀는 머리를 깎고 불가에 귀의한다. 이후 성진이 크게 교화를 베풀고 여덟 비구가 성진을 스승으로 섬겨 보살의 큰 도를 얻는다. 아홉 사람은 함께 극락세계로 간다. 이 소설은 꿈이라는 장치를 활용해 스님이던 성진의 환속 이야기를 그리면서 해피엔딩으로 마무리하고 있다. 양소유는 부귀영화와 2처6첩과의 '화려한' 생활을 마무리하고 도를 얻으러 떠나려는 순간 스승인 육관대사에 의해 꿈이 깨면서 다시 현실로 돌아온다.

『구운몽』을 불교의 공(空) 사상을 빌려 삶의 덧없음을 극적으로 펼쳐 보인 철학소설로 볼 수도 있다. 하지만 '일장춘몽'이라는 소설의 주제의식보다, 셰익스피어의 희곡을 읽는 듯 주인공의 부귀영화와 달콤한 사랑의 이야기가 더욱 강렬한 여운으로 남는다. 어쩌면 이 때문에 이 소설이 조선 최고의 베스트셀러였으며, 지금까지 회자될 수 있는 것인지도 모르겠다.

『구운몽』읽는 법

『구운몽』(1687)은 빼어난 구성을 지녔으며, 한번 책을 잡으면 손에서 놓지 못할 정도로 재미있다. 송성욱 번역본(민음사, 2003)을 주로 인용했으며 정병설 번역본(문학동네, 2013)을 참조했다. 여기에 김병국의 『서포 김만중의 생애와 문학』(서울대출판부, 2001)을 함께 읽으면 금상첨화다.

『춘향전』

—

미디어를 사로잡은
구전설화

—

춘향전도, 작자 및 연도 미상
소설, 창극, 영화, 마당극, 드라마, 오페라 등 다양한 양식으로 재현될 뿐 아니라 다양한 시점으로 변주되고 있는 『춘향전』. 그 매력은 플롯 속에 담긴 다양한 주제의식과 관능의 미학에 있다.

상실감에 빠진
민초를 위한 희망가

우리에게 잘 알려진 소설 『춘향전』을 영화로 만들면 시청각적 효과를 중시하는 영화 매체의 특성상 춘향과 이도령의 애정관계에 초점을 맞추기 쉽다. 그야말로 춘향의 절개와 에로티시즘이 부각된 춘향전이 탄생하게 된다. 반면 뮤지컬이나 마당극으로 각색하면 커다란 무대와 극적인 사건을 강조하는 장르의 특성으로 인해 이도령과 춘향의 사랑보다는 변학도와 춘향의 관계에 주목하게 마련이다. 사랑이나 의리보다 삼각관계 그 자체가 중심 소재로서 부각되는 것이다.

같은 작품을 바탕으로 하더라도 영화나 TV, 라디오, 마당극 등 어떤 매체로 연출되는가에 따라 그것을 읽거나 보는 인간의 감각은 달리 확장된다. 이에 미디어 전문가 마셜 매클루언은 "미디어는 메시지다"The Medium is The Message 라고 말했다. 똑같이 '열녀춘향수절가'를 토대로 했더라도 소설『춘향전』을 읽는 것과 영화나 마당극을 관람할 때의 경험은 다를 수밖에 없다.

『춘향전』은 남녀의 사랑을 바탕으로 신분 차이, 선악의 대립, 기성세대와 신세대 간의 갈등을 다루어 독자들의 관심을 붙들었다. 판소리「춘향가」가 나타난 것은 17세기 말 무렵으로 짐작된다. 이후「춘향가」는 소설과 창극, 영화, 마당극, 드라마, 오페라 등 다양한 양식으로 재창조되었다. 기실『춘향전』은 어느 한 사람의 손에 의해 만들어진 것이 아니다. 여러 사람에게 구전되어 서로 전하고 베껴 쓰는 동안 적지 않게 윤색되었다. 수십 종이나 되는 이본異本의 존재에서 알 수 있듯이 그 내용도 다양하다. 국문 필사본인『남원고사』는 분량이 약 10만 자 정도 되는 장편이다.『춘향전』에 대한 재해석은 최근까지 무척 활발히 이루어지고 있다. 영화〈방자전〉은 춘향전을 재해석한 것으로 여기서 춘향은 방자와 정을 통하는 등 정조의 여인으로 등장하지 않는다.

『춘향전』은 등장인물이나 사건 대부분이 열녀설화나 신원설화 등 특정 유형의 설화와 관련을 맺고 있어 '설화의 전시장'이라고 불리기도 한다. 김태준은『조선소설사』(한길사, 1997)에서『춘향전』의 근원이 된 설화가 있음을 지적한다. 전북지방 전설에 따르면, 남원에는 얼굴이 매우 추한 춘향이라는 처녀가 있었다. 시집을 가지 못한 춘향은 자살하여 원혼이 되었다. 그 후 부임해오는 남원부사들이 계속 죽어나가자, 어느 대작가가 이 소설을 지어 원혼을 위로했다. 그 이후로는 무사해졌다고 한다. 이것이 '남원박색녀원혼설화'다. 또한 남원의 양진사라는 인물이 과거에 급제하고 돌아와 기생을 데리고 놀다 돈이 없어 그 비용을 보상치 못하고 이 노래를 지어 불렀는데 이것이『춘향전』의 고본이 되었다는 설도 있다.

『춘향전』의 주제는 한두 가지로 추리기 어렵고, 이른바 '다원적 주제론'으로 설명된다. 춘향전의 의미를 당대 사회 이념 속에서 파악할 때는 이도령에 대한 춘향의 '정절'이 주제가 되고, 작품 속의 이야기에 의미를 둘 때는 두 사람의 '애정'이 주제가 되며, 변화하는 시대정신과 연관 지어 볼 때는 부패한 관리에 대한 '저항'이 주제가 된다는 식이다.

『춘향전』의 인기 비결은 무엇보다 이도령에 대한 춘향의 변치 않는 '사랑의 힘'일 것이다. 춘향은 변학도의 수청을 거부한 후 매를 맞으면서도 이렇게 외친다.

> 소녀를 이리 말고 죽여 능지하여 아주 박살내어 죽여주면 죽은 뒤에 원조怨鳥라는 새가 되어 초혼조 함께 울어 적막공산 달 밝은 밤에 우리 이도련님 잠든 후 파몽(꿈을 꾸고 있는 사람을 흔들어 깨움)이나 하여지이다.
> – 이하 『춘향전』(마당미디어, 1998)

사랑을 지키기 위해 육체적인 고통을 감내하는 춘향의 곧은 절개와 정신은 개인의 것으로만 그치지 않는다. 남원 백성들이 춘향의 정절을 칭송하고 변학도를 원망함으로써 모두의 것으로 확대되기에 이른다.

여전히 심금을 울리는
변치 않는 사랑의 힘

『춘향전』의 매력 가운데 수위를 다투는 것은 아마 '관능의 미학'일 것이다. 몽룡은 춘향을 만난 당일에 그녀를 찾아가 첫날밤을 보낸다. 이에 몽룡은 자신을 '개구멍서방'이라며 혼례를 올리지 않고 첫날밤을 치르는 것에 대해 염치없음을 토로한다.

내 마음대로 한다면 육례를 행할 터이나 그렇지 못하고 개구멍서방으로 들고 보니 이 아니 원통하랴? 이에 춘향아, 그러나 우리 둘이 이 술을 대례 술로 알고 먹자.

요즘 말로 하자면 이른바 '원 나잇 스탠딩'이라고 할 수 있겠지만, 그래도 합환주合歡酒를 마시며 후일 첩으로 맞겠다는 약조를 한다.

이어 오늘날 기준으로 봐도 에로틱한 장면이 나온다. 몽룡은 수줍어하는 춘향에게 대뜸 '업음질' 놀음을 하자고 제안한다. 춘향이 "에고, 잡성스러워라. 업음질을 어떻게 하오?"라고 말하자 몽룡은 대답한다.

업음질은 천하 쉬운 것, 너와 내가 활짝 벗고 업고 놀고 안고도 놀면 그게 업음질이지야.

업음질이란 남녀가 알몸으로 서로 업어주면서 흥분을 고조시키는 전희의 일종이라고 하겠다.

높은 언덕의 청학이 난초를 물고서 오송간에 넘노는 듯, 춘향의 가는 허리를 후리쳐 담쑥 안고 기지개 아드득 떨며 귓밥도 쪽쪽 빨고 입술도 쪽쪽 빨면서 주홍 같은 혀를 물고 (중략) 뒤로 돌려 담쑥 안고 젖을 쥐고 발발 떨며 저고리, 치마, 바지, 속곳까지 벗겨놓으니 춘향이 부끄러워 한편으로 잡치고 앉았을 때, 도련님 얼굴이 복찜하여 구슬땀이 송실송실 맺혔구나.

『춘향전』에는 성행위를 노골적으로 드러내거나 빗대어 묘사한 장면들이 나온다. "이 궁 저 궁 다 버리고 나와 합궁하니 한평생 무궁이라. 네 양다리 사이의 수룡궁에 나의 힘줄 방망이로 길을 내자꾸나"라든가, "이 도령은 탈 것 없어 춘향 배를 타고 놀 제 홑이불로 돛을 달고 오엽으로 노를 저어 오목섬 들이달아 조개섬으로 들어가서"와 같은 구절이 그렇다. 『춘향전』은 『논어』에 나오는 '낙이불음'樂而不淫, 즉 '즐기되 지나치지 않는다'라는 정도에서 훨씬 벗어나 있다. 다만 상스럽다거나 추하다는 느낌은 주지 않는다.[9]

또한 『춘향전』에는 양반에 대한 민중의 통렬한 풍자와 해학이 녹아 있다. 민중들은 해학이라는 새로운 통로를 통해 기존의 낡고 왜곡된 세계를 파괴하고 그들 나름의 세계 창조에 나선 것이다. 해학에는 양반문화가 지닌 진지성 이상의 민중적 진지성이 내포되어 있었다. 이것은 양반의 허위의식을 폭로하는 위력적인 민중의 무기였다.[10]

"암행어사 출도야!" 하는 소리에 잔치판의 모든 인간 군상들은 너나 할 것 없이 겁에 질려 넋을 잃고 허둥댄다.

> 모든 수령들 도망할 제 거동 보소. 인궤를 잃고 과절을 들었으며, 병부를 잃고 송편을 들고, 탕건 잃고 용수를 쓰고, 갓 잃고 소반을 쓰고, 칼집을 쥐고 오줌을 눈다. 부서지니 거문고요, 깨지느니 북 장고로다.[11]

아전을 비롯해 목민관들의 행동은 가관이다. 똥과 오줌을 싸며 말을 거꾸로 탄 채 달아나고 헛소리를 하는 등 목민관으로서의 체통은 찾아볼 수 없다. 이제 그들의 넋 놓은 모습은 가소롭다 못해 연민의 정을 자아낼 정도다.

또한 생동하는 주인공들의 모습은 시대를 초월해 동일시 감정을 느끼게 한다. 이도령은 "부형에게 기생 작첩하여 데려왔다고 하면 사당 참례도 못하고 벼슬도 할 수 없으니 이별할 수밖에 도리가 없다"라며 이별 선언을 한다. 그러자 춘향은 농염한 사랑놀이를 벌이다가도 머리를 흔들며 눈알을 굴리고, 얼굴이 붉으락푸르락 하고, 눈썹이 꼿꼿하며, 꿩 채려는 매처럼 꽉 짜고 앉아서 치맛자락도 찢어서 후려치고, 머리끄덩이도 쥐어뜯어 이도령 앞에 던지는 암팡진 여자로 돌변한다. 데려가달라고 애원하고 자결하겠다는 위협도 한다. 그전까지 보였던 요조숙녀의 모습은 온데간데없다. 요즘 여느 연인들의 이별 장면과 별반 다르지 않아 실소를 자아낸다.

이도령과 방자의 대화도 재미있다. 이도령은 그네 뛰는 미인의 정체를 알고 싶어 안달하지만 방자는 엉뚱한 대꾸만 하며 놀린다. 화가 난 이도령이 "상놈의 눈은 양반의 발 사이에 티눈만도 못하다"라며 막말을 하자 방자는 "양반의 눈은 가죽 푸대도 뚫는 정"이라고 맞받아치며 이도령의 호색을 비꼰다.[12]

급작스러운 만남과 정사까지 당일에 이루어지는 『춘향전』 속 사랑은 열정적이고 긴박한 형태를 띤다. 하지만 그 과정에서 보다 지속적이며 안정적인 애착 관계를 위한 사전 작업이 진행된다. 이별할 때 몽룡은 "장원급제 하여 너를 데려갈 것"이라며 후기약을 단단히 하고, 춘향도 "나의 정절 독수공방 수절할 것"을 다짐한다.

『춘향전』에서는 주인공 간의 사랑을 지속시킬 수 있는 자질을 신의라고 본다. 춘향에게 훼절할 것을 명하는 변학도는 춘향의 신의를 시험하기 위한 장치로 기능한다. 동서고금을 막론하고 '신의'야말로 사랑의 제일 조건이라고 해도 과언이 아니다. 이를 지켜낸 춘향은 기생 신분으로는 불가능한 정실부인이 돼 3남2녀를 둔다. 정조와 지조를 굳게 지킨 부녀자에게 내려지던 '정렬부인' 호칭을 얻었으며, 이몽룡은 이판을 거쳐 우상·영상을 다 지내는 등 이들의 낭만적 사랑은 행복한 결말로 완성된다. 이 이야기가 해피엔딩으로 끝난 이유는 전란으로 피폐해지고 집단적 패배감에 사로잡힌 조선에 새로운 희망이 필요했기 때문일 것이다. 또한 혼란스러웠던 당시의 사회가 엄격한 신분 질서를 버리고 새로운 질서를 추구해야 한다는 좌표를 제시한 것으로도 볼 수 있다.

설성경은 『춘향전의 비밀』(서울대출판부, 2001)에서 『춘향전』에 원작자가 있다는 주장을 편다. 원작자로 지목한 인물은 조경남(1570~1641)이다. 조경남은 의병장 출신으로, 임진왜란과 병자호란 이야기를 담은 『난

중잡록』을 썼다. 설성경은 조경남이 '원춘향전'을 창작한 시기를 1640
년경으로 추정한다. 조경남에게는 정유재란 때 남원성 전투에서 패배한
기억이 생생하게 남아 있었다.『춘향전』의 배경이 된 남원과 광한루의
의미도 창작 당시의 정치적·사회적 문제와 연관 지어 생각할 수 있다는
것이 설성경의 주장이다. 그는 또한 포악한 변부사로 인해 춘향이 억울
하게 옥중에서 고통을 당하는 사건에는 변부사를 향한 개인적 저항 그
이상의 의미가 깃들어 있다고 본다. 왜란을 겪은 남원, 전라도민, 나아
가 조선인이라는 확대된 의미가 내포되어 있다는 것이다. 변학도에 대
한 암행어사의 단호한 징치懲治는 외침에 시달리는 무고한 백성의 고통
을 통쾌하게 풀어줄 강력한 왕권이나 국가에 대한 국민적 희망을 반영
한 것으로 볼 수 있다. 마치 16세기 말 무적함대가 영국에 패한 후 집단
적 상실감에 빠져 있던 스페인 민중들을 위해 세르반테스가『돈키호테』
를 창작한 것처럼 말이다.

『춘향전』 읽는 법

일반적으로 알려져 있는 『춘향전』(17세기 말)은 '열녀춘향수절가'다. 민음사의 『춘향전』(2004)은 완판 '열녀춘향수절가' 84장본과 경판 『춘향전』 30장본을 편저한 것이다. 이 글에서는 '열녀춘향수절가'를 저본으로 하여 펴낸 『춘향전』(마당미디어, 1998)을 인용했다. 참고문헌은 정하영의 『춘향전』(신구문화사, 2006), 김석배의 『춘향전의 지평과 미학』(박이정, 2000), 황혜진의 『춘향전의 수용문화』(월인, 2007), 설성경의 『춘향전의 비밀』(서울대출판부, 2001) 등이다.

로크의 『정부론』

—

권력의 원천을 재정의해
유럽의 계몽주의를 이끌다

—

35

영국 국립초상화미술관에 보관된 존 로크의 초상화
로크는 영국을 넘어 유럽의 계몽주의에 큰 영향을 미쳤다. 칸트는 "로크는 이성에 이르는 길
을 트고 닦는 데 가장 본질적인 진보를 이루어냈다"라고 평가했고, 로크의 『인간오성론』을 본
떠 자신의 주저인 『순수이성비판』을 썼다. 프랑스혁명에 큰 영향을 끼친 볼테르는 로크의 『종
교적 관용에 관한 에세이』에서 영향을 받아 『관용론』이라는 뛰어난 저작을 쓸 수 있었다.

의무를 다하지 않은
권력에 저항하라

    토머스 홉스와 존 로크는 여러 측면에서 대비되는 인생을 살았다. '교회에 대한 국가 우위'를 주장한 홉스는 근대 자유주의 전통을 세우는 데 크게 기여했다. 하지만 정작 그의 사상은 '호비즘'으로 매도되었고 계속되는 신변의 위협 속에서 살아야 했다. 반면 그와 같이 고전적 자유주의의 선구자로 불리는 존 로크(1632~1704)는 『정부론』(통치론)이라는 명저를 남겼고 홉스와 달리 생전에 명성을 한껏 누렸다. 또한 죽어서도 프랑스의 계몽주의를 이끈 볼테르 등 열렬한 추종자들을 두었다.

    흔히 표현하듯, 로크는 '인복이 많은 사람'이었다. 로크는 평범한 중산층 가정 출신이었다. 로크의 할아버지는 포목장사로 큰돈을 벌었고 아버지는 변호사로 서머싯 지역 치안판사의 비서로 일했다. 아버지의 지인 가운데 훗날 하원의원이 된 알렉산더 포펌이라는 인물이 있었다. 로크는 포펌의 추천으로 웨스트민스터 스쿨을 거쳐 옥스퍼드 대학교에 진학했다. 포펌은 로크의 인생을 바꾸어준 '귀인'이었던 셈이다.

로크는 포펌에 이어 그의 일생을 뒤바꾼 또 한 사람의 귀인을 만난다. 바로 의회파의 지도자인 섀프츠베리 백작이다. 24세 때인 1666년 여름 어느 날, 로크는 런던에서 백작을 만났다. 로크는 섀프츠베리 백작이 죽을 때까지 그의 비서로 일했다. 한때 왕당파에 우호적이었던 로크는 백작과의 만남을 계기로 의회파로 정치 노선을 변경했다.

여기서 잠시 당시의 영국 상황을 이해할 필요가 있다. 영국은 청교도 혁명(1649)으로 왕의 권력은 무너졌지만 다시 반동적인 분위기가 일어나는 상황이었다. 찰스 1세를 처형하고 공화정을 수립한 크롬웰은 '거리에서 노래 부르지 말라' '술 마시지 말라' '춤추지 말라' 등의 규칙을 내세우며 국민의 생활을 하나하나 통제하려 했다. 영국 전역을 청교도적인 금욕주의 왕국으로 바꾸고자 했던 것이다.

백성들은 금세 왕이 다스리던 옛 시절을 그리워하기 시작했다. 1658년 크롬웰이 죽자 다시 혼란스러운 상황이 이어졌고 결국 1660년 왕정복고가 이루어졌다. 의회파를 밀어내고 찰스 2세가 등극한 것이다. 영국 의회는 왕을 환영하는 왕당파와 왕을 반대하는 의회파로 양분된다. 로크는 이 시기에 활동하면서 자신의 정치사상을 다듬었고 명예혁명의 사상적 기반을 마련했다.

섀프츠베리는 당시 왕당파와 대립해 '초록리본회'를 결성했다. 이것이 훗날 '휘그당'이 된다. 섀프츠베리는 영국 국교회(성공회)에 맞서 비국교도(가톨릭과 청교도)에 대한 종교적 관용을 주장했던 인물이다. 상업과 교역을 중시했던 섀프츠베리는 그래야 종교의 자유를 누리는 네덜란드와의 교역에서 이득을 얻을 수 있으리라 생각했던 것이다.

로크가 『종교적 관용에 관한 에세이』를 쓴 것도 섀프츠베리의 관용론을 이론적으로 뒷받침하기 위해서였다. 로크는 이어 섀프츠베리 백작의 정치적 입지를 뒷받침할 글을 쓰게 되는데, 그것이 바로『정부론』이다. 쉰이라는 지천명의 나이에 이르도록 섀프츠베리의 참모이자 평범한 학자로 지냈던 로크는 자신에게 비서직과 공직을 준 섀프츠베리의 종교적·정치적 노선을 강화하는 글을 쓰면서 자신의 정치철학을 완성할 수 있었다. 엄밀하게 말하자면 로크 자신의 철학이라기보다 섀프츠베리를 위해 '만들어진 철학'이었던 것이다.

그런데 찰스 2세가 프랑스의 루이 14세와 비밀협약을 맺어 영국을 가톨릭으로 개종하겠다고 약속하는 일이 일어났다. 섀프츠베리는 격분했다. 그는 대법관직을 박탈당한 뒤, 반反가톨릭 세력의 지도자로 부상했다. 섀프츠베리는 찰스 2세를 쫓아내려는 계획을 세웠으나 발각돼 1682년 네덜란드로 피신했다. 위기에 빠진 로크 역시 자신이 쓴 글들을 불태워버리고 네덜란드로 망명했다. 그때가 그의 나이 51세였다. 1680년대 네덜란드는 영국에서 망명온 휘그파들의 은신처였다. 섀프츠베리는 망명 이듬해 그곳에서 죽고 말았다.

로크는 섀프츠베리 사후 네덜란드에 머물면서『인간오성론』과『정부론』을 손질하며 때를 기다렸다. 선구적인 인물 가운데에는 시류를 앞서 가느라 시대와 불화하며 불운한 삶을 이어가는 경우가 허다하다. 홉스가 전형적이었다. 그러나 로크는 달랐다. 그는 시대정신의 변화를 예의 주시하며 당대의 상황과 정치 환경에 맞추어 사상을 개진했다. 홉스처럼 유물론이나 무신론을 취하지 않았으며,『정부론』등 저술을 섣불리 발표하지 않고 결정적인 시점에 출간했다.

『주역』에서 말하는 '밀운불우'密雲不雨의 기다림을 실천했던 것이다. 밀운불우란 짙은 구름이 잔뜩 끼었으나 비는 내리지 않는 상태로, 어떤 일의 조건은 모두 갖추었으나 일이 이루어지지 않는 것을 말한다. 어쩌면 고통의 시간이지만 이 기다림을 견뎌내지 못하면 섣불리 일을 도모하다 낭패를 당하기 쉽다. 말하자면 로크는 큰 일을 성취하기 위한 인고의 시간을 견뎌낸 인물인 것이다.

명예혁명에
사상적 기반을 제공하다

1688년 영국에서 명예혁명이 일어났다. 때가 무르익기를 기다리던 로크는 1689년 2월 귀국길에 올랐다. 밀운불우의 시기를 거쳐 마침내 '이섭대천'利涉大川을 실행한 것이다. 그리고 이듬해 2월에 『정부에 관한 두 개의 에세이』, 즉 『정부론』(통치론)을 출간했다. 3월에는 『인간오성론』 을, 5월에는 『종교적 관용에 관한 에세이』를 출간했다. 마치 기다렸다는 듯 당대의 시대정신을 주도할 대작을 쏟아낸 것이다. 영국이 절대왕권 아래에서 자유를 상실하는 일이 없도록, 인민이 제정하는 헌법을 통해 왕을 법 아래 두고자 했다. 로크의 저술들은 바로 명예혁명을 사상적으로 뒷받침하고 정당화하는 기반이 되었다.

『정부론』은 두 편으로 구성되어 있다. 제1편은 「로버트 필머 경과 그 일파의 잘못된 원리와 논거를 밝히며 논박한다」라는 제목으로 로버트 필머의 왕권신수설을 비판하는 내용이다. 제2편은 「시민정부의 참된 기원, 범위 및 그 목적에 관한 시론」으로, 시민정부의 기원과 정당성과 목적 그리고 통치 기관이 정당성을 상실할 경우 시민들이 취할 수 있는 저항권에 관한 내용이다. 흔히 『정부론』이라 하면 제2편을 가리킨다.

제1편에 등장하는 로버트 필머 경은 당시 영국에서 강력한 영향력을 지녔던 인물이다. 필머가 죽은 후 1680년 그의 『가부장주의』라는 책이 출판되었다. 이 책에서 필머는 정치적 권위가 인민이 아닌 신으로부터 나온다고 주장했다. 신이 지구를 아담에게 주면서 '가부장권'을 선물했다는 것이다. 왕의 권력은 신이 아담에게 선물한 권력으로부터 비롯된다. 따라서 인민들은 아버지를 섬기듯 왕의 지배권을 인정하고 왕의 권력에 무조건 복종해야 한다는 것이 필머의 견해였다.

로크는 왕의 절대권력을 정당화하는 왕권신수설과 그러한 논리를 신봉하는 토리당에 맞섰다.

> 아담의 자손들 중에서 과연 누가 그 직계의 자손인가 하는 사실은, 이미 오래 전부터 분명치 않게 되어 있으므로, 인류의 여러 종족과 이 세계의 여러 가족 중에서 어느 하나도, 자기야말로 그 직계이며, 따라서 그 상속권을 가져야 한다고 주제넘게 주장할 수 있는 근거는 조금도 남아 있지 않는 것이다.
> ─ 이하 『정부론』(연세대출판부, 1970)

로크는 첫 인류인 아담으로부터 정치적 권위의 정당성을 끌어내려는 시도는 불가능하다고 제1편을 요약하면서 제2편을 시작한다. 모든 정치권력이 신에게서 직접 나온다고 주장할 수 없다는 것이다. 제2편에서는 '왕이 권력의 원천이 아니라면 무엇이 권력의 원천인가'에 대한 논리를 제시한다.

자연상태를 '만인의 만인에 대한 투쟁'으로 본 홉스와 달리 로크는 제2편 2장 「자연상태에 대하여」에서 인간을 이성적이고 평화로운 존재로 파악한다. 홉스는 전쟁상태를 막기 위해, 즉 사람들이 각자의 '자기보존'을 위해 국가를 세운다고 주장했다. 홉스는 사회계약설을 주장하면서 군주의 절대권력을 옹호한다. 이에 대해 로크는 "절대군주 역시 일개 인간에 불과하다"라면서 "군주가 재판관이 되고 군주가 기분 내키는 대로 신민들을 다룰 수 있다면 그게 자연상태보다 오히려 못한 것"이라고 반박한다. 절대군주제 아래에서 살아간다는 것은 자연상태 속의 스컹크나 여우를 피하려다가 사자에게 잡아먹히는 것이나 다름없다는 것이다.

로크는 자연상태가 만인에 대한 만인의 투쟁이 벌어지는 상태이기 때문에 어쩔 수 없이 정부를 만든 것이 아니라, 사람들의 이성적인 판단과 '동의'에 의해 정부가 수립된다고 말한다. 어쩔 수 없이 정부를 만들었다고 가정하면 더 이상 '잘못된 정부'에 대항할 수 없다. 정부란 나쁜 자연상태로 가는 것을 막아주는 고마운 존재가 되어버리기 때문이다. 동의를 통해 결성한 사회에는 자연상태에는 없는 법률(입법부)과 재판관(사법부), 집행기관(행정부)이 존재한다. 개인들이 자연상태에서 자기보존을 위해 갖고 있던 처벌권을 동의하여 양도했기 때문이다.

로크는 재산에 대한 5장의 논의에서 사유재산권을 인정하고 이에 관한 내용을 체계적으로 정리해 상인들로부터 절대적인 지지를 얻었다. 로크는 생명·자유·자산을 통틀어 '재산'이라 하고 그 소유권을 옹호했다. 로크는 인간이 자연상태에서 가진 권리의 핵심이 바로 소유권(5장 25절)이라고 보았다.

자연적인 이성이 우리에게 가르쳐주는 것처럼, 인간은 일단 이 세상에 태어나게 되면 자기를 보존해갈 수 있는 권리, 즉 생존의 권리를 갖게 되며, 따라서 음식물과 기타 자연이 그들의 생존을 위해 부여하는 것을 받을 수 있는 권리를 갖게 되는 것으로 생각할 수가 있다.

로크는 영국에서 명예혁명 이전까지 왕권이 유지된 이유는 왕권신수설에 따라 대부분 청교도였던 상인계급의 소유권이 확고하지 않았기 때문이라고 분석한다. 상인들은 상업으로 벌어들인 돈을 자신이 소유해야 한다고 생각했지만 이를 뒷받침할 논리를 갖추지 못했는데 이를 로크가 제공한 것이다. 당시 왕에게 과도한 세금을 납부하면서 신음하던 상인 계층에게 로크는 구세주나 다름없었을 것이다. 로크가 열렬한 지지를 얻을 수 있었던 이유다.

『정부론』의 핵심은 잘못된 정부에는 저항할 수 있다는 '저항권'으로 요약된다. 정치사회가 처음 만들어질 당시의 목적을 제대로 수행하지 않는다면, 즉 시민들의 생명과 재산과 자유를 보호하지 않는다면 무력을 사용해서라도 저항할 수 있다는 것이다(19장 240절).

> 누가 군주나 입법부가 그들의 신탁에 반해서 행동하는지 여부를 판단하는 재판관이 될 것인가? (중략) 인민이 재판관이다.
> –『지금 우리가 누리는 자유, 통치론』(아이세움, 2006)에서 재인용

저항권은 마지막 장인 19장 「통치의 해체에 대하여」에 나오는데 13장 149절 등 『정부론』 곳곳에서 로크는 저항권에 대한 견해를 명백히 밝히고 있다.

그러나 입법권도 어떤 특정한 목적을 위하여 행동해야 할 하나의 신탁된

권력에 불과한 것이다. 따라서 만일 입법부가 그 위임받은 신탁에 위배되는 행동을 한다는 것을 국민이 알게 되었을 경우에는 그 입법부를 배제하거나 변경시킬 수 있는 최고의 권력은 여전히 국민의 수중에 남겨져 있다.

– 『정부론』

로크에 따르면 국민은 통치자에게 자신들의 자연권, 즉 자기보존권과 처벌권을 '신탁'한다. 은행에 돈을 맡기고 필요한 때 찾을 수 있는 것처럼 자연권을 통치자에게 잠시 맡겨둔다는 것이다. 즉 권력은 통치자 자신의 것이 아니라 국민이 맡긴 것일 뿐이고 언제든지 신탁을 '철회'할 수 있다.

로크는 영국뿐 아니라 유럽의 계몽주의에 큰 영향을 미쳤다. 프랑스혁명에 큰 영향을 끼친 볼테르는 로크의 열렬한 지지자였다. 그가 쓴 『관용론』은 로크의 『종교적 관용에 관한 에세이』의 아류작이지만 로크의 관용론을 뛰어넘은 고전으로 여겨진다. 칸트는 로크의 『인간오성론』을 본떠 그의 주저인 『순수이성비판』을 썼다. 칸트는 "로크는 이성에 이르는 길을 트고 닦는 데 가장 본질적인 진보를 이루어냈다"(『논리학강의』)라고 강조한다. 루소는 로크의 재산권 이론의 영향 아래 사회계약론을 더욱 발전시켜 1762년에 『사회계약론』을 저술했다. 로크의 사상은 미국 독립운동에도 지대한 영향을 끼쳤으며 프랑스혁명의 초석을 제공했다는 평가를 받고 있다.

로크의 『정부론』(통치론) 읽는 법

존 로크의 『통치론』(1690)은 강정인·문지영 번역본(까치, 1996)과 1970년에 출간된 이극찬 번역본(연세대출판부)이 읽을 만하다. 여기에 박치현의 『지금 우리가 누리는 자유, 통치론』(아이세움, 2006)을 곁들이면 이해하기 쉽다.

조설근의 『홍루몽』

—

중국문화의 정수를
담은 대작

—

『홍루몽』의 배경인 '대관원'의 모델이 된 것으로 알려진 중국 쑤저우의 졸정원
『홍루몽』은 중국문화의 정수를 담은 백과사전이자 중국인들의 정신을 대표하는 보고로
손꼽힌다.

쓸쓸하게 사라지는
삶을 위한 헌사

　조설근이 쓴 『홍루몽』(1740)은 중국식 정원인 '대관원'을 배경으로 한 장편소설이다. 가보옥과 임대옥, 설보차를 둘러싼 비극적인 사랑을 한 축으로 하며, 여기에 '가부'賈府를 둘러싼 가씨 가문의 흥망성쇠가 핵심적인 줄거리로 펼쳐진다. 부는 황족의 일가가 사는 집을 일컫는다. 일찍이 『홍루몽』을 다섯 번이나 읽은 마오쩌둥은 "『홍루몽』을 읽지 않으면 중국의 봉건사회를 이해할 수 없다"라고 했다. 『홍루몽』은 중국문화의 정수를 담고 있는 백과사전이자 중국인들의 정신을 대표하는 보고寶庫로, 『홍루몽』에 대한 중국인들의 자부심은 셰익스피어에 대한 영국인들의 그것에 견줄 만하다고 한다.

　『홍루몽』은 가賈, 사史, 왕王, 설薛 등 네 가문을 배경으로 일어나는 이야기로 등장인물만 해도 480명 가량 된다. 등장인물의 숫자로도 짐작할 수 있듯이 이 소설은 읽기가 쉽지 않다. 그러다 120회 중 23회에 이르러 임대옥이 흩날리는 꽃잎을 쓸어 모아 '장화총', 즉 꽃무덤을 만드는 장면에 이르면 자신도 모르게 울컥하는 심정이 되고 점점 소설 속으로 빠져들게 된다.

조설근은 이 소설의 도입부에서 그 자신이 지난 10년 동안 내용을 보완하면서 책이름을 '금릉십이차'라고 했다고 적고 있다. 금릉은 오늘날의 남경을, 십이차는 12개의 비녀를 가리킨다. 금릉의 열두 여인들의 이야기라는 뜻이다. 조설근은 이 소설에서 진실한 감성을 품으며 살아갔던 여인들에게 무한한 동경을 표하였고, 남자보다 훨씬 뛰어난 재주를 지녔지만 슬픈 운명을 겪어야만 했던 여인들에게 한없는 애도를 보낸다.

『홍루몽』은 글자 그대로 '붉은 누각의 꿈'이라고 풀이할 수 있다. 그 화려한 붉은 누각에는 부잣집의 귀한 딸들이 살고 있다. 그 누각은 여인들의 천국이자 청춘이 피어나는 아늑한 정원이다. 가보옥과 그의 사랑을 담뿍 받은 임대옥과 그의 자매들, 가보옥을 따랐던 여인들은 중국식 정원인 '대관원'이라는 낙원에서 행복하고 순수한 청춘의 시대를 보낸다. 『홍루몽』에서 그려내는 인생의 행복은 봄날의 꽃과 같다. 잠시 피어나지만 이내 꽃이 떨어지면 더욱 쓸쓸하다. 사랑은 행복의 향기를 내지만 불행의 향기를 더 진하게 품고 있다.

> 지금 이 풍진세상에서 한 가지 일도 이루지 못하고 녹록한 인생을 살면서 홀연 지난날 알고 지내온 모든 여인이 하나씩 생각나 가만히 따져보니 그들의 행동거지와 식견이 모두 나보다 월등하게 뛰어났음을 알 수 있었다.
>
> – 이하 『홍루몽 2』(나남출판, 2009)

『홍루몽』은 영웅호걸을 중심으로 한 『삼국지』 등 이전 소설들과는 확연하게 다른 면모를 보여준다. 남자 주인공인 가보옥은 남존여비와 입신양명을 극도로 혐오하는, 남성중심 혹은 유교중심의 봉건사회에 반항하는 이단아다. 『홍루몽』에서 집안의 일들을 관리하고 처리해야 할 남성 인물들은 하나같이 무능력하고 책임을 회피하기만 한다. 오히려 중요한 사안은 가모나 왕부인, 왕희봉과 같은 여성들이 주도적으로 결정하고 처리한다. '금릉십이차'라고 불리는 12명의 여성 주인공들도 학식과 교양을 갖춘 인물로 그려진다. 이들은 시를 지으며 서로 내면의 깊은 감성을 교류한다. 이는 그 이전의 작품에서 여성 인물들이 남성에게 종속적인 존재로 그려지거나 부수적인 역할만을 했던 것과는 판연히 다른 점이다. 『홍루몽』은 그야말로 세상의 약자인 여성들이 중심이 되어 그들만의 세상을 만들어나간 유토피아 그 자체다. 그중 가장 인상적인 것은 가보옥과 여성들이 참여하는 시모임이다.

이들은 가문의 흥성기에 시모임을 만들고 그 이름을 '해당화시사'(제 37, 38회)라고 지었다. 이 시모임은 인생에 비유하면 봄날의 절정에 해당할 것이다. 가보옥과 임대옥과 대관원의 여인들은 시모임에서 시를 짓고 나눈다. 이들은 서로의 이름 대신 아호를 지어 불러준다.

정녕 시모임을 만든다고 하면 우리 모두가 진짜 시인이 되는 것이니 우선 언니, 동생이니 시동생, 형수님이니 하는 호칭부터 없애야 비로소 속되지 않을 것 같아요.

가족이나 친족 간 위계질서를 드러내는 호칭을 떠나 아호를 부르면 자유롭게 서로를 대할 수 있다. 임대옥은 소상비자, 설보차는 형무군, 가보옥은 이홍공자, 이환은 도향노농, 탐춘은 초하객이 된다. 이들은 서로 지은 시를 평하면서 충만한 시간을 보낸다. 그러나 이는 잠시뿐이다.

가부의 부귀영화를 뒷받침해주던 귀비 원춘이 세상을 떠나자 대관원에 어두운 그림자가 스며든 것이다. 영춘은 부친의 강요에 의해 원하지 않은 결혼을 한 뒤 핍박을 받다 일 년 만에 죽음을 맞았다. 탐춘은 멀리 동남 해안지방으로 시집가 다시는 친정식구들을 볼 수 없게 된다. 언니들의 불행한 삶을 지켜보던 막내 석춘은 아예 마음을 접고 출가하여 비구니가 되기를 자처한다. 봄으로 상징되는 청춘의 세월은 그렇게 끝나고 있었다. 이와 함께 가세는 점차 기울어갔다.

가부에 쇠망의 전주곡이 울리던 그 시점에 대관원의 시모임인 해당회시사(제37회)는 도화시사(제70회)로 이름을 바꾸고 다시 문을 연다. 이때는 가보옥과 임대옥, 설보차, 사상운, 보금 등만 남아 시모임의 사람은 줄어들었다.

『홍루몽』에서 짧은 청춘의 쓸쓸함과 허무함을 상징적으로 보여주는 것이 바로 '장화총'이다. 봄비가 내리던 3월 어느 날 아침, 가보옥은 『서상기』 한 질을 가지고 다리 옆 복사꽃 아래 놓인 돌 위에 자리를 잡고 앉았다. 막 '붉은 꽃잎 떨어져 수북이 쌓여 있네'라는 구절을 읽던 중인데 마침 한줄기 바람이 휙 불어오더니 나뭇가지를 흔들어 복사꽃을 거의 절반이나 떨어뜨렸다. 꽃잎은 가보옥의 몸과 책과 그리고 바닥 위까지, 어디라 할 것 없이 가득 쌓였다. 이때 임대옥이 다가왔다. 그녀는 어깨에 꽃잎 주머니가 달린 긴 꽃삽을 메고 손에는 꽃비를 든 채였다. 가보옥이 연못 위에 꽃을 버리자고 하자 임대옥은 말한다.

저쪽 귀퉁이에 제가 꽃무덤을 하나 만들었거든요, 그 꽃잎을 쓸어 담아 여기 비단 꽃 주머니에 넣어 흙 속에 묻으면 오래 지나도 결국 흙으로 돌아갈 뿐이니 훨씬 깨끗하지 않겠어요?

'꽃의 넋'을 묻어주며
이룰 수 없는 사랑 달래

    임대옥은 가보옥과의 이룰 수 없는 사랑에 점점 사위어간다. "싸늘한 달빛 아래 꽃의 넋을 묻는구나." 임대옥이 쓴 '꽃의 넋'이라는 시어는 사랑하는 이에게 더 다가갈 수 없는 처절함의 표현이다. 말하자면 죽어서도 혼이 되어 그리워하겠다는 속다짐인 것이다.

    어느날 임대옥은 가보옥의 시녀가 문을 열어주지 않자 그의 마음을 의심하고 속상해한다. 임대옥은 가는 봄을 아쉬워하다, 땅에 떨어진 낙화를 모아 땅에 묻어주었다. 그는 불현듯 부모를 여의고 외가에 얹혀 사는 자신의 신세가 처량해져 몇 번인가 흐느끼다가 그저 생각나는 대로 몇 마디 노래를 흥얼거린다.

    봄날이 성겨워도 또 한편은 야속하네

문득 오니 정겹지만 홀연 가니 서러워
말없이 왔다가는 소리 없이 가버리네

지난밤 뜰 밖에서 슬픈 노래 들렸으니
꽃의 혼(화혼)이 울었는가, 새의 넋이 울었는가?
꽃과 새의 영혼들은 잡아두기 어렵나니
새는 말이 없고 꽃은 절로 부끄럼 타네

(중략)
네가 지금 지고 나면 내가 묻어주지만
내 몸이 죽고 나면 어느 날 묻힐 건가?

꽃잎 묻는 나를 보고 남들이 비웃지만
훗날 내가 죽고 나면 묻어줄 이 누구인가?
봄날이 지나가고 꽃잎 점점 떨어지면
그게 바로 홍안청춘 늙어가는 그때라네

하루아침 봄은 지고 홍안청춘 늙어가면
꽃잎 지고 사람 가니 둘 다 서로 알길 없네

때마침 가보옥은 산등성이 너머에서 아스라이 들려오는 이 노랫소리를 듣는다. 처음에는 그저 고개를 끄덕이고 감탄만 했으나, 듣기만 하여도 애절하기 그지없는 이 구절은 연인 임대옥이 노래한 것이다. 가보옥은 그만 목을 놓아 통곡하고 만다. 임대옥과 가보옥의 비극적 사랑은 다음의 시구에 함축돼 있다.

여윈 모습 봄물에 비치니

그대는 나를, 나는 그대를 가여워하네

－「홍루몽 5」

임대옥은 가보옥과 설보차가 혼인하는 날 그동안 가보옥을 향해 써 두었던 편지들과 시 원고를 불태우며 쓸쓸히 죽어간다. 가보옥은 엄한 부친의 독촉에 못 이겨 과거시험을 치르고 급제하지만 시험장을 나와 홀연히 사라진다.

아 어이하랴! 그대의 꽃다운 그 모습과

아 어이하랴! 물처럼 흐르는 이 세월을

흐르는 물, 지는 꽃잎 모두 무정하여라

－「홍루몽 2」

『홍루몽』의 주인공들은 차츰 나이가 들고 인생의 곡절을 겪으면서 하나둘씩 불행으로 떨어진다. 작자는 대관원의 여인들에게 끝없는 연민과 동정을 표하면서 다시는 돌아오지 않을 청춘의 꿈처럼 아련했던 세월에 대한 참회를 그려낸다.

『홍루몽』은 18세기 중국 사회상을 광범위하고도 여실하게 반영한 작품이다. 근대 중국의 사상가이자 문호인 노신은 『홍루몽』에 대해 "경학가들은 주역의 원리를 보고, 도학가들은 음란함을 보며, 재자들은 애정의 얽힘을 보고, 혁명가들은 만주족 왕조에 대한 배척을 보며, 이야기를 만들어내기를 좋아하는 사람들은 궁중비사를 본다"라고 말했다.[13] 이는 그만큼 『홍루몽』이 다루고 있는 주제가 광범위하며 한 가지 시선으로 작품을 파악하기가 어렵다는 것을 보여주는 문장이다.

『홍루몽』은 '문자옥'으로 사상통제가 극심하던 시절, 봉건체제에 대한 은유적 비판과 함께 우리네 인생은 한바탕 남가일몽이라는 깨우침을 전한다. 부귀영화를 누리는 권세 높은 가문도, 어여쁜 여인들의 모습과 청춘도 물거품처럼 또는 꿈처럼 슬픔만 남기고 사라지는 것이다.

꽃향기가 몰려오니 한낮이 따뜻함을 알겠노라.

꽃이 진 뒤에도 여전히 꽃향기가 진동하는 봄날 오후의 노곤함에서 빠져나오기란 쉽지 않다. 그 노곤한 기분에서 깨어나 보면 인생은 이미 봄이 아니다.

『홍루몽』 읽는 법

홍루몽(1740)은 여러 번역본이 있다. 나남출판에서는 최용철과 고민희 공역의 전6권짜리 번역본(2009)과 함께 『붉은 누각의 꿈 : 홍루몽 바로보기』(2009)라는 해설서를 함께 펴냈다. 여기서는 이 시리즈를 주로 참고했다. 『홍루몽』은 시리즈 가운데 1권은 읽기가 어렵지만 2권부터는 이내 이야기 속으로 빠져들게 된다. 전12권으로 출간된 번역본(청계, 2007)도 있다. 민음사에서도 전3권(1997)으로 출간한 바 있다.

몽테스키외의 『법의 정신』

—

최고의 정치적 자유를
탐색한 불운한 천재

—

37

서울대 권장도서 · 37선

몽테스키외의 초상

몽테스키외에 따르면 법은 한 나라의 자연·풍토·습속·종교·가치관·경제와 함께 정체의 성질과 원리에 따라 결정된다. 이런 관계의 총체가 바로 '법의 정신'을 형성하며, 법의 정신은 인간의 자유 및 본성과 조화를 이루어야 한다.

'운명적 역사관'을 뒤엎은
혁명적인 사고

로마인은 아우구스투스가 만든 약간의 너무 가혹한 법 때문에 그에 대해
서 분개하고 있었으나, 당파싸움 결과 로마에서 쫓겨났던 배우 필라드를
그가 불러들이자마자 불만은 사라졌다고 한다.

– 이하 『법의 정신』(동서문화사, 2007)

이 글은 몽테스키외(1689~1755)의 명저인 『법의 정신』 가운데 「국민
의 일반정신 습속」 편(제19편)에 나온다. 로마인은 그 모든 법을 빼앗겼
을 때보다도 한 사람의 희극배우가 추방되었을 때 더욱 절실하게 폭정
을 체감한다는 것이다. 몽테스키외는 폭정에는 두 가지가 있다고 말한
다. 하나는 현실적이어서 통치가 몹시 사나운 것, 다른 하나는 여론적인
것이다. 후자는 통치하는 사람들이 국민의 사고방식에 어긋나는 사안을

만들어낼 때 뚜렷하게 느껴진다고 주장한다. 국민이 친근감을 느끼는 인물의 추방은 여론을 크게 들썩이게 할 수 있는 사안으로 폭정의 체감 지수가 급격히 상승한다. 박정희 정권 시절 김대중의 망명이 그 대표적인 사례일 것이다.

> 많은 것들이 인간을 지배하고 있다. 즉 풍토·종교·법률·통치의 격률·과거사례·습속·도덕 등이 있다. 그곳들로부터, 그것들에서 유래하는 일반정신이 이루어진다.

몽테스키외는 도덕을 이루는 원리와 관계에서의 법(제19편)을 다루면서 '일반정신'이라는 개념을 사용한다. 말하자면 배우의 추방은 도덕과 같은 일반정신으로 비추어볼 때 국민들에게 폭정을 느끼게 한다는 것이다. 일반정신은 법이 만들어지는 데 영향을 준 특수한 원인이라고 할 수 있다. 즉 한 국가의 법은 그 나라의 지세·기후·풍토·위치·면적·직업·개인적 자유의 정도·종교·주민 성향·부·인구·상업·풍습·생활양식과 관련되어야 하며, 이것이 전반적으로 '법의 정신'을 이룬다. 이때 각 원인들 가운데 하나가 보다 큰 힘을 가지면 다른 원인은 상대적으로 약해진다. 예를 들어 어떤 국가에서 법이 큰 힘을 가지면 습속이나 도덕의 지배가 약해지고, 종교가 큰 힘을 지니면 법의 지배가 약해지기도 하는 것과 같다.

몽테스키외는 경험주의적 연구 방법을 법의 분야에 적용해 다양한 법과 풍습을 연구하면서 법의 원리를 정립했다.

> 자연과 풍토는 거의 그것 자체로서 미개인을 지배하고 있다. 생활양식이 중국인을 지배하고 있다. 법률이 일본에 폭정을 펴고 있다. 예전에는 도덕

이 스파르타에 모범을 보여주고 있었다. 한때 로마에서는 통치의 격률과 고대로부터 내려오는 습속의 순박함이 모범을 보여주었던 적이 있었다.

자연과 풍토가 지배하고 있는 곳은 아프리카가 대표적일 것이다. 중국은 도덕과 예의가 생활양식을 이루고 있다. 몽테스키외는 일본의 경우 법률을 앞세우는 국가라며 법률이 폭정을 펴게 한다고 분석한다(제14편 15장). 아마도 '사무라이'에 의한 패도霸道를 떠올리면 쉽게 이해가 갈 것이다. 몽테스키외는 여러 민족을 논하면서 특히 일본민족에 대해 부정적인 평가를 내린다.

일본의 국민은 매우 흉악한 성격을 가지고 있으므로 그 입법자나 집정자는 국민에 대해 아무런 신뢰도 가질 수 없었다. 즉 그들은 국민의 눈앞에 재판관과 위협과 벌만을 놓았다. 국민의 일거수일투족을 경찰의 취조에 맡겼다.

몽테스키외는 먼저 국민의 기질 등을 고려해 법의 제정 여부를 판단해야 한다고 강조한다. 법률에 의해 국민의 일반정신을 바꿀 수 없고, 만약 바꾸게 한다면 큰 국민적 저항을 불러온다는 것이다. 그는 '여자의 사치'라는 흥미로운 사례를 든다.

여자의 사치를 억제하고, 그 습속을 고치는 법률을 제정하여 사치를 제한할 수도 있을 것이다. 그러나 그 국민의 부의 원천인 어떤 종류의 취미, 그 밑에 외국인을 끌어들이는 우아함 같은 것을 잃을지도 모를 일이다.

몽테스키외가 살던 18세기 프랑스, 특히 파리에서는 자택 살롱에서 여는 접대·무도회·연회 등 사교문화가 발달했다. 이는 생활 속에서 예술적 감각이 꽃 핀 것이라고 긍정적으로 평가할 수도 있지만, 과시적이고 극단적인 사치와 향락에 빠진 것이라고 부정적 평가를 내릴 수도 있다. 이러한 여성적 사교 문화의 정점에 마리 앙투아네트가 있었다. 현재까지 파리가 여성들의 예술적·문화적 허영 또는 화려함을 상징하는 도시로 꼽히는 이유는 바로 그 때문일 것이다. 몽테스키외는 국민의 습속과 생활양식을 법으로 바꾸어서는 안 되고 자연적 방법으로 바꾸어야 한다고 권고한다.

> 군주가 그 국민에게 큰 변화를 일으키고자 할 때엔, 법에 의해 설정된 것은 법에 의해 개혁하고, 생활양식에 의해 형성된 것은 생활양식에 의해 변경하여야 한다. 생활양식에 의해서 바꿔야 할 것을 법에 의해서 변경한다는 것은 매우 나쁜 정책이다.

또한 몽테스키외는 기후와 풍토성이 용기에 영향을 미친다고 분석한다. 여기서 흥미롭게도 한국의 사례가 나온다(제17편 2장).

> 중국의 북부 민족은 남부 민족보다 용감하고, 한국의 남부 민족은 북부 민족만큼 용감하지 못하다.

흔히 '고구려가 용맹하다'라는 말을 하는데, 몽테스키외의 분석에 따르면 그것은 기후로 인한 기질 때문이다. 그는 "더운 지방 민족의 나약함이 거의 항상 그들을 노예로 만들고, 추운 지방 민족의 용기가 그들의 자유를 보존케 했다"라고 갈파한다. 이 논의에서 서구 우월주의적 시각이 모습을 드러낸다. 유럽에는 민주정체政體가, 아시아에는 전제정체가 많다는 견해가 그것이다. 그는 유럽은 토지가 좁은 까닭에 자유국에 적합하며, 아시아는 산맥·평야·하천이 웅대하고 지역이 드넓어 전제정체에 맞는다고 구분했다. 중국의 경우 통일국가를 이룰 때 흥성한 반면 통일국가가 무너지고 분열하면 쇠퇴했다는 분석도 있다.

몽테스키외는 법의 정신을 이루는 또 하나의 물리적 요인인 '인구'(제23편)에 대해 논한다. 로마인은 인구 증가를 위한 법을 만들 필요에 쫓겼다고 한다. 오늘날처럼 저출산이 큰 문제가 되었기 때문이다. 집정관 선거에 나온 파피아·포페아도 결혼을 하지 않았으며, 그 정도로 당시 로마에서는 독신으로 사는 것이 드물지 않았다.

> 습속이 부패하기 시작하면, 시민들은 혼인을 꺼리게 되는 경향이 있다. 깨끗한 쾌락에 이미 맛을 느끼지 않는 사람들에게 있어서 결혼은 고통을 가지는 데 불과하다.

급기야 카이사르와 그의 뒤를 이은 아우구스투스는 호구조사제를 부활시켰다. 그들은 여러 가지 규칙을 만들었다. 카이사르는 많은 자식을 가진 자에게 상을 주었다. 남편이나 자식을 갖지 않은 45세 이하의 여자가 보석을 착용하거나 가마를 타는 것은 금지했다. 아우구스투스는 미혼자에게 새로운 형벌을 부과했고, 결혼한 자나 자식을 가진 사람에게는 상을 주었다. 타키투스는 이러한 법을 '율리아 법'이라고 불렀다. 로마시대에는 친척이 아니더라도 양자로 삼아 재산을 상속할 수 있었으나, 결혼을 하지 않은 이는 상속자로 지정될 수 없었다. 플루타르코스는 "로마인은 상속을 받기 위해서가 아니라 상속인이 될 수 있기 위해 결혼했다"라고 말하기도 했다.

루이 14세는 열 명의 자식을 만드는 자에게 특별 연금을, 열두 명 만드는
자에게는 보다 많은 연금을 약속했다. 종의 번식을 이끄는 어떤 일반적
정신을 주기 위해서는 로마인과 같이 일반적인 포상이나 일반적인 벌을
제정해야 한다.

몽테스키외의 정책과는 관련이 적겠지만, 참고 삼아 밝히면 프랑스는
유럽에서 상대적으로 높은 출산율(2013년 기준 2.1명)을 기록하고 있다.

권력 이외의 어떤 것도
권력을 억제할 수 없다

몽테스키외는 불평등과 전쟁 상태를 막기 위해 법이 필요하다고 강조한다. 먼저 몽테스키외는 우리의 일상생활에서 법이 필요한 이유를 '평등의 상실'로 설명한다(8편 3장). 모든 인간은 평등하게 태어나지만 사회적인 삶을 살게 되면서 그들 사이에 존재했던 평등은 사라진다. 비록 사회 속에 평등이 포함되어 있더라도 사회는 평등을 바탕으로 구축되지 않는다.

> 자연상태에서는 인간은 분명히 평등하게 태어난다. 그러나 사람이 자연상태에 머물러 있을 수는 없을 것이다. 사회는 평등을 잃게 만든다. 그리고 인간은 법에 의해서만 다시 평등해진다.
>
> ─『법의 정신』

여기가 바로 법이 필요한 지점이다. 즉 개인 간에 평등이 사라지고 모든 사회는 저마다의 힘을 느끼는 까닭에 개인 간, 사회 간에 투쟁 상태가 빚어져 실정법이 발생한다.

> 일찍이 서로에게 있었던 평등은 끝나고 전쟁이 시작된다. 각 개별 사회는 그 힘을 자각하기 시작하고, 그 사실은 민족 사이의 전쟁 상태를 조성한다.

세계 전체로 보면 나라들 사이에는 만민법, 지배자와 피지배자(국가와 국민) 사이에는 정치법(공법), 각 구성원 사이에는 시민법(사법)이 생겨 서로를 규제한다. 이것이 각 법의 개념이다.

몽테스키외는 법의 정신에 영향을 미치는 힘으로 일반정신을 이루는 여러 원인들에 이어 '정체'의 본질과 원리를 든다. 그는 먼저 공화정체(민주정체와 귀족정체)와 군주정체, 전제정체라는 세 가지 정치체제를 구분한다.

민주정체는 덕성, 귀족정체는 온건(절제), 군주정체는 명예, 전제정체는 공포를 원리로 한다. 따라서 공화정체든 군주정체든 전제정체로 타락하는 것을 피하려면 그 원리를 보전하기 위한 법을 제정해야 한다.

> 자유라 함은 인간이 자기 자신의 의사에 따라 행동하고 있다는 신념에 있다.

그는 먼저 자유의 본질을 이렇게 규정한 다음, 자유를 정치적 자유와 시민적 자유로 구분했다. "정치적 자유라 함은 국가, 즉 법이 존재하는 사회에서 원하는 것을 할 수 있고 원치 않는 것을 강제당하지 않는 것이다.” 그는 정치적 자유를 다시 권력 분립에 의해 보장되는 '헌법에 관한 자유'와 형사법·경찰법에 의해 보장된다고 본 '시민에 관한 자유'로 나누었다. 특히 몽테스키외는 "정치적 자유는 온건 정체 속에서만 발견된다"(11편 4장)라고 강조한다.

'절대왕정 하에 있던 프랑스에서 어떻게 최고의 정치적 자유를 실현할 수 있는가.' 이것이 『법의 정신』을 집필하던 당시 몽테스키외가 가장 큰 관심을 쏟은 문제였다. 그는 영국을 여행하며 영국의 의회 정치에서 정치적 자유를 실현할 수 있는 구조를 발견한다. 바로 삼권분립이다. 이를 논한 제11편 6장은 『법의 정신』의 핵심에 해당한다. 즉 입법권과 만민법에 관한 일의 집행권, 시민법에 관한 일의 집행권은 저마다 독립 기관에 의해 행사되어야 하고 각각의 권력은 균형을 이루어야 한다는 것이다. "권력 이외의 어떤 것도 권력을 억제할 수 없으며, 권력을 억제하지 못하면 전체주의가 뒤따르게 된다." 몽테스키외는 삼권분립에 의한 정치적 자유론을 주창함으로써 정치사상사에 크게 기여했다.

몽테스키외는 20년에 걸쳐 총 6부 31편으로 『법의 정신』을 완성했다. 그는 실증적 방법을 적용해 법이나 풍습을 연구하여 '법의 정신'을 정립했다. 몽테스키외에 따르면 법은 한 나라의 자연·풍토·습속·종교·가치관·경제와 함께 정체의 성질과 원리에 따라 결정된다. 이러한 관계의 총체가 '법의 정신'을 형성하고, 이는 인간의 자유 및 본성과 조화를 이루어야 한다. 이는 신에 의한 운명적 역사관에 사로잡혀 있던 당시로서는 혁명적인 것이었다.

『법의 정신』은 1751년 교황청에 의해 금서로 지정되었다. 몽테스키외는 『법의 정신을 위한 변론』을 써서 대항했지만 건강이 좋지 않아 실명에 가까운 상태에 이르렀다. 역사에서 또 한 사람의 핍박받고 불운한 천재였던 몽테스키외는 66세의 나이로 세상을 떠났다.

『법의 정신』 읽는 법

몽테스키외의 『법의 정신』(1748)은 하재홍 번역본(동서문화사, 2007)과 이명성 번역본(홍신문화사, 2006)이 있다. 이 책에서는 동서문화사 판을 참조했다. 고봉만의 요약본(책세상, 2006)은 간략하지만 대략적인 맥을 짚도록 도와준다. 요약본을 먼저 읽고 완역본을 읽는 편이 이해하기 쉽다.

루소의 『에밀』

—

비정한 아버지가 쓴
이상적 교육론

—

1956년경 프랑스에서 발행된 루소의 초상이 새겨진 우표

인류의 이상적 인간상을 담은 교육서 『에밀』을 쓴 루소의 가정사는 아이러니하게도 비정한 부성으로 얼룩져 있다. 루소 자신은 열 살이 되었을 때 아버지에게 버림받았고, 그 역시 다섯 명의 자녀를 모두 고아원에 버렸다.

사회에서 살아가야 할
'자연인' 만들기

조물주는 만물을 선하게 창조하였으나, 인간의 손에 들어오면 악하게
된다.

— 이하 『에밀』(연암사, 2003)

『에밀』의 도발적인 첫 문장이다. 이는 몽테스키외가 『법의 정신』에서
강조한 것과 일맥상통한다. 루소(1712~1778)는 그의 또 다른 저서인 『사
회계약론』에서도 다음과 같이 말했다.

"인간은 자유로운 존재로 태어난다. 그러나 곳곳에서 사슬에 묶여 있다."

교황청은 『에밀』에 대해 크게 분노했고, 분서령을 내렸다. 루소에게
도 체포령이 내려졌다. 이때부터 루소는 기나긴 도피생활에 들어간다.

『에밀』은 루소가 정립한 그 자신의 이상적 교육이론으로, 에밀이라는

상상의 학생을 제자로 삼아 교육하는 과정을 기록한 것이다. 루소가 길러낸 에밀은 미개한 자연인이 아니라 건강한 육체와 정신, 지식과 이성 그리고 판단력을 겸비한 문명 속의 자연인이다. 자연인이란 자연상태의 인간이 아니라 문화와 사회제도에 의해 타락하기 이전의 선한 인간을 뜻한다. 루소는 자연인을 만들기 위해서는 출생과 더불어 육체 및 정신의 발달 과정에 따라 단계적으로 교육해야 한다고 주장한다.『에밀』도 그 과정에 따라 5부로 구성되어 있다.

제1부는 총론 및 출생에서 5세까지의 발달 과정에 따른 교육을 다룬다. 이 시기는 타고난 본능적 욕구를 만족시켜주는 것이 가장 중요하다. 또한 특정한 인간으로 만들려고 해서도 안 되고, 오로지 깊은 애정으로 인류애를 심어주어야 한다. 먼저 루소는 18세기 프랑스 상류사회 여성들의 육아 태도를 비판한다. 루소는 로마의 시문학자인 바로(기원전 116~27)의 말을 인용하며, 아이를 자연인으로 키워내지 못하는 책임을 먼저 어머니에게로 돌린다.

> 산파가 이 세상으로 끌어내고, 유모는 양육하고, 보모는 돌보고, 교사는 가르친다!

로마의 시문학자 바로는 당시 귀족 집안의 여성들이 아이의 양육을 기피하고 도시의 향락에 빠져 심각한 사회문제를 야기한다고 주장했다. 루소 역시 "살롱에 드나드는 부인들은 아기에게 젖을 먹이려 하지 않고, 다시 아이를 가지려고 하지도 않는다"라며, 출산기피 풍조가 국가를 위기로 몰아넣고 있다고 비난한다.

귀족 집안의 어머니는 아이의 양육을 기피하고 도시의 향락에 빠져든다.

유모는 아이가 귀찮아지면 아이를 기둥에 묶어놓고 자신의 일에 열중하기도 한다. (중략) 부인들은 아기에게 젖을 먹이려 하지 않고 다시 아이를 가지려고 하지도 않는다. 이렇게 인구를 감소시켜 다가올 유럽의 운명에 악영향을 끼치고 있다.

루소는 급기야 "최초의 타락은 모친의 타락에서 연유하는 것이니, 모든 도덕적 질서도 자연 본래의 모습도 여기에서 파괴된다"라고 주장한다.

루소가 『에밀』의 독자로 상정한 계층은 당시 살롱에 드나들던, 이른바 '해방된 여자'들을 중심으로 한 상류사회 사람들과 거기에 기생하는 지식인들이었다. 루소는 뒤팽 가의 며느리인 슈농소 부인의 요청에 의해 『에밀』을 쓰게 되었다고 밝힌다. 이 책은 아이를 팽개치고 살롱에 드나드는 허영심 많은 여성, 가정을 파괴하는 '자유부인'들을 경계하기 위한 것이다. 루소는 이들을 비판하면서도 "최고의 유모는 어머니이며 최고의 교사는 아버지이다"라고 달랜다. 하지만 자신은 정작 아이들을 버렸다. 그것이 그의 원죄다.

너무 바빠서 도저히 아들을 돌볼 수 없다고 말하는 부유한 아버지는 도대체 무엇을 하고 있는가? 그는 사람을 사서 자기 의무를 그에게 전가시키고 있다. 돈에 눈이 어두운 인간들이여! 돈으로 아이에게 아버지를 사줄 수 있는가?

루소의 어머니는 그를 출산한 뒤 며칠 후 사망했다. 아버지마저 루소가 열 살이 되었을 무렵 퇴역 군인과 싸움을 벌여 도시를 떠나야 했다. 아버지는 그를 외삼촌에게 맡기고 떠났다. 루소 역시 밥집의 하녀와 결혼도 하지 않은 채 다섯 명의 자녀를 낳아 모두 고아원에 버렸다. 그런 그가 인류의 이상적 인간상을 담은 교육서인『에밀』을 썼다니 아이러니가 아닐 수 없다.

> 그러므로 자연 그대로의 모습으로 아이를 보존하려면 태어나는 순간부터 방치하지 말고 잘 보살펴야 한다. 이것이 성공의 지름길이다. 최고의 유모는 어머니이며 최고의 교사는 아버지이다. (중략) 아이에게는 유능한 교사보다도 분별력 있는 아버지의 교육이 더 낫다.

어머니가 아이와 함께 있는 것이 최고의 교육이라는 주장은 자신의 잘못을 어머니에게 전가하는 듯한 인상을 준다. 루소가『에밀』을 쓰면서 상상의 제자를 키우는 것은 어쩌면 아이들을 모두 고아원에 버리고 찾지 않은 '악마적 부성애'에 대한 참회가 아닐지.

『에밀』의 제2부는 5세에서 12세까지 어린이 시기를 다룬다. 이 시기는 언어를 습득하고 이해하기 어려운 책들은 피해야 하며 지식이 아닌 경험을 통해 학습하는 '소극적인 교육'의 시기로 규정된다.

> 열두 살까지 어린이들에게 아무것도 시키지 않고 그저 건강하게만 기를 수 있다면 그들은 편견도 습관도 가지지 않을 것이다. 이러한 어린이는 이성적인 눈을 뜨게 되면 가장 현명한 지혜를 가진 인간이 될 수 있을 것이다.

루소는 또한 어릴 때부터 고통에 노출시키라고 조언한다.

> 우선 잠자리가 불편한 곳에서 자는 습관을 들여라. 딱딱한 마루에서 자는 습관이 붙은 사람은 어떠한 곳에서도 잘 수 있다. 가장 좋은 잠자리란

잠을 가장 잘 잘 수 있는 곳이다.

이는 우리 사회의 부모들이 곱씹어봄직한 내용이 아닐까 한다. 자녀를 과잉보호하는 부모들에게 일침을 가하는 말이다.

루소는 이 시기에는 엄한 훈육과 더불어 육체를 단련하는 운동이 중요하다고 말한다. 플라톤 또한 매우 엄격한 사람이지만 『국가론』에서 어린이는 축제와 놀이와 노래와 오락만으로 시간을 보내야 한다고 주장했다는 것이다. 루소는 "영혼을 강인하게 하려면 근육을 튼튼하게 해야 한다. 모든 고통을 견뎌내게 하려면 단련의 고통 따위는 문제가 되지 않게 만들어야 한다"라는 몽테뉴의 말도 인용한다.

> 몽테뉴가 『수상록』에서 말했듯이 불행과 그에 따른 고통에 익숙해지면 불행을 당하더라도 고통은 감소하고 영혼도 강인해질 것이며 육체 또한 급소를 보호하는 갑옷이 될 것이다.

제3부는 12세에서 15세까지의 소년기를 다룬다. '적극적인 교육'이 필요한 단계로 학습을 시작하는 시기다. 루소는 이 시기에 이성이 무르익고 지혜를 가꾸어야 하므로 단순한 지식 주입보다는 스스로 노력하여 문제를 해결해나가도록 지도하고, 관찰력 향상에 중점을 둔 교육을 해야 한다고 말한다.

루소는 교육의 목적은 판단력을 키워주는 것이라고 한다. 즉 '자연상태에 있는 자연인'과 '사회상태에 있는 자연인' 사이에는 커다란 차이가 있다. 에밀은 사막에서 살아야 하는 미개인이 아니라 도시에서 자신이 필요한 것을 찾고 주민과 함께 사는 법을 터득해야 하는 자연인이다. 그는 자기가 의존해야 할 많은 새로운 관계 속에서 판단을 내려야 하므로 그에게 올바른 판단을 내리도록 가르쳐야 한다는 것이다. "모든 잘못은 판단에서 오는 것이므로 판단할 필요가 없다면 배울 필요가 없다." 그는 심지어 지식이 잘못된 판단을 하게 하는 주범이라며 '무지'를 옹호한다.

농부처럼 일하고
철학자처럼 생각하라

이런 교육과정을 통해 에밀은 루소가 생각한 이상적인 인간형으로 성장해간다. 바로 '농부처럼 일하고 철학자처럼 생각하는 인간'이다. 이러한 인간상에는 당시 노동하지 않고 생각하기를 거부하며 물신주의에 빠져 있던 귀족사회에 대한 비판 의식이 담겨 있다.

제4부는 15세에서 20세까지의 청년기를 다룬다. 흔히 '제2의 탄생기'라고 불리는 시기다.

우리는 말하자면 두 번 태어난다. 한 번은 '존재'하기 위해서이고 또 한 번은 '생활'하기 위해서이다. 즉 처음은 인간으로, 다음은 '남성이나 여성'으로 다시 태어나는 것이다.

－『에밀』

지금까지 교육은 어린이의 놀이에 불과했으나 지금부터는 진정한 교육이 시작된다. 이 시기는 짧지만 오랜 기간 그 인생에 영향을 미친다. 그를 온순하게 만들던 목소리가 이제는 그의 귀에 들리지 않는다. 그는 열병에 걸린 사자처럼 자신을 지도하는 사람을 인정하지 않으며 감독받는 것을 아주 싫어하게 된다. 이것이 '제2의 탄생'이다. 이 단계에서 인간은 진정한 생활로 들어가게 된다.

이 시기는 또한 도덕적·종교적 감정의 교육 시기로서 우정과 동정 등의 인간적 감정과 성의식이 생긴다. 루소는 욕망에 대한 무지와 관능의 순결은 스무 살까지는 지켜나갈 수 있다고 조언한다.

스무 살 전에 동정을 잃은 청년은 명예를 상실한 것으로 생각하는 독일인들은 체질이 강건하고 다산하는 것을 보면 이것은 사실이다.

루소는 "훌륭한 재배법 중에서 가장 유익한 방법은 가능한 늦추는 일이다"라면서 청소년들에게 관능의 정념은 늦추는 것이 바람직하다고 강조한다. 요즘 일부 학생들의 '산골 유학'은 어쩌면 루소의 이 교육철학의 영향을 받은 것이 아닐까 싶다.

그러므로 비판적인 연령에 이른 젊은이에게는 자극적인 광경은 피하고 감정을 진정시킬 만한 광경만 보여주는 것이 좋다. 그들의 관능을 부채질하지 말고, 관능을 저지할 대상을 선정하여 싹트는 상상력을 다른 방향으로 돌려주어라. 쾌락이 난무하는 도시로부터 그를 격리시키고, 그들 나이의 정념을 비교적 더디게 발달시키는 순박함이 넘치는 시골로 그들을 데려가라.

이 4부에서 루소는 '사보아 신부의 신앙고백'을 통하여 철학과 종교에 대한 견해를 개진한다.

신께서 말씀하셨다! 이것은 분명 위대한 말이네. 그렇다면 어째서 나에게는 아무것도 들리지 않는가? 신은 사도를 통해 기적을 통해 당신을 유혹에서 지키려고 한다. 그 기적은 어디에 있는가? 성서 속에 있다. 그러면 책은 누가 만들었는가? 사람이 만들었다. 그러면 누가 그 기적을 보았는가? 그것을 증명하고 있는 사람이다. 이 또한 인간의 증언이 아닌가! 신과 나 사이에 얼마나 많은 사람이 개입돼 있는가?

신성을 부정하는 이 내용은 당시 가톨릭과 프로테스탄트 교회의 반발을 샀다. 루소는 고등법원에서 유죄를 선고받았다. 그에게는 체포령이 내려져 8년 동안 프랑스를 떠나 도피생활을 했다.

제5부는 결혼기를 그리고 있는데 에밀이 배우자를 맞아들이는 시기다. 20세를 넘긴 에밀은 배우자인 소피를 만나 생활을 확립하고, 감정의 안정 등 내적 자유를 얻는다. 완성기에 접어든 것이다. 여기서 루소는 여성 교육론을 제시한다. 아내는 남편에게 순종하고, 겸손의 미덕을 기르며, 청결·육아·경로·간호·가사에 힘써야 한다는 등 여성을 현모양처로 만드는 것을 목표로 한다.

그러므로 교육을 받은 남성이 교육을 전혀 못 받은 여성을 아내로 맞이하는 것은 불합리하다. 그러나 나는 유식한 여성보다는 소박하고 티 없이 자라난 처녀 쪽을 백 배는 더 좋아한다. 재주가 뛰어난 아내란 남편, 자식, 하인 할 것 없이 모두에게 부담스러운 존재이다.

에밀은 이런 배우자상에 부합하는 소피라는 여성과 결혼한다. 시골로 가는 에밀과 신부 소피에게 스승은 "사랑의 격렬한 불꽃은 그러나 앞으로는 점점 약해질 것"이라며 다음과 같이 조언한다.

> 결혼 후에도 연애의 행복을 오래도록 지속할 수 있다면 우리는 지상의 낙원을 손에 넣는 것이 될 것이다. 그러나 그런 일은 아직 보지 못했다. 그러나 비결은 있다. 그것은 간단하고 쉬운 일이다. 그것은 부부가 된 뒤에도 언제까지나 애인으로 있는 것이다.

그런데 그게 그리 쉬운가 말이다! 스승은 또 "결혼의 정절은 모든 권리 가운데 가장 신성한 것이다"라며 결정적인 한마디를 덧붙인다. 결혼 생활을 지속해가다 보니, 부부간에는 신뢰가 가장 중요하며 그 신뢰를 보증하는 것은 바로 부부가 서로 지켜내는 정절임을 깨닫게 된다.

"내가 바라는 것은 그리 넓지 않은 토지일 뿐"이라는 호라티우스 풍자시의 한 구절은 '자연인'을 이상적인 인간으로 그린 루소가 원하던 생활이라고 할 수 있다. 루소는 "행복을 가장 탐욕하는 사람은 언제나 가장 불행한 사람이다"라고 말했다. 스승은 에밀 부부에게 "그러므로 행복 중에서 제일가는 행복은 권력이 아니라 자유다. 참으로 자유로운 사람은 자신이 할 수 있는 것만을 바라며 자신의 의사대로 행한다"라고 조언한다. 이 말을 실천한다면 누구나 행복해질 수 있을 테지만, 그리 쉬운 일은 아닐 터이다.

> 나는 남녀 어느 쪽에 대해서도 정말 구별되어야 할 계급은 두 가지만 인정한다. 하나는 생각하는 사람들의 계급이고, 다른 하나는 생각하지 않는 사람들의 계급이다. 이 차이가 생겨나는 것은 오로지 교육에 의한 것

이라 말할 수 있다.

생각하는 사람들의 계급은 바로 '농부처럼 일하고 철학자처럼 생각하는 인간'으로 루소가 추구하는 이상적인 인간형, 즉 자연인이다. 소설가 프란츠 카프카는 루소의 『에밀』이 '도끼'와 같은 충격을 주는 책이라고 평한 바 있다. 필자 역시 입시지옥에서 신음하고 있는 이 나라의 학생들과 학부모들에게 필독서로 권하고 싶다. 끝으로 다음의 문장 또한 많은 생각을 하게 해준다.

인생이 짧다는 것은 인생을 살아가는 시간이 짧다기보다는 인생을 즐길 시간이 짧다는 것이다. 태어나서 죽음에 이르기까지 사이가 아무리 길어도 소용이 없다. 그동안의 시간을 충실하게 보내지 못한다면 인생은 역시 짧은 것이다.

『에밀』 읽는 법

이 글에서는 『에밀』(1762)의 정영하 번역본(연암사, 2003)을 주로 인용했다. 박호성 번역본(책세상, 2003)에는 『에밀』의 제1부만 실려 있다. 여기에 김동일·김성원 공역의 『에밀 길라잡이』(양서원, 2004)를 함께 읽으면 좋다.

애덤 스미스의 『국부론』

—

국부란
금과 은이 아니다

—

39

서울대 권장도서·39선

스코틀랜드 에든버러에 세워진 애덤 스미스 동상
애덤 스미스가 『국부론』에서 말한 것 가운데 '보이지 않는 손'만큼이나 중요한 내용은
'국부'의 개념이다. 그는 국부란 중상주의에서 주장하듯 금과 은이 아니라, 주민들이 소
비할 수 있는 생활필수품과 편의품이라고 강조하며 국민의 연간 노동이 국부의 원천이
라고 주장한다.

'보이지 않는 손'이라는 프레임

선거철마다 '프레임 전쟁'이라는 말이 회자된다. 프레임이란 미국 언어학자 조지 레이코프의 저서 『코끼리는 생각하지 마 : 진보와 보수, 문제는 프레임이다』(와이즈베리, 2015 개정판)라는 책에서 나온 말이다. 레이코프는 이 책에서 "프레임이란 우리가 세상을 바라보는 방식을 형성하는 정신적 구조물"이라고 정의한다. 프레임은 우리가 추구하는 목적, 우리가 짜는 계획, 우리가 행동하는 방식, 그리고 우리 행동이 좋고 나쁘다고 판단할 근거를 결정한다. 정치에서 프레임은 사회 정책과 그 정책을 수행하고자 수립하는 제도를 형성한다는 것이다.

『국부론』(1776)을 쓴 애덤 스미스(1723~1790)야말로 현대적 의미의 '프레임 전쟁의 승자'라고 할 수 있다. 스미스는 이른바 '보이지 않는 손' invisible hand이라는 개념을 자신의 도덕철학 이론의 프레임으로 내세워

『국부론』을 경제학의 고전으로 만들었다. 『국부론』은 당대는 물론 지금까지도 경제학자들에게 영향을 끼치고 있다.

재미있는 사실은 애덤 스미스가 '보이지 않는 손'을 『국부론』에서 명시적으로 표현한 것은 단 한 번에 불과하다는 것이다.

> 사실 그는 공공의 이익을 증진시키려고 의도하지도 않고, 공공의 이익을 그가 얼마나 촉진하는지도 모른다. 자신의 노동생산물이 최대의 가치를 갖도록 그 노동을 이끈 것은 오로지 자기 자신의 이익을 위해서다. 이 경우 그는 보이지 않는 손에 이끌려서 그가 전혀 의도하지 않았던 목적을 달성하게 된다. 그가 자기 자신의 이익을 추구함으로써 흔히, 그 자신이 진실로 사회의 이익을 증진시키려고 의도하는 경우보다, 더욱 효과적으로 그것을 증진시킨다.
>
> – 이하 『국부론』(비봉출판사, 2007)

이 문장이 그 유명한 이른바 '보이지 않는 손'(제4편 제2장)을 언급한 대목이다. 국내에서 생산할 수 있는 재화의 수입 제한에 대해 설명하면서 언급했다. 스미스는 각 개인이 자신의 이익을 뜻대로 추구하다 보면 '보이지 않는 손'에 이끌려 상상치 못했던 사회 전체의 이익을 얻을 수 있다고 말한다. 즉 사람들이 자신의 이익을 추구할 때, 사회는 '보이지 않는 손'에 의하여 개개인이 전혀 의도하지 않았던 공익적 목표를 향해서 나아간다는 것이다. 그는 시민사회에서 개인의 이기심에 입각한 경제 행위가 결과적으로 사회 생산력의 발전에 이바지하며, 이러한 사적 이기심과 사회적 번영을 매개하는 것은 하느님의 '보이지 않는 손'이라고 생각했다.

『국부론』의 번역자인 김수행은 '보이지 않는 손'이라는 용어에 대해 다음과 같이 말한다. "당시 중상주의 정책을 펴는 정부에 대항하는 일종의 선동적이고 혁명적인 구호라고 볼 수 있다." 이 '보이지 않는 손'의 개념은 자유방임체제를 강조하는 주장과 결부되어 국가(절대왕정)가 수출입 정책에 적극 개입하는 중상주의적 통치원리를 부정하는 프레임으로 내세워졌다.

스미스는 절대왕정 당시 대무역상과 제조업자가 무역을 독점하는 중상주의 정책을 과감하게 비판하고 자유방임체제를 주창했다. 중상주의자들은 축적된 금과 은을 국부라고 보았던 반면, 스미스는 국민 전체의 부_富를 국부로 보았다. 그는 노동자 수를 늘리고 노동 생산성을 높여야 한다고 주장했다.

'보이지 않는 손'은 오늘날 시장이 갖는 수요와 공급의 자동 조정 기능을 표현하는 용어로 확고히 자리잡았으나 정작 애덤 스미스는 이에 대한 정확한 개념을 규정하지 않았다. 또한 저서마다 일관된 의미로 사용하지도 않았다. 『국부론』보다 앞서 출간한 『도덕감정론』(1759)은 『국부론』의 전편에 해당하는데 여기서도 단 한 번 언급한다. "신은 전능하며 사랑의 존재로서 신의 보이지 않는 손은 개개인의 이익 추구의 에너지를 인류 일반의 이익으로 연결시키는 통할자이다."

20세기 들어 케인스는 '신의 보이는 손'이라는 표현을 사용하여 정부의 적극적인 시장 개입으로 사회 질서를 조정해야 한다고 주장했다.

『국부론』은 총 다섯 편으로 구성된다. 제1편은 생산 이론과 가격 이론, 제2편은 자본축적 이론, 제3편은 경제발전 이론, 제4편은 경제 사상 체계의 역사적 고찰, 제5편은 국가의 역할과 재정 이론에 해당된다.

국가의 부는 축적된 금과 은의 양이 아니라 효율적인 사회 시스템과 사회 구성원들의 자질, 즉 자본에서 나온다.

『국부론』에서 가장 핵심적인 명제다. 자유방임의 자율적인 사회 시스템과 사회 구성원의 자질이 노동의 부가가치를 높이고, 노동의 부가가치가 상품가치와 연관돼 결국 국부의 증대를 가져온다는 것이다. 제1편에는 이런 핵심적인 주장 대부분이 포함돼 있다. 즉『국부론』은 가격 이론이 아니라 생산 이론에서 출발한다.

이에 따라 노동생산성을 향상시키는 분업과 자본축적이 강조된다. 그리고 스미스는 노동생산물이 생산에 기여한 여러 계급들 사이에서 어떻게 분배되는가를 연구하면서 임금, 이윤, 지대의 개념을 만들어냈다.

특히 노동생산물은 가격을 가지는데, 이 가격은 노동생산물 그 자체의 '가치' 변화에 의해서만이 아니라 화폐(금과 은) '가치' 변화에 의해서도 변동한다. 애덤 스미스는『국부론』에서 역사상 처음으로 노동생산물의 가치를 그 상품을 생산하는 데 필요한 노동량으로 측정해야 한다고 주장했다.

참된 부는
돈이 아니라 노동생산물

애덤 스미스는 노동생산력의 개선은 분업을 통해 이루어지며 분업을 통한 초과생산물은 '보이지 않는 손'에 의해 조정된다고 주장한다. 여기서 스미스의 그 유명한 분업론이 나온다.

> 노동 생산력의 가장 큰 개선과 그것이 적용되었을 때의 숙련도와 솜씨, 판단력의 대부분은 분업의 결과였다고 생각된다.
> —『국부론』

애덤 스미스는 『국부론』의 첫 문장을 이렇게 시작하는데 이는 경제발전에서 분업의 역할이 중요하다는 점을 강조한 것이다. 『국부론』은 가격 이론이 아니라 생산 이론으로부터 출발한다. 그는 잘 통치된 사회에서는 분업의 결과로 증대된 생산량이 최저 계층의 민중에게까지 미치는 보편적인 부를 가져다준다고 보았다.

분업으로 생산되는 제품의 수가 많아질수록 사회는 예전에는 경험하지 못했던 '조정의 문제'를 경험하게 된다. 즉 분업으로 인해 생산과 소비의 주체가 달라져 자신의 생산품과 다른 사람의 생산품을 교환하는 조정 과정이 반드시 필요해진 것이다. 그러나 이러한 조정 과정은 특별한 계획이나 권력에 의해 이루어지지 않는다.

국내에서 자기 자본으로 노동 활동을 하는 모든 개인은, 반드시 생산성이 최대한 높아지도록 노력하게 마련이다. 그러므로 분업을 하면 각자 생산력이 높아지고, 그 결과 분업을 통한 초과 생산물은 '보이지 않는 손'에 의해 조정된다고 한다. 즉 '보이지 않는 손'을 언급한 제4편에 앞서 이를 암시하는 대목이 제1편에 나오는데 여기서는 '보이지 않는 손'의 개념을 명시하지 않고 이렇게 예시한다.

우리가 매일 식사를 마련할 수 있는 것은 푸줏간과 양조장, 그리고 빵집 주인의 자비심 때문이 아니라, 그들 자신의 이익을 위한 그들의 계산 때문이다. 우리는 그들의 자비심에 호소하지 않고 그들의 이기심에 호소하며, 그들에게 우리 자신의 필요를 말하지 않고 그들의 이익에 대해 말한다.

이는 '보이지 않는 손'의 정의를 다양하게 열어두려는 저자의 '보이지 않는 의도'라고 할 수 있다.

제2편에서는 자본축적에 대해 논의한다. 이는 '재고'라는 개념으로 구체화된다. 재고의 양이 분업의 정도와 범위를 결정하는 데 매우 중요한 영향을 미친다는 것이다. 제3편은 경제발전 이론으로, 과거에 국부가 늘어난 과정을 다룬다. 국가의 부를 증진시키는 과정은 농업에서 시

작해 제조업을 거쳐 국제무역을 통한 상업의 번성으로 이어진다.

　스미스는 농촌을 탈출한 유럽의 농노들이 도시에서 상업을 부흥시켰고, 그 자본이 다시 농촌으로 흘러들어 농업을 일으켰다고 본다. 즉 유럽에서는 '제조업-상업-농업' 순으로 경제발전이 이루어졌다고 분석한 것이다. 스미스에 따르면 자본의 흐름상 농업이 먼저 발전하고 제조업, 상업 순으로 투자가 이루어지는 것이 이상적이지만, 유럽국가에서는 제조업과 상업이 먼저 발달해 거기서 성숙된 자본이 농업에 재투자되었다. 반면 아메리카 대륙의 경우 초기 식민지를 개척한 이주민들은 농업을 중심으로 자본을 형성했고, 점차 제조업과 상업으로 확장해 전반적인 국가 산업의 틀을 형성했다.

　스미스의 분석대로라면 오늘날 미국이 수백 년 동안 세계 최강국의 자리를 유지할 수 있었던 것은 농업이 먼저 발전하고 그 뒤를 제조업과 상업이 따르는 순서로 진행된 경제발전 과정에 힘입은 바가 컸다고 할 수 있다. 점점 농업 인구가 줄어드는 한국도 유럽국가와 같은 길을 걷는 것은 아닐는지 조심스럽게 분석을 덧붙여본다.

　제4편에서는 중상주의의 정치경제학을 비판적으로 다룬다. 여기서 비로소 '보이지 않는 손'이라는 표현이 명시된다. 앞서 살펴보았듯이 각 개인이 자기 자본을 국내 산업에 사용하고 노동생산물이 최대 가치를 갖도록 노력한다면, 각 개인은 국가의 연간 수입이 최대치가 되게 하려고 노력하는 것과 같은 결과를 불러온다. 사실 그는 공공의 이익을 증진시키려고 의도한 것도 아니며, 그가 어느 정도 기여하고 있는지도 알지 못한다. 하지만 여기에는 '보이지 않는 손'이 작용한다.

　마지막 제5편에서는 자유방임주의에 의한 조정과 정부의 역할 등을 언급한다. 정부에 의해 간섭과 제약을 받는 시장은 반드시 특정한 개인이나 집단의 이해관계에 영향을 받을 수밖에 없다. 따라서 모든 경제 참

여자들은 자신의 능력에 맞게 자원을 활용하고 기업은 경쟁을 통해 자연스럽게 탄생·성장·퇴출되어야 한다. 그럴 때 분업으로 생산된 재화는 자연스럽게 조화를 이루며 조정된다.

애덤 스미스의 『국부론』은 18세기 중상주의적 국가개입을 비판하고 경제 활동을 경제인에게 자유방임할 것을 주장하여 주류 경제학의 사상적 토대를 이루었다. 또한 노동가치설을 처음 제시하여 마르크스 경제학의 탄생에 이론적 기반을 제공했다. 칼 마르크스는 스미스의 『국부론』에서 계급투쟁 역사관에 대한 중요한 실마리를 찾았다고 한다.

현대사회는 『국부론』의 세계와는 반대로 흘러가고 있다. 국가는 시장에 대한 개입을 최소화하고 국방과 외교, 치안 등의 질서유지 임무만 맡아야 한다는 자유방임주의 국가관보다 정부의 정책이 적극 개입되는 복지국가가 선호된다. 애덤 스미스는 경제 주체의 자유로운 경쟁을 이야기했지만 신자유주의는 공정한 경쟁을 불가능하게 만들었다. 한국도 이제 국가의 역할, 개입의 기준, 복지국가의 바람직한 모습 등에 대한 새로운 검토가 필요한 시점이다. 애덤 스미스의 『국부론』 속에서, 그의 자유주의 안에서 새로운 길찾기의 실마리를 발견할 수 있을 것이다.

『국부론』 읽는 법

『국부론』(1776)의 완역본은 김수행 번역본(비봉출판사, 2007)과 유인호 번역본(동서문화사, 2008) 등이 권장된다. 요약 해설서인 『김수행의 청소년을 위한 국부론』(두리미디어, 2010)과 이수가 번역하고 엮은 『국부론』(위너스초이스, 2006)도 있다. 아울러 전작인 『도덕감정론』은 『국부론』의 바탕이 되므로 함께 읽기를 권한다.

『페더럴리스트 페이퍼』

—

미국 독립과 민주주의의
주춧돌이 된 85편의 글

—

40

1787년 11월 22일 「뉴욕 데일리 애드버타이저」New York Daily Advertiser에 실린 '페더럴리스트 페이퍼' 10번

제임스 메디슨이 작성한 것으로, 내분과 반란 방지를 위한 연맹의 유용성에 관한 내용을 담고 있다. 「페더럴리스트 페이퍼」는 미국 연방대법원이 헌법의 해석을 위해 인용하는 가장 권위 있는 책이다. 미국 정치사상과 정치의 메커니즘을 이해하기 위해 반드시 읽어야 할 책으로 꼽는다.

'미합중국 헌법' 비준시킨 비밀병기

하나님의 이름으로 아멘, 경외하는 군주이신 제임스 왕에게 충성하는 우
리 서명자 일동은 (중략) 하나님 앞에서 엄숙하게 서로에 대해 계약을 맺
고 (중략) 우리 자신들을 하나의 시민적 통치제 안에 통합하며, 그에 따라
수시로 식민지 전체의 이익을 위해 적합하다고 판단되는 여러 가지 정당
하고 평등한 법, 규정, 조례, 헌법, 관직 등을 제정하고 구성하고 설치할
것이며, 그 모든 것들에 대한 우리의 굴복과 순종을 약속하는 바이다.
　― 『미국사산책 1』(인물과사상사, 2010)

1620년 11월 11일, 메이플라워 호. 거친 양피지 위에 쓰인 서약서에
성인 남자 41명이 서명했다. 그들은 영국을 떠난 청교도 지도자들이다.
이 서약서가 북아메리카 최초의 성문헌법으로 간주되는 「메이플라워

서약」이다. 때때로 '과연 세계 최강대국 미국을 지탱해오고 있는 정신은 무엇일까'라는 의문에 사로잡히곤 한다. 「메이플라워 서약」을 읽으며, 플리머스에 최초로 도착해 미국의 시대를 연 이들의 서약이 미국의 근본정신을 이루는 것은 아닐까 생각해본다. 거기서 나는 새 땅에서 새로운 희망을 일구려는 인간의 간절한 염원 혹은 초심을 읽는다.

> 우리 합중국 국민은 보다 완벽한 연맹을 형성하고, 정의를 확립하고, 국내의 평화를 보장하고, 공동방위를 도모하고, 국민복지를 증진하고 그리고 우리와 우리의 후손들에게 자유의 축복을 확보하기 위해 이 아메리카 합중국 헌법을 제정한다.
>
> — 이하 『페더럴리스트 페이퍼』(한울, 2013)

이는 1787년 9월 17일 제헌회의에 참석한 13개 주 대표 가운데 39명이 서명한 미합중국 헌법의 전문이다. 1620년 선상에서 초기 이주민이 서약했던 「메이플라워 서약」이후 167년 만에 인류 역사상 처음으로 공화정부의 헌법이 성문화된 것이다. 이 헌법은 지금까지 그대로 이어져오고 있다.

1776년 7월 4일, 미국은 독립을 선언했으나 1781년 만들어진 '연맹규약'에 의하면 중앙정부에는 관세를 설정하고 상업을 규제하며 세금을 징수하는 권한이 없었다. 외교를 통제하는 권한도 없었기 때문에 여러 주가 외국과 독자적인 교섭과 교역을 시작했다. 각 주는 지역 내의 이익에만 골몰했기 때문에 지역 간 갈등이 끊이지 않았다. 이런 문제들을 해결하기 위해서는 강력한 중앙정부의 수립과 이를 위한 헌법의 수정이 불가피하다는 데 의견이 모아졌다. 하여 1787년 5월 25일 제헌회의가 가동됐다.

제헌회의를 주도한 이들은 새로운 연방정부에 대한 세밀한 계획을 구상하고 있던 36세의 버지니아 주 대표 제임스 매디슨(1751~1836)과 뉴욕 주 대표 알렉산더 해밀턴(1755~1804)이었다. 몇 주간 격론이 벌어졌으나, 점차 해밀턴-매디슨 동맹관계가 제헌회의를 장악해나갔다. 4개월 후 미국 최초의 헌법이라 불리는 「미합중국 헌법」이 탄생했다. 새 헌법은 연맹적인 성격federal과 단일국가적인 성격national이 혼재된 것이었다.

제헌회의는 13개 주 가운데 9개 주가 새 헌법을 비준하면 새 정부가 성립할 수 있으며, 헌법을 비준하기 위해서는 주 의회가 아니라 주 비준회의를 소집해야 한다고 권고했다. 비준을 앞두고 각 주는 격렬한 논쟁에 휩싸였다. 새 헌법 제정을 주도했던 뉴욕 주의 해밀턴과 매디슨, 그리고 존 제이는 비준을 위한 설득에 나섰다. 세 사람은 1787년 10월부터 「인디펜던트 저널」을 비롯한 신문에 새 헌법의 의미와 필요성을 설명하는 글을 싣기 시작했다. 이때 새 헌법의 비준을 찬성하는 사람들을 페더럴리스트federalist(연방주의자)라고 불렀고, 반대하는 사람들을 안티페더럴리스트antifederalist(반연방주의자)라고 불렀다. 이들 세 명의 페더럴리스트는 대중적 지지를 유도하기 위해 '푸블리어스'Publius라는 가명을 사용했다.

현 정부의 비효율성이 명백해진 지금, 여러분은 미합중국을 위해 새롭게 제정되는 헌법에 대해 심사숙고해야 할 입장에 놓이게 되었다. (중략) 인간 사회가 인간의 행동과 모범을 통해 그들의 생각과 선택에 따라 훌륭한 정부를 세울 능력이 있는지 아니면 인간이 그들의 정치체제를 위해 끝없이 우연과 무력에 의존해야 하는 운명을 선택할 것인지에 대한 결정권이 우리 국민들에게 주어졌다는 것은 익히 알고 있는 일이다.

이는 알렉산더 해밀턴이 언론에 기고한 첫 번째 글로,『페더럴리스트 페이퍼』의 서두에 나온다. 그들은 1788년 8월까지 총 85편의 글을 발표했다. 말하자면,『페더럴리스트 페이퍼』란 세 사람이 쓴 글의 모음집인 것이다. 해밀턴이 51편, 매디슨이 26편, 제이가 5편, 매디슨과 해밀턴의 공동작이 3편인 것으로 알려졌다. 이 사실로부터 해밀턴이 미국의 새 헌법 등 건국 과정에서 주도적 역할을 했음을 알 수 있다.

연방주의자들이 헌법을 제정하면서 당면한 가장 큰 문제는 과연 미국과 같이 광대한 영토를 지닌 국가에서 공화주의가 가능할 것인가였다. 반연방주의자는 "공화국은 작은 영토를 지닌 국가에서만 가능하다"라는 몽테스키외의 이론에 입각해, 거대한 연방정부를 기획하고 있는 연방주의자를 강도 높게 비난했다. 이러한 반연방주의자의 논리에 대해, 매디슨은 몽테스키외의 말을 액면 그대로 따른다면 13주를 묶는 연방은 고사하고, 버지니아나 뉴욕 같은 큰 주에서도 공화국이 성립될 수 없다며 다음과 같이 말했다.

> 공화정부를 위해 몽테스키외가 작은 규모의 영토를 추천했을 때, 그가 염두에 두었던 기준은 거의 이런 모든 주들의 범위에 훨씬 못 미치는 규모였다. (중략) 만약 이 점에 대한 그의 생각을 진실의 기준으로 받아들인다면 우리는 군주국의 품 안에서 도피처를 찾거나 아니면 우리 자신은 끝없이 보잘것없고, 시기하며, 충돌적이고, 혼란스런 수많은 국가로 분열될 것이다.

매디슨은 몽테스키외가 연맹공화국의 훌륭한 모델로 터키 남동부에 위치한 고대 그리스 도시인 리키안 연맹국을 들고 있다면서 리키안의 공동자문위원회는 개별 도시의 모든 판사와 행정장관의 임명권을 가지고 있었다고 강조한다. 즉 몽테스키외는 연방정부를 부정하지 않았다는 것이다. 이처럼 몽테스키외의 이론은 연방파와 반연방파 양측 모두의 논리를 뒷받침하는 근거로 사용되었으며, 그의 권력분립론은 미국 헌법의 토대가 되었다. 매디슨은 '대표제'와 '권력분립'(47~51편)의 원칙에 의하여, 대규모 영토를 지배하고 방대한 인구를 통치하는 연방공화국도 성립 가능하다고 주장했다.

강력한 정부 주창한 해밀턴파, 주도권을 잡다

　이들이 가장 중점을 두어 역설한 것은 단일한 중앙정부의 필요성과 그 권한에 대한 것이었다. 제이는 세 나라로 분열됐던 영국의 사례를 소개하며 단일 중앙정부보다 우리를 더 잘 보호해줄 수 있는 수단은 없다고 주장했다. 대륙 국가들의 책략과 정책으로 말미암아 영국은 오랫동안 잉글랜드와 웨일스, 스코틀랜드 등 세 나라로 분열되어 있었다. 세 나라는 서로에 대한 경계를 지속했다. 그들은 서로 도움을 주기보다 오랜 세월 동안 그저 서로를 불편하고 귀찮은 존재로 여겼다(5편).

　만일 미국이 서너 개의 국가로 분열된다면 비슷한 경계심이 발생해 영국과 유사한 부작용을 겪게 될 것이었다. 대영제국이 치른 대가를 지불하지 않고도 그들의 경험으로부터 많은 것을 배울 수 있다고 제이는 강조한다. 그레이트브리튼은 1707년에야 비로소 섬 전체를 지배한 최초의 왕국이 되었다.

해밀턴은 영토분쟁뿐 아니라 상업분쟁의 위험성에 대해서도 경고한다. 여건이 좋지 않은 주들은 자신의 불리한 지역적 상황에서 벗어나 그들보다 복 받은 이웃의 이점을 공유하고 싶어지리라는 생각이다. 연맹의 공공 부채는 개별 주 또는 동맹국 간에 더 큰 충돌을 발생시키는 원인이 될 것이다. 결국 분리된 주들 사이의 파괴적 투쟁으로 아메리카는 적국의 모략과 음모에 희생될 가능성이 높다.

"'분열시켜 지배하라'Divide et impera라는 말은 우리를 증오하거나 두려워하는 모든 나라들의 표어가 될 것"(7편)이라고 해밀턴은 주장했다. 매디슨도 "분열과 찬탈은 권력이 끊임없이 마주치는 무서운 딜레마"(38편)라고 강조했다. 매디슨은 '대표제'와 '권력분립'의 원칙에 의해 대규모 영토와 방대한 인구를 아우르는 연방공화국이 성립 가능하다고 주장한다.

반면 새 헌법 반대론자들은 강력한 전제군주가 등장할 수 있다거나, 견제되지 않은 사법부가 월권을 행사할 수 있다는 등의 우려를 표했다. 특히 영국처럼 권리장전이 헌법에 명시돼 있지 않기 때문에, 명확하게 위임되지 않은 권력을 정부가 행사할 때 이를 제재할 수 없다는 것이다. 종교의 자유를 찾아온 이들에게 미국이 다시 마녀사냥이 횡행하는 전제적인 왕국이 될 수 있다는 두려움은 엄청난 것이었다.

1789년 9월 25일 연방의회는 헌법 반대파들의 우려를 불식시키기 위해 12개 항목의 수정조항을 승인했다. 그중 10개의 수정조항이 1791년 말에 이르러 '권리장전'으로 공식 통과되었다. 특히 9개의 수정조항은 특정의 근본적 권리, 즉 종교, 연설, 출판의 자유, 임의 체포로부터의 면제특권, 배심재판 받을 권리 등을 침해하지 못하도록 연방의회의 한계를 설정한 것이다. 권리장전이 추가되자 노스캐롤라이나는 1789년, 로

드아일랜드는 1790년 연방에 가입했다. 이어 뉴욕과 뉴햄프셔, 버지니아, 테네시가 연방에 가입했다.

수정조항 가운데 제1조는 세계에서 표현의 자유를 가장 잘 보장한 것으로 평가받는다.

> 연방의회는 국교를 정하거나 신앙의 자유를 금지하는 법률을 제정할 수 없으며 언론·출판의 자유를 제한하거나 국민들이 평화적으로 집회할 권리와 불만의 구제를 정부에 청원할 권리를 제한하는 법률을 제정할 수 없다.

세 연방주의자들에 의한 10개월 동안의 '페더럴리스트 페이퍼' 작업에 힘입어 반연방주의자들의 반대는 사그라들었고 1788년 새 헌법이 비준됐다. 1789년 새 헌법에 의거해 실시된 대통령 선거에서는 조지 워싱턴이 초대 대통령으로 선출됐다. 이후 이들은 강력한 연방정부를 주창하는 연방파와 이에 대항하는 공화파로 나뉘어 대립했다.

1789년 미국이 건국된 후에도 영토문제를 비롯해 미국을 경영하는 데 있어서 어떤 철학으로 임할 것이냐 하는 해묵은 갈등이 지속되었다. 중앙집권화를 주장하는 세력은 제헌의회와 '페더럴리스트 페이퍼' 운동을 주도한 연방파의 해밀턴이 이끌었다. 그런데 한때 해밀턴과 동맹관계를 맺었던 매디슨을 포함한 일부 인물들이 해밀턴과 그의 지지자들을 위험하게 보기 시작했다. 연방파가 위협적이고 억압적인 권력구조를 조장하고 있다고 본 것이다.

이에 대응해 새로운 정치조직이 등장했다. 이들은 스스로를 '공화파' Republicans라고 불렀다. 제임스 매디슨과 토머스 제퍼슨의 지도 아래 결집한 공화파는 1850년대에 출현한 현대의 공화당과는 관련이 없다. 건국 후 12년간 연방파는 새 정부를 확고하게 장악했다. 연방파와 공화파의 대치는 이후에도 계속되었다. 오늘날에도 연방을 중심에 두는 사람은 해밀턴파, 주의 독립된 권한을 중심에 두는 사람은 제퍼슨파라고 부른다. 해밀턴은 대외관계에서도 미국이 세계를 이끄는 비전을 제시해야 한다고 보았다. 그러한 비전의 일환으로 그는 연방은행 창설을 주도했다.

제퍼슨은 상업행위를 경멸하지는 않았지만 자신의 토지에서 자급자족하는 농본주의적 공화국 비전을 제시했다. 미국이 지나치게 도시화되거나 산업화되는 것을 우려한 것이다. 해밀턴과 제퍼슨은 인간에 대한 정의부터 달랐다. 해밀턴은 인간을 '커다란 짐승'이라고 생각한 반면 제퍼슨은 '생각하는 육체'라고 보았다. 그래서 해밀턴은 강력한 정부를 주장한 것이고, 제퍼슨은 그 반대로 생각한 것이다.

미국의 정체성은 강력한 정부를 주장한 해밀턴파에 뿌리를 두고 있다. '인간은 커다란 짐승'이라는 해밀턴의 인식은 자연상태를 '만인의 만인에 대한 투쟁'으로 보았던 홉스의 인식과 맞닿아 있다.

『페더럴리스트 페이퍼』는 독립선언문과 헌법과 함께 미국 정치사에서 가장 신성한 글로 여겨지고 있다. 또한 미국 연방대법원이 헌법의 해석을 위해 인용하는 가장 권위 있는 주석서다. 미국 정치사상과 미국 정치의 메커니즘을 이해하기 위해 반드시 읽어야 할 책이며, 미국의 역사를 이해하는 데 가장 중요한 참고자료의 하나다.

『페더럴리스트 페이퍼』 읽는 법

『페더럴리스트 페이퍼』(1788)는 한울(김동영 옮김, 2013)에서 출간한 것이 전부다. 강준만의 『미국사 산책』 1권과 2권(인물과사상사, 2010)을 먼저 읽고 이 책을 읽으면 이해가 더 쉽다. 이와 함께 김용민의 논문 「페더럴리스트 페이퍼의 정치철학적 이해」(『영미연구』 제5집, 2000)를 읽으면 체계적으로 이해하는 데 도움이 된다.

칸트의
『실천이성비판』

—

최초의 직업철학자가 쓴
서양식 『논어』

—

41

서울대 권장도서 · 41선

러시아 칼리닌그라드의 대성당에 있는 칸트의 무덤
'최초의 직업철학자'로 평가되는 칸트로 인해 서양에서 교양철학의 시대는 막을 내리고 전문적인 학문으로서의 철학의 시대가 열렸다. 칸트는 도덕과 인권 의식이 희미해진 우리 시대에 빛이 될 도덕 법칙의 명제를 남겼다. "자기와 남의 인격을 수단으로 삼지 말고, 항상 목적으로 대우해야 한다."

인간은 그 자체로
목적이 되어야 한다

고대 그리스의 소크라테스 이후 철학은 누구나 이해할 수 있는 개념과 언어로 이루어져 있었다. 하지만 18세기 중엽에 이르러 난해한 철학서들이 등장하기 시작했다. 철학자들은 다른 학문 분야가 '학'으로 분화되어 과학으로서 체계를 형성하자 이제 철학도 전문적으로 연구되어야 함을 자각했다. 이로부터 철학의 전문화·직업화가 태동했다. 마침내 임마누엘 칸트(1724~1804)와 독일 관념론의 등장으로 '직업철학'의 시대가 열렸다. 백종현은 "칸트는 우리가 철학사에서 만나는 대가들 가운데 최초의 직업철학자이다"라고 강조한다.[14] '교양철학' 시대는 칸트의 등장으로 막을 내린 셈이다.

칸트는 40세에 시학 교수로 초빙됐지만 철학이 아니라는 이유로 거절하고 다음 해에 왕립도서관 부사서직을 자청했다. 1770년 46세에 마침내 철학 교수 자리가 주어지자 자신의 학문이라며 응했다. 그리고 두 차례에 걸쳐 총장직에 재임했다. 경제적으로 안정된 생활을 하게 되었을 때는 이미 혼기를 놓친 상태였기 때문에 칸트는 평생 독신으로 살았다. 말하자면 홉스, 로크, 몽테스키외와 더불어 독신 철학자의 계보를 이은 셈이다.

칸트는 1781년부터 『순수이성비판』을 필두로 『형이상학서설』(1783), 『윤리형이상학 정초』(1785), 『실천이성비판』(1788), 『판단력비판』(1790), 『이성의 한계 안에서의 종교』(1793), 『윤리형이상학』(1797) 등 일곱 권의 뛰어난 철학서를 쏟아냈다. 과연 '최초의 직업철학자'라는 명성이 무색하지 않은 성과다. 하지만 이 철학서들은 철학 전공자조차 이해하기 쉽지 않다. 『실천이성비판』은 그 난해함의 정점에 있는 책이다. 칸트는 당시 계몽주의 운동에 앞장선 이들을 '통속철학자'라고 비판하며 자신을 그들과 구별했다.

칸트가 철학자로 깨어나는 계기가 된 것은 루소가 1762년에 출간한 『에밀』이었다. 칸트는 매우 규칙적인 생활을 했는데, 동네 사람들은 그가 산책하면서 문 앞을 지나갈 때 시간을 맞출 정도였다. 그런 그가 일주일 동안 시간표를 지키지 않은 적이 있다. 바로 『에밀』을 읽고 있던 때였다. 카프카는 『에밀』이 '도끼와 같은 충격을 주는 책'이라고 말한 바 있는데, 칸트에게도 마찬가지였다.

칸트는 산책도 잊은 채 『에밀』을 독파하면서 자신의 철학이론의 토대를 구축했다. 루소와 마찬가지로 칸트 또한 지상에는 악과 악질적인 인간이 있다고 생각했다. 칸트는 정의와 도덕적인 미에 대한 사랑을 통한 지적 영역의 향상만이 지상의 악을 몰아낼 수 있다고 보았다. 이를 바탕으로 이상론적인 '도덕 법칙'을 구체화했다.

『에밀』에서 루소는 "타락한 인간을 참된 인간으로 만드는 것이 교육의 진정한 의미"라고 말했다. 칸트도 인간은 교육을 통하지 않고는 인간이 될 수 없다고 보았다. 『에밀』에 등장한 사부아 보좌신부는 루소의 사상을 대변하는 것으로 잘 알려져 있다.

> 내가 지상에서 보는 것은 악이라네. (중략) 나는 인간의 본성에 대한 두 가지 확실한 원리를 발견했네. 하나는 진리의 탐구, 정의와 도덕적인 미에 대한 사랑을 통한 지적인 영역으로의 향상이며, 다른 하나는 첫째의 원리에 의해 향상된 인간의 고귀한 상태를 끌어내리는 정념에의 예속이네.
> ─『에밀』(연암사, 2003)

이 부분은 군자도 소인으로 떨어질 수 있다는 『논어』의 구절과 상통한다. 공자는 군자도 욕망을 가진 인간이므로 때로는 욕정과 같은 정념에 사로잡힐 수 있다고 보았다.

칸트 또한 인간은 "본성상 악하다(악질이다)"라고 말한다. 인간은 음란함 등 '짐승 같은 패악'이나 적대문화와 같은 '문화의 패악'을 저지른다고 본 것이다. 인간이 언제나 선으로 향하는 경향을 갖고 있다면, 인간에게 도덕이 문젯거리가 될 리 없다. 그렇지 못하기 때문에 도덕은 인간에게 언제나 '당위'로 실천해야 할 덕목이 된다.

칸트에 따르면, 인간의 이성이 내리는 명령에는 가언명령과 정언명령이 있다. 가언명령은 "네가 이런 목적을 성취하고 싶다면, 그렇게 행동해야 한다"라는 형식을 취한다. 예컨대 "언젠가 이웃에게 도움을 청하게 될 때를 생각해서 항상 이웃에게 친절하라" 따위가 가언명령에 해당한다. 칸트는 이것은 도덕적 선의 표현이 될 수 없다고 강조한다. 칸트는 도덕 법칙에서 공리주의를 배격한다. 윤리·도덕은 우리 모두에게 혹은 다수의 사람들에게 이롭기 때문에 가치가 있는 것이 아니라, 그 자체로 가치 있는 것이다.

칸트는 도덕적 행위는 '의무'라고 주장했다. 즉 도덕 법칙이란 인간 이성이 선善의 이념에 따라 자기 자신에게 강제적으로 부과하는 규범이다. 그것도 무조건적인 준수를 요구하는 명령이다. 그래서 그것은 '정언명령'이라 일컫는다. 칸트는 단 하나의 정언명령을 제시한다.

> 너의 의지의 준칙이 항상 동시에 보편적인 법칙 수립의 원리로서 타당할 수 있도록, 그렇게 행위하라.
> – 이하 『실천이성비판』(아카넷, 2009)

선의지란 행위의 결과를 고려하는 마음이나 혹은 자연스러운 마음의 경향에 따라 옳은 행위로 쏠리는 의향이 아니다. 그것은 옳은 행위를 오로지 그것이 옳다는 이유로 택하는 의지를 이른다.

도덕은 처세의 기술이 아니라 인격의 표현이다. 선은 감성적 욕구를 충족시켜주기 때문에 좋은 것이 아니라, 그 자체로 좋은 것이다. 도덕 법칙은 인간 행위의 선과 악을 판정하는 표준 척도인 선의 개념을 제시한다. 인간은 악으로 나아갈 수도 있는 자연적 경향성을 지닌다. 악으로 나아가려는 정념을 제압하고 스스로를 '도덕 법칙들 아래에' 세워야만 인격적 존재자가 될 수 있다.

자신에게 이익이 돌아올 것을 기대하고 베푸는 선행은 칸트가 말하는 도덕의 실천이 아니다. 칸트가 말하는 실천이성이란 인간이 이익을 바라서가 아니라 인간이기에 당연히 실천해야 하는 도덕 법칙이라고 할 수 있다. 칸트의 『순수이성비판』이 신의 존재를 인식할 수 있다는 중세의 신성(신의 이성)에 대한 비판이라면, 『실천이성비판』은 우리가 인격적 존재자가 되기 위해 반드시 실천해야 하는 준엄한 도덕 법칙을 제시한 것이라고 할 수 있다.

칸트는 인격적 존재자로서 우리는 한 사람 한 사람을 목적 그 자체로서 대해야 한다고 주장한다. 인간은 이런저런 용도에 따라 그 값이 매겨지는 물건이 아니다. 인간은 무엇을 위한 '수단'이 아니라 그 자체로서 가치를 갖는 인격, 즉 '목적'으로서 생각되어야 한다.

> 네가 너 자신의 인격에서나 다른 모든 사람의 인격에서 인간(성)을 항상 동시에 목적으로 대하고, 결코 한낱 수단으로서 대하지 않도록, 그렇게 행위하라.

이것이 그 유명한 칸트의 정언명령에 따른 '실천명령'이다. 모든 인간이 그 자체로 목적으로 간주되어야 한다는 그의 원리는 인권 개념의 토대가 되었다. 그가 『실천이성비판』 등을 통해 말하고자 하는 것은 실천명령에 집약돼 있다고 할 수 있다.

> 점점 더 큰 경탄과 외경으로 마음을 채우는 두 가지 것이 있다. 그것은 내 위의 별이 빛나는 하늘과 내 안의 도덕 법칙이다. (중략) 나는 그것들을 내 눈앞에서 보고, 그것들을 나의 실존 의식과 직접적으로 연결한다.

칸트는 『실천이성비판』의 맺음말을 이렇게 시작한다. 이 구절로부터 엄격한 도덕 법칙을 스스로에게 강제하는 칸트의 모습이 연상된다. 칸트는 마치 동양의 군자처럼 자신의 도덕률을 스스로 실천하고 반성하며 평생 학문에 정진했다. 그는 "하늘과 도덕률에 비춰 자신을 점검하자. 그리하여 매번 잘못된 점을 찾아 반성하는 사람이 되자"라고 늘 다짐했다. 칸트의 철학을 '반성적 철학'이라고 하는 이유다.

인간은 비록 충분히 신성하지는 못하지만, 그의 인격에서 인간성은 그에게 신성하지 않을 수 없다.

이러한 칸트의 글에서 『논어』의 향기가 난다. 칸트의 엄격한 '자기 강제'에 의한 도덕의 실천은 "칠십이 되니 마음 내키는 바대로 따라도 법도에 어긋나지 않는다"라는 『논어』의 구절과 맞닿아 있는 것 같다. 『논어』에서 공자가 이상적 인간으로 제시한 군자는 정언명령에 따른 실천명령을 스스로 이행하는 인격자에 해당할 것이다.

인간은 행복하기 위해
신의 존재를 믿는다

『순수이성비판』(1781)은 칸트의 3대 비판서 가운데 가장 먼저 집필되었다. 이 책의 목적은 우리의 지식이 경험을 초월할 수 없지만 일부는 '선험적'이어서 경험에서 도출되지 않는다는 사실을 입증하는 것이었다.

칸트에 따르면 우리의 의식(주관)은 감각이라는 통로를 통해 인식한다. 인간의 이성이 우리 밖의 사물에 대한 지식을 얻을 수 있는 유일한 통로는 감각이다. 우리는 감각 재료 없이는 실질적 인식을 전혀 얻을 수 없다. 이성은 아무리 능력이 뛰어나도 신이 어떻게 생겼는지, 사후 세계가 어떤 것인지 따위는 알 수가 없다. 그럼에도 종교인들은 신은 이러저러하다 혹은 죽은 이후의 세계는 이러저러하다라는 이야기를 서슴없이한다. 우리 이성 능력으로 그것을 알 수 있다는 듯이 말이다. 하지만 칸트는 인간의 이성은 신의 세계를 알 수 없다고 주장한다.

이성에 의해 인식할 수는 없지만, 우리는 이 세계가 전체로서 합리적이고 합목적적(예컨대 유기체나 인간의 각 부위·기관은 생명의 유지라는 목적에 맞게 기능한다)이며 통일적 체계임을 반성적으로 통찰할 수는 있다. 칸트는 '합목적성'이라는 개념으로 사물이 일정한 목적에 적합한 방식으로 존재함을 설명한다.

칸트의 합목적성 개념에 따르면, 신이 존재한다고 믿으며 사는 것과 신이 존재하지 않는다고 생각하고 사는 것은 크게 다르다. 신이 존재한다고 생각하면 살아 있는 동안 죄를 짓지 않으려고 노력하게 된다. 그렇기에 실제로 존재하지 않는 것이 실제로 존재하는 것들보다 우리 삶에 훨씬 더 중요할 수 있다. 칸트는 눈에 보이는 세상이 진짜 세상은 아니라고 말한다. 사물이 생긴 대로 우리가 보는 것이 아니라, 어떻게 인식하느냐에 따라 사물이 보인다는 것이다.

따라서 칸트는 "신이 있어야 인간은 행복하다"라고 주장한다. 그는 『순수이성비판』에서 논리적으로 신의 현존을 증명할 수 없다고 결론 내렸지만, 신이 존재한다고 믿는 것이 인간을 도덕적이고 행복한 삶으로 이끈다고 생각했다. 즉 '도덕성과 행복의 일치'를 위해서는 이를 매개할 수 있는 제3의 힘이 필요하다. 이성은 신의 현존을 요구할 수밖에 없다. 우리는 항상 행복하지는 않지만 영원한 행복을 희망할 수는 있다. 이 희망은 신의 현존을 전제로 한다. 이것이 칸트의 '이성신앙'이다. 말하자면 인간을 위한 희망의 철학인 것이다.

신의 이성이 사물의 존재 원리라는 '신이성론'神理性論은 사물의 존재가 인간의 의식과는 무관하다고 본다. 아우구스티누스 이후 세계의 주체로 여겨졌던 것은 '신의 이성'이었다. 이를 '인간의 이성'으로 바꾼 칸트는 인식의 대전환을 이루어낸 철학자로 평가받는다.

"내 위의 별이 빛나는 하늘과 내 안의 도덕 법칙."

칸트의 묘비명이다. 『실천이성비판』의 결론 가운데 한 구절을 새겨넣은 것이다. 자신에게 엄격했지만 명랑하고 관대한 철학자의 인간미가 느껴지는 듯하다.

『실천이성비판』 읽는 법

『실천이성비판』(1788)은 백종현 번역본(아카넷, 2009)을 주로 인용했다. 이 책은 후반부에 연구논문을 싣고 있어 이 논문을 먼저 읽고 칸트의 원문을 읽으면 이해에 도움이 된다. 정명오 번역본(동서문화사, 2007)은 『순수이성비판』과 함께 실려 있다. 또한 버트런드 러셀의 『서양철학사』(을유문화사, 2009) 칸트 편도 참고할 만하다.

박지원의 『연암집』

—

새로운 문체를 연마한
조선 최고의 작가

—

42

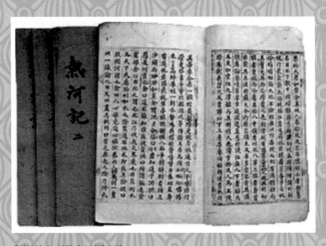

『열하일기』, 단국대도서관 소장
조선 최고의 문학 작품으로 손꼽히는 『열하일기』는 연암 박지원의 중국 기행문이다. 『연암
집』은 『열하일기』를 제외한 연암의 글들을 모은 선집으로, 한시, 서간문, 비문, 서문, 발문, 소
품문, 한문소설 등이 빠짐없이 담겨 있다.

연암, 늘그막에
벼슬길로 나아가다

한두 잔 막걸리로 혼자서 맘 달래노라.

백발이 성글성글 탕건 하나 못 이기네.

천년 묵은 나무 아래 황량한 집.

한 글자 직함 중에도 쓸데없이 많은 능관일레.

그래도 계륵처럼 버리기 아깝구려.

– 이하 『연암집 (중)』(돌베개, 2007)

연암 박지원(1737~1805)이 종5품인 능관으로 재직할 때 지은 「재실에
서」라는 제목의 시다. 연암은 18세에 소설 『광문자전』을 썼고 45세에는
『열하일기』를 써 조선을 뒤흔든 인물이다. 그런 인재가 55세에 황량한
숲 속의 집에서 능지기로 벼슬살이를 하고 있었던 것이다. 북학파의 거

두이자 베스트셀러 작가였던 그에게 지금 대한민국이라면 장관 자리라도 줄 만할 터이다. 하지만 아무리 매관매직이 성했던 시대라 하나 조선의 공직 임명은 엄격하고 까다로웠다.

연암은 당시 '실학의 대가'였지만 50세가 되어서야 벼슬길에 올랐다. 우의정인 유언호의 추천으로 선공감 감역이라는 종9품의 미관말직을 받은 것이 그 시작이다. 요즘으로 치면 국토해양부의 9급 공무원쯤 된다. 과거시험도 포기하고 학문에 정진하던 그였으나, 밥을 굶는 처자식에게 너무 미안한 나머지 늘그막에 관직을 얻었다. 연암은 64세에 이르러 양양부사가 되었다. 15년 동안 공직에 몸담은 뒤에야 종3품에 오를 수 있었던 것이다. 당시에는 과거시험에 최종 합격한 인재에게도 종9품 관직부터 주어졌다. 연암과 같은 시기에 벼슬을 한 다산 정약용은 28세에 문과에 급제했는데 그 또한 종9품으로 관직 생활을 시작했다. 정조의 총애를 한몸에 받았던 인재도 예외는 없었던 것이다. 요즘은 대학교수가 곧바로 장관에 임용되기도 하는데 조선시대 공직 임용 기준으로 보자면 터무니없는 일이다.

'10년 법칙'이라는 것이 있다. 어느 한 분야에서 두각을 나타내기 위해서는 하루 3시간씩 모두 1만 시간, 즉 10년 동안의 집중적인 공부나 훈련이 필요하다는 법칙이다. 미국의 경영 컨설턴트 톰 피터스는 『혁신경영』에서 이렇게 말했다. "초기에 10여 년 동안 지속적으로 거부당하는 고통을 견뎌내는 상품만이 세상을 바꾸어놓는 유일한 존재가 된다." 연암은 35세에 벼슬을 포기하고 '자발적 굴욕'의 기간을 선택했다. 그는 10년 후에 『열하일기』를 세상에 내놓을 수 있었다.

그는 부인과 아들을 처가에 보내고 홀로 서울에서 셋방살이를 하며 작가이자 실학자로서의 새로운 길을 모색해나갔다. 여종도 집을 나가고 밥을 해주는 이조차 없어 행랑 사람에게 밥을 얻어먹으며 지냈다. 연암은 당시 상황을 솔직하게 기록으로 전하고 있다.

고요히 지내노라면 마음속엔 아무 생각도 없었다. 가끔 시골에서 보낸 편지를 받더라도 '평안하다'는 글자만 훑어볼 뿐이었다. 갈수록 등한하고 게으른 것이 버릇이 되어, 남의 경조사에도 일체 발을 끊어버렸다. 혹은 여러 날 동안 세수도 하지 않고 혹은 열흘 동안 망건도 쓰지 않았다.

연암의 하루는 그야말로 백수의 처량한 신세 그 이상도 이하도 아니었다. 이어 그는 "새끼 까치가 다리 하나가 부러져 짤뚝거리니 보기에도 우습길래 밥알을 던져주었더니 더욱 길들여져 날마다 와서 서로 친해졌다"라고 적었다. 그는 또 책을 보는 자신의 모습을 이렇게 전한다.

자다가 깨어 책을 보고 책을 보다가 또 자도 깨워주는 이가 없으므로, 혹은 종일토록 실컷 자기도 하고 때로는 글을 저술하여 의견을 나타내기도 했다. 자그마한 칠현금을 새로 배워 권태로우면 두어 가락 타기도 하였다. 혹은 친구가 술을 보내주기라도 하면 그때마다 흔쾌히 술을 따라 마셨다.

연암은 술에 취해 자찬하는 글을 쓰기도 했다.

밥을 얻어먹는 것은 한신과 같고
잠을 잘 자는 것은 진단과 같고
거문고를 타는 것은 자상과 같고
글을 저술하는 것은 양웅과 같고
자신을 옛 인물과 비교함은 공명과 같으니

여기에 나오는 인물들은 연암이 닮고 싶은 인물일 것이다. 저술가로는 양웅을 들고 있다. 양웅(기원전 53~기원후 18)은 젊어서 책을 널리 읽고 시부를 잘 지었으며 빈천하면서도 부귀영달에 급급하지 않았다. 40세에 상경해 벼슬에 나아갔지만 세리에 연연하지 않고 호고낙도好古樂道하면서 문장으로 후세에 명성을 얻고자 했다. 『태현경』太玄經을 저술했는데 유흠은 『태현경』을 두고 후세 사람이 장독 덮개로나 쓸 것이라고 조롱했다. 연암 자신도 『열하일기』나 다른 글들로 인해 비방을 받게 될 것을 각오했던 듯싶다.

천하만사가
'임시방편'에 의해 무너진다

　연암은 늘 가난을 면하지 못했다. 그가 50세에 남들의 비웃음을 사며 미관말직을 받아들인 것도 고생하는 부인을 위해서였다. 그러나 벼슬 길에 나선 지 반 년도 못 돼 부인은 그만 세상을 떠나고 만다. 연암은 굶주림을 함께 견딘 조강지처의 죽음을 시로써 애도했다. 다음은 연암이 1787년 작고한 아내 전주 이씨를 애도하며 지은 20수의 칠언절구 연작 「도망시」悼亡詩(아내의 죽음을 애도하며 지은 시) 가운데 첫 번째 작품이다.

　　한 침상에서 지내다가 잠시 헤어진 지 하마 천년이 된 듯
　　시력이 다하도록 먼 하늘로 돌아가는 구름 바라보네.
　　하필이면 나중에 오작교 건너 만나리오.
　　은하수 서쪽 가에 달이 배처럼 떠 있는데.

— 『연암문학의 심층탐구』(돌베개, 2013)

뒤늦게 나아간 하위 관직이어서 눈치도 보이고 체면이 영 말이 아니었을 터다. 주위에서는 늦었다며 인사 승진을 위해 청탁이라도 하라고 권고하지만 그는 단호하게 거부했다. 그는 명리를 좇지 않는 대신 그 시간을 자기수양에 쏟았다. 문학을 통해 사회에 기여할 바를 모색한 것이다. 정도전은 "문은 도를 싣는 그릇이다"載道之器라는 '재도적 문학관'을 피력했다. 연암은 그의 문학관으로부터 영향을 받았다. 여기에 연암은 '법고창신'法古刱新이라는 독특한 문학론을 실천했다.

> 문장을 어떻게 지어야 할 것인가? 논자들은 반드시 법고, 즉 옛것을 본받아야 한다고 한다. 그래서 마침내 세상에는 옛것을 흉내내고 본뜨면서도 그것을 부끄러워하지 않는 자가 생기게 되었다. 그렇다면 창신, 즉 새롭게 창조함이 옳지 않겠는가. 그래서 마침내 세상에는 괴벽하고 허황되게 문장을 지으면서도 두려워할 줄 모르는 자가 생기게 되었다.
> — 이하 『연암집 (상)』

연암은 박제가의 문집인 『초정집』에 부친 서문에서 이러한 법고창신론을 개진했다. 연암은 새로운 문장은 법고도 창신도 아니라고 주장한다.

> 아! 소위 '법고'한다는 사람은 옛 자취에만 얽매이는 것이 병통이고 '창신'한다는 사람은 상도에서 벗어나는 게 걱정거리다. 진실로 법고하면서도 변통할 줄 알고 창신하면서도 전아하다면, 요즈음의 글이 바로 옛글인 것이다.

법고창신의 문학론에 따라 창작된 것이『방경각외전』에 수록된 9편의 작품들이다. 기발한 착상과 표현을 구사했으되 이에는 반드시 의거하는 바 고전의 선례가 있었고 무턱대고 새롭게만 지어낸 것이 아니라 옛 법을 통해 배워 훌륭히 변통한 것이었다.『방경각외전』의 작품들은 당시 양반사회의 타락상에 비분을 느낀 젊은 시절의 연암이 '선비로서 참된 삶이란 무엇인가' 하는 문제로 심각한 번민을 겪은 끝에 창작되었다. 연암은 타락한 양반사회에서 찾아보기 힘들어진 인간적 미덕이 서민들에게는 남아 있음을 인식하고 이들과의 교유에서 인간성의 회복을 기대했다. 공자는 '예가 상실되면 재야에서 구한다'라고 했다. 이른바 '예실구야'禮失求野의 정신이다.

　"아아, '예가 상실되면 재야에서 구한다'고 하더니 그 말이 틀림없지 않은가!" 이는『한서』예문지에 인용된 공자의 말인데 안사고가 "도읍에서 예가 사라졌을 경우 재야에서 구하면 역시 장차 얻을 수 있다"라고 한 말을 이른 것이다. 연암은 역관 이홍재의 문집에 부친 서문에서도 사대부의 문학이 과거제도 때문에 날로 타락하고 있는 데 반해 고문의 전통이 오히려 역관들의 문학에서 이어지고 있음을 '예실구야'의 산 증거로 칭송한다.『방경각외전』에 실린「우상전」에서 연암은 실제 인물인 역관 이언진의 불우한 삶을 애도한다.

　연암이『방경각외전』과『열하일기』에서 선보인 '법고창신'의 새로운 문체는 조선사회를 뒤흔들어 놓았다. 급기야 정조는 '문체반정'을 편다. 정조는 당시 유행하기 시작한 참신한 문장에 대하여 그것을 소품 소설이나 의고문체에서 나온 잡문체라 규정하고 정통적 고문인 황경원·이복 등의 문장을 모범으로 삼게 했다. 말하자면 정조는 표현의 자유를 억압하는 반동적인 정책을 취한 것이다. 이때 연암은 그의 정적 혹은 반대 세력들로부터 비방에 시달렸다. 연암은 홍대용에게 보낸 서신에서 "겨우 한 치의 명성만 얻어도 벌써 한 자의 비방이 이르곤 합니다"라고 쓰기도 했다.

연암은 급기야 1793년 정월 16일 규장각 직각直閣인 남공철로부터 정조의 어명을 전하는 서신을 받게 된다.

요즈음 문풍이 이와 같이 된 것은 그 근본을 따져보면 모두 박 아무개의 죄이다. 『열하일기』는 내 이미 익히 보았으니 어찌 감히 숙이고 숨길 수 있겠느냐? 이 자는 바로 법망에서 빠져나간 거물이다. 『열하일기』가 세상에 유행한 뒤에 문체가 이와 같이 되었으니 당연히 결자해지하게 해야 한다. (중략) 신속히 순수하고 바른 글 한 편을 지어 급히 올려보냄으로써 『열하일기』의 죗값을 치르도록 하라. 그러면 비록 남행 문임이라도 주기를 어찌 아까워하겠는가. 그렇지 않으면 마땅히 중죄가 내릴 것이다.

말하자면 정조가 조선의 문풍을 어지럽히는 주범으로 연암을 지목하며 반성문을 요구한 것이다. 호학군주를 자처한 정조의 이런 '전제적' 모습에 연암은 적잖이 당황스러웠을 것이다. 하지만 연암은 끝내 반성문을 쓰지 않았다.

연암은 '인순고식 구차미봉'因循姑息, 苟且彌縫을 지양하는 삶을 살았다. '인순고식'은 적당히 얼버무리는 임시방편을 구하는 것을, '구차미봉'은 대충 해치우고 임시변통해 문제를 은폐하는 것을 뜻한다. 연암은 만년에 병풍에다 큰 글씨로 이 여덟 글자를 쓰고는 "천하만사가 모두 이 여덟 자를 따라 무너지는 법이다"라고 했다. 그의 아들 박종채가 쓴 『과정록』에 나오는 일화다. 연암의 시대로부터 200여 년이 훌쩍 지났지만 임시방편과 임시변통의 폐해는 줄거나 개선되지 않은 것 같다. 때때로, 또 자주 옛 사람의 말에 귀를 기울여야 할 이유가 여기에 있다.

우리 형님 얼굴 수염 누구를 닮았던고
돌아가신 아버님 생각나면 우리 형님 쳐다봤지.
이제 형님 그리우면 어드메서 본단 말고
두건 쓰고 옷 입고 가 냇물에 비친 나를 보아야겠네.

    – 이하 『연암집 (중)』

「연암에서 선형을 생각하다」라는 제목의 시다. 1787년 연암은 형 박희원이 58세로 세상을 뜨자 이 시를 지었다. 그때 연암의 나이는 51세였다.

두어 올 검은 수염 갑자기 돌아났으나
육 척의 몸은 전혀 커진 것이 아니네.
거울 속의 얼굴은 해를 따라 달라져도
철모르는 생각은 지난해나 그대로네.

이 시는 20세 때 지은 「설날 아침에 거울을 마주보며」라는 작품이다. 연암은 열여덟 살 때는 우울증을 앓았고, 말년에는 이가 다 빠져 고생했다. 이 시에서 그려지는 모습은 언젠가의 나, 우리 모두의 자화상일 것이다. 연암의 글에서는 나와 우리 모두를 비춰보는 '얼굴'을 만날 수 있다.

『연암집』 읽는 법

『연암집』(전3권)은 돌베개(신호열 · 김명호 옮김, 2007)에서 출간했다. 『열하일기』 (전3권)와 연암의 아들 박종채가 쓴 『과정록』(번역본 『나의 아버지 박지원』, 돌베개, 1998)을 함께 읽으면 연암 문학의 진수를 느낄 수 있다. 여기에 연구서인 김명호의 『박지원 문학연구』(성균관대출판부, 2001)를 참고하면 연암 문학을 체계적으로 이해하는 데 도움이 된다.

혜경궁 홍씨의 『한중록』

—

궁궐의 어두운 역사를 드러낸 한글 회고록

—

43

영조(재위 1724~1776) 어진
조선의 르네상스를 일구었다는 평가를 받은 영조는 비정하다 못해 잔인한, 최악의 아버지였다. 그의 자식에 대한 극도의 편애와 편집증은 사도세자의 죽음이라는 조선왕조 사상 가장 비극적인 사건을 낳았다.

아버지 영조의
섬뜩한 맨얼굴

조선의 르네상스를 일구었다는 영조의 일그러진 부성애, 부왕에 대한
두려움에 점점 가학증세가 심해지고 급기야 살인까지 서슴지 않았던
사도세자, 그리고 사도세자를 '대처분'(죽임)할 것을 남편인 왕에게 호소
하는 영빈 이씨의 냉혹한 모성, 폭염 속에서 뒤주에 갇혀 9일 만에 죽음
에 이르는 사도세자, 아버지 사도세자가 뒤주에 갇혀 죽어가는 과정을
숨죽여 지켜봐야 했던 정조……

『한중록』은 사도세자의 부인이자 정조의 어머니인 혜경궁 홍씨
(1735~1815)가 노년에 쓴 자전적 회고록이다. 거의 공개되지 않은 궁중
생활의 전모를 왕실 최고 여성이 생생히 기록했다는 점에서 문학적·
역사적으로 매우 큰 가치를 지닌 저술이다. 순 한글의 유려한 문장으로
혜경궁 자신의 파란만장한 인생을 묘사하고 있으며, 등장인물의 성격

또한 선명하게 그려져 있다. 『한중록』은 궁중문학의 백미, 나아가 조선 시대 산문문학의 정수로 꼽힌다. 그 속에는 아들인 사도세자를 죽음으로 몰아넣은 아버지 영조의 섬뜩한 맨얼굴이 담겨 있다.

『한중록』은 모두 4편으로 제1편은 1795년 화성에서 혜경궁 홍씨가 자신의 회갑연을 치른 뒤에, 나머지 세 편은 순조 1년(1800)에서 5년 사이에 썼다. 원본은 없고 필사본 14종이 남아 있다. 제1편은 한중록閒中錄, 즉 '한가한 이야기'를 기록한 듯하나 제2편부터는 이본의 제목처럼 한중록恨中錄, 즉 '한스러운 이야기'로 바뀐다. 만일 그가 의도를 숨기지 않고 '한스러운 이야기'를 전면에 드러냈다면 사도세자를 죽음으로 몰아넣은 노론 벽파 등 정적들의 저항으로 살벌한 후폭풍이 불어닥쳤을 것이다.

혜경궁은 사도세자를 죽음에 이르게 한 '임오화변'의 간접적인 원인으로, 먼저 사도세자가 태어나자마자 부모와 떨어져 동궁인 '저승전'儲承殿에 들어간 일을 지목한다. 사도세자는 집복헌에서 태어나 100일 만에 동궁 전각인 저승전으로 들어갔다. 아직 갓난아기를 보모와 나인들의 손에 맡긴 것이다. 하필이면 '저승'이라는 이름이 붙은 전각이다. 물론 한자의 의미는 다르겠지만 비극적 운명의 그림자가 드리운 듯하다.

> 어찌하신 생각에서인지 귀중하신 나라를 의탁하실 아드님을 겨우 얻으셨으니, 법은 그 다음이요 부모 곁에서 양육하며 성취하시게 하지 않고, 처소가 멀리 떨어져서 인사 아실 즈음부터 자연 떠나심이 많고 모심이 적으니, 조석으로 대하시는 사람은 환관과 궁첩이요 들으시는 것은 항간의 잡담뿐이니, 이것이 벌써 잘 되지 못한 장본이어서, 어찌 슬프고 원통하지 않으리요.
>
> – 이하 『한중록』(마당미디어, 1996)

저승전은 아버지 영조와 생모인 선희궁의 처소와 멀리 떨어져 있어 자연스럽게 부모가 세자를 보는 기회가 적어졌다. 어린 세자는 다른 아이들처럼 놀기를 좋아했다. 처음부터 부모가 양육하며 잘 가르쳤다면 사도세자는 위대한 조선의 군왕으로 남았을지도 모를 일이다.

영조는 요즘으로 말하면 '딸 바보'였다. 영조는 심하게 화평옹주를 편애했는데, 혜경궁은 이에 대해 이렇게 전한다. 세자가 열여섯 살 되던 해 6월에 화평옹주가 죽자 영조와 선희궁은 큰 슬픔에 빠졌고 사도세자에게 관심을 쏟지 않았다. 사도세자는 그 사이에 거리끼는 것 없이 유희에 더 빠져들어, 궁술·검술·기예 등에 관심을 쏟았다. 혜경궁은 그 안타까운 심경을 이렇게 드러내고 있다.

이것으로 보면 영묘께서 아드님을 가깝게 두실 적에는 학문도 힘쓰시고, 유희도 아니하시더니, 멀리 계신 후는 유희도 도로 하시고 강학도 전념치 못하시어, 부자 간의 서먹서먹하심도 더 심해졌으니, 만일 부모님 손밖에 내시지만 않았더면 어찌 이 지경에 이르렀으리요.

『한중록』이 전하는 바에 따르면, 사도세자는 어릴 때부터 부왕 앞에서 신하들처럼 몸을 엎드린 채 대면했다고 한다. 있을 수 없는 일이다.

내가 들어와 궐내의 모양을 보니, 법이 엄하고 예가 중하여 털끝만한 사정이 없으시어, 두렵고 조심스러워서 마음을 일시도 놓지 못하였고, 경모궁께서도 부왕께 대하여 친애는 뒤지고 엄위가 앞서서 열 살 된 아기네시되 감히 부왕 앞에 마주 앉지 못하고 신하들처럼 몸을 움츠리고 엎드려서 뵈었으니 어찌 그토록 지나치신가 싶더라.

더욱이 영조는 부왕을 서먹서먹해하는 어린 사도세자에게 공개적으로 모욕과 면박을 주었다. 아버지로서 역할은 전혀 하지 않고 공부를 하는지 늘 점검만 하려 들었다고 한다. 혜경궁은 "그러다가 항상 남 모인 때면 흥보시듯이 말씀했다"라고 영조의 일그러진 부성애를 꼬집었다.

한번은 인원왕후를 비롯해 여러 옹주들과 월성·금성 두 부마에 많은 사람이 모인 일이 있었다. 그때 영조는 나인에게 명해 "세자가 가지고 노는 것을 가져오라"라고 명했다. 그리고 세자가 노는 것을 다들 보게 하고, 많이 모인 중에 세자를 무안하게 만들었다. 강학 등도 차대(신하들과 정사를 의논하는 일) 날이나 신하들이 많이 모였을 때 굳이 세자를 불러, 세자가 자세히 대답하지 못할 대목에 대해 각박히 물었다. 여러 사람이 자신을 쳐다보고 있는 자리에서는 하고 싶은 말을 제대로 하기 어려운 법이다. 세자 또한 마찬가지였는데 그럴수록 영조는 세자를 더 나무라고 면박을 주었다.

본디 부왕 면전에서는 분명히 아시는 것도 주뼛주뼛하시는데 많은 사람이 모인 가운데서 어려운 것을 일부러 하시듯이 물으시니 더욱 두렵고 겁이 나서 못하면 남 보는 데서 꾸중하시고 흉도 보시더라.

영조의 편집증과
사도세자의 이상행동

혜경궁에 따르면 영조는 특이한 언행을 일삼았다. 무신역변(이인좌의 난)을 겪은 이후 더 심해졌다고 한다.

> 말씀을 가리어 쓰시는 데도 죽을 사자, 돌아갈 귀자는 다 꺼리시고, 차대나 밖에 나오셔서 일 보시던 옷도 갈아입으신 후에야 안에 들어오시고, 불길한 말을 나누거나 들으시면 들어오실 때 양치질을 하시고 귀를 씻으시고, 먼저 사람을 불러서 한 마디라도 처음 말씀을 한 후에 안으로 들어오시더라. 그리고 좋은 일과 좋지 않으신 일을 하실 제 출입하시는 문이 다르고, 사랑하시는 사람의 집에 사랑하지 아니하시는 사람이 머무르지 못하게 하시고, 사랑하시는 사람 다니는 길을 사랑하지 않으시는 사람이 다니지 못하게 하시니, 이처럼 극히 황공하되 애증의 역력하심이 감히

측량하지 못할 일이라.

―「한중록」

이는 편집증과 같은 정신질환이라고 볼 수 있을 것인데, 영조의 편애
도 이러한 측면에서 접근해볼 수 있다. 영조는 화평옹주와 화완옹주를
맞을 때에는 신하를 인견할 때 입었던 옷을 갈아입었다. 반면 세자는 안
좋은 일을 당할 때마다 의대를 입은 채로 불러 "밥을 먹었나?" 하고 묻
고서 귀를 씻었다고 한다. 귀를 씻은 물은 화협옹주가 거처하는 마당에
뿌리게 했다. 화협옹주는 영조로부터 미움을 받은 딸이었다. 아들을 낳
기를 바랐을 때 태어났다는 것이 그 이유다.

영조가 사도세자에게 한 언행은 참으로 이해할 수 없다. 안 좋은 일이
있으면 세자에게 가서 귀를 씻었다니, 동서고금에 이런 아버지가 있을
까 하는 생각마저 든다. 그것도 조선의 르네상스를 일군 영조가 자신을
이어 왕이 될 사도세자에게 이런 일을 했다니 말이다.

『한중록』은 영조가 세자에게 자신의 일을 대리하게 한 이후의 행태를
이렇게 전한다. 편벽된 논의를 한 상소가 있어 세자가 스스로 결단치 못
하여 영조에게 물을 때면, "그만 일을 결단치 못하고 내게 번거롭게 아
뢰니 대리시킨 보람이 없다"라고 하며 꾸중했다. 또 상소에 대해 부왕과
상의하지 않으면, "그런 일을 내게 품하지 않고 스스로 결단하느냐?"라
며 꾸짖었다. 혜경궁은 이에 대해 다음과 같이 적었다.

저리한 일은 이리하지 않았다 꾸중하시고, 이러한 일은 저리하지 않았다
꾸중하셔서, 이일 저일 다 격노하여 마땅치 않게 여기시더라.

심지어는 겨울에 우레가 치면 "소조에서 덕이 없어 이러하다"라고 꾸

중했다. 극심한 여름 가뭄이 닥쳤을 때에도 "소조에서 덕을 닦지 않는 탓이로다"라며 세자 탓으로 돌렸다.

> 그러므로 소조께서는 날이 흐리거나, 겨울에 천둥이 치기만 해도, 또 무슨 꾸중이 나실까 근심걱정을 하여 일마다 두렵게 겁을 내게 되므로, 마침내 사특한 생각과 망령된 마음이 다 나시어 병환이 점점 드시는 징조가 나타나시더라.

세자는 15세가 될 때까지 능행에 한 번도 따라가지 못했다. 예조에서 동궁도 동행하기를 영조에게 아뢰면 세자는 혹 따라갈 수 있을까 초조하게 기다렸다. 처음에는 서운한 마음뿐이었지만 번번이 못가게 되자 점점 성화가 되어서 운 일도 있었다.

영조는 정성왕후와 인원왕후의 상을 지낸 후, 홍릉 참배 때 마지못해 세자를 수행했다. 그해 장마가 지루하다가 거둥하는 날 큰비가 쏟아졌다. 영조는 날씨가 이런 것은 세자를 데려온 탓이라며, 능으로 가는 도중에 동궁을 쫓아 돌려보냈다.

세자는 돌아와서는 "점점 살 길이 없노라" "살아 무엇 하리!"라고 탄식했다. 그 후에 옷을 잘못 입고 가서 그런 일이 났는가 하는 걱정으로 이른바 '의대'衣襨 증세가 더 심해졌다고 한다.

혜경궁은 세자가 제대로 옷을 입지 못하는, '의대증'이라는 기괴한 증상에 시달렸다고 전한다. 옷을 한번 입으려면 수십 벌을 늘어놓고 귀신에게 기원하며 불을 지르는 등 이상행동을 했으며 옷 수발을 잘못 든다는 이유로 자신의 아들을 둘이나 낳은 후궁 빙애를 쳐 죽이기까지 했다. 빙애는 인원왕후 전의 침방처소 내인 출신이어서 옷 입는 일을 맡았던 것이다.

사도세자는 병세가 깊어지고 살인도 서슴지 않았으며, 급기야 부왕을 죽이겠다는 말을 하는 등 증세가 심각해졌다. 생모인 선희궁이 종사를 위해 대처분을 호소했다.

큰 병이 점점 깊어서 바랄 것이 없사오니, 소인이 차마 이 말씀을 정리에 못하올 일이오나 성상의 옥체를 보호하옵고 세손을 건져 종묘사직을 평안히 하옵는 일이 옳사오니 대처분을 하옵소서. 부자지정으로 차마 이리 하시나 병이니 병을 어찌 책망하오리까. 처분은 하시되 은혜를 끼치셔서 세손 모자를 평안케 하소서.

영조는 소주방(궁중 음식을 만드는 곳)에 있는 뒤주를 내어와 사도세자를 유폐했다. 그 대략의 전모를 혜경궁 홍씨는 이렇게 전한다. 혜경궁이 건복문 밑으로 가니, 영조가 휘령전에서 칼 두드리는 소리를 내고 있었고 동궁은 마지막으로 이렇게 읍소했다.

아버님 아버님 잘못하였으니 이제는 하라시는 대로 하고 글도 읽고 말씀도 다 들을 것이니 이리 말으소서.

죽음을 직감한 사도세자의 마지막 처절한 육성에도 불구하고 영조는 아들을 뒤주에 밀어넣었다.

처음에는 뛰어나오려 하시다가 이기지 못하여 그 지경에 이르시니, 하늘이 어찌 이렇게 하였었는가. 만고에 없는 설움뿐이다.

『한중록』을 읽으면서 깊은 절망감을 느꼈다. 자식을 키우는 부모로서 허탈감마저 들었다. 차라리 사도세자의 비극이 한 편의 신화에서나 볼 수 있는 이야기였다면 하는 참혹한 심정이 된다.

김용숙은 『한중록 연구』에서 "사도세자 사건의 본질은 편집증이 심했던 영조의 이상성격 때문"이라며 "세자는 부왕의 이상성격에 희생되었다고 할 수 있다"라고 분석한다.

영조는 어린 시절 적자가 아닌 서자로 겪은 억압의 감정을 고스란히 세자에게 전가하며 분풀이를 했다. 그는 남을 괴롭히면서 쾌감을 느끼는, 일종의 정신질환을 지녔던 것으로 보인다. 세자 또한 영조의 가학에 시달리면서 그 자신도 사디즘적 충동에 빠졌다. 영조의 질책과 세자의 기행은 계속 반복되었다. 20세를 넘어서면서 세자는 정신이상 증세를 보이기 시작했다. 세자 스스로 "심화가 나면 견디지 못하여 사람을 죽이거나 날짐승을 죽이거나 하여야 마음이 풀린다"라고 영조에게 고백할 정도로 심각한 수준이었다.

『한중록』으로만 말하자면 사도세자의 비극은 바로 아버지인 영조 자신에게서 비롯되었다고 결론지을 수 있다. 공자는 '군군신신 부부자자' 君君臣臣 父父子子라고 했다. 임금이 임금답고 신하가 신하답고 아버지가 아버지답고 아들이 아들다워야 한다. 그런데 영조는 임금다운 임금이었다고 할 수 있을지언정 아버지다운 아버지는 결코 아니었다. 자식을 심하게 편애했고 폭언을 일삼았으며, 또 상처 주는 행동을 서슴없이 했다. 결국 사도세자는 28세에 뒤주에 갇혀 9일 만에 굶어죽었다. 조선의 르네상스를 이끌었다는 영조는 필부보다 더 못한, 아니 최악의 아비였다.

『한중록』 읽는 법

혜경궁 홍씨가 지은 『한중록』은 문학동네(2010), 서해문집(2003), 신원문화사(2002)에서 나온 번역본을 추천한다. 여기서는 마당미디어(1996)의 『한중록』을 인용했다. 또한 신병주의 『최고의 명저들』(휴머니스트, 2006)에 소개된 『한중록』 연구를 참고했다. 김용숙의 『한중록 연구』(정음사, 1983)는 영조의 일그러진 부성애와 사도세자를 정신분석학적으로 고찰한 책으로, 함께 읽으면 역사에 접근하는 색다른 시각을 얻을 수 있다.

다산문선

—

생활밀착형 대가의
끈질긴 글쓰기

—

추사 김정희(1786~1856)가 쓴 다산초당 현판
정약용은 유배시절을 보낸 다산초당에서 『목민심서』 『경세유표』를 비롯한 수백 권의 저술을 남겼다.

정약용, 그물에 걸린 고기가 되다

나는 나의 약점을 스스로 알고 있다. 용기는 있으나 일을 처리하는 지모가 없고, 착한 일을 좋아하나 선택하여 할 줄을 모르고, 정에 끌려서는 의심도 아니하고 두려움도 없이 곧장 행동해버리기도 한다. (중략) 하고 싶지 않으면서도 마음에 남아 개운치 않으면 기필코 그만두지를 못한다.
— 『다산산문선』(창비, 2013)

1800년 봄 가족과 함께 고향인 소내(남양주 능내리)로 돌아간 다산 정약용(1762~1836)이 '여유당'이라는 당호를 내걸고 지은 『여유당기』의 글이다. 여유란 노자의 말을 끌어다 지은 당호인데, '여'與는 겨울 내를 건너듯 조심함이요, '유'猶는 사방 사람이 나를 엿보는 듯 두려워하는 마음가짐이라고 했다.

당시 다산에게는 절체절명의 위기가 닥쳐오고 있었다. 마치 자신의 운명을 예감한 듯한 당호다. 사방의 두려운 적들을 피해 낙향했지만 정적들은 그를 가만히 두지 않았다. 다산은 28세에 과거시험(문과)에 합격해 종9품인 희릉직장에 제수되었다. 벼슬길에 오른 이후 10년 남짓 공직생활을 했다. 그는 짧은 출사의 시간 동안 끊임없는 비방에 시달렸다. 낙향 후 며칠이 지나자 정조는 정약용을 다시 불러서『한서선』漢書選 5권을 하사했다. 호학군주 정조는 사마천의『사기』와 반고의『한서』에서 문장을 뽑아『사기영선』이라는 책을 묶었는데, 다산이 그 교정 작업을 했다. 정조는 "내가 어찌 너를 버리리요!"라고 말하면서 그믐께부터 규영부에 들어와 일을 보라고 명했다. 이것이 정조와의 마지막 대면이다.

1800년 6월 28일 정조가 승하하면서 다산의 운명도 곤두박질친다. 정약용의 나이 39세 때의 일이다. 그러나 음의 상태에서 양을 잉태하듯 참혹한 그 운명은 다산을 개혁사상가로 재탄생시켰다. 이전까지의 정약용이 정조의 총애를 받은 충직한 신하였다면 정조 승하 후에는 '실천적 사상가이자 자주정신이 강한 문장가, 냉철한 현실개혁가'로서의 삶을 살았다. 그는 18년 6개월 동안 유배지에서 '실천적 지식인'으로 거듭났고 집에 돌아와 다시 18년을 살다 세상을 떠났다.

그는 1784년 이벽을 통해 천주교를 접한 바 있었다. 다산에 대한 정조의 총애가 깊어지자 반대파에서는 서학을 신봉한다는 트집을 잡아 다산을 더욱 거세게 공격했다. 이에 그는 1797년 6월에 사직소를 올렸다. 이른바 '자명소'로 불리는 「변방사동부승지소」다. 이 상소문에서 그는 자신과 천주교의 관계를 소상히 밝혔다. 처음에는 천주교를 마음으로 좋아했지만 성균관에 들어온 이후로는 천주교를 원수처럼 미워했다는 것이다. 다산은 천주교와의 '만남과 이별'을 이렇게 고백한다.

갑진년(1784, 23세) 4월 보름날 큰형수의 제사를 지내고 우리 형제가 이덕조(다산의 큰형 정약현의 처남 이벽)와 함께 같은 배를 타고 물결을 따라 내려오다가 배 안에서 천지조화의 시초와 육체와 정신, 죽음과 삶의 이치에 대해 듣고 황홀하고 놀랐는데, 마치 은하수의 끝없음과 같았다. 서울에 온 후 덕조로부터 『천주실의』 등 여러 권의 책을 보고 혼연히 그쪽으로 기울었다. 정미년(1787) 이후 4, 5년 동안은 서교에 마음을 기울였다. 그러나 신해년(1791) 이래로 나라에서 서교를 엄중히 금지하자 드디어 마음을 끊었다.

    — 『다산시선』(창비, 2013)

천주교와의 만남으로 인해 결국 다산과 다산의 셋째 형인 정약종은 사사되었고 둘째형인 정약전은 정약용과 함께 유배를 떠나 흑산도에서 생을 마감했다.

다산을 불행으로 몰아넣은 또 하나의 요인은 서용보와의 악연이다.

서정승(『사암연보』에는 서용보)의 집 사람으로 마전에 살던 사람이 있었는데, 꾀를 부려서 향교의 땅을 정승의 집에 바쳐 묘지로 삼고자 '땅이 불길하다'라고 속이고 고을 유림들을 협박해 향교를 이전하기로 하고 명륜당을 헐어버렸다. 내가 이 사실을 탐지해내고 곧바로 체포해 처벌했다. 또 관찰사 서용보가 강가에 인접한 7개 읍에 관청 곡식을 팔아서 돈을 만드는데 너무 비싸게 팔고 있었다.

    — 『다산산문선』

33세(1793, 정조 17년)때 다산은 경기 암행어사로 활동했다. 정약용은 서용보의 하인이 저지른 일을 즉시 처리했는데 이것이 그를 평생 불운하게 만들었다. 말하자면 정당하게 공무를 집행한 것인데 서용보가 이를 고깝게 여겨 지속적으로 보복을 가한 것이다. 서용보로 인해 다산은 역적으로 몰렸다. 다산은 유배당한 자신의 심정을 「자소」自笑(자신을 비웃다)라는 시에서 이렇게 표현한다.

주제넘게 천하 일을 모두 알고파
이 세상 책들을 다 읽자 생각했네

맑은 세상 괴롭게 활에 다친 새 신세요
남은 목숨 이제는 그물 걸린 고기라네

천년 후에 나를 알 자 있으려는지
마음먹음 잘못 아닌 재주 적은 탓이렷다
－『다산시선』

여기서 '그물 걸린 고기'란 정약용 자신을 비유한 것이다. 하지만 그는 천년 후에 자신을 알아줄 이가 있지 않겠느냐며 위안한다.

그러나 서용보와의 악연은 쉽게 끝나지 않았다. 서용보는 다산을 평생 원망하면서 모살코자 했다. 서용보는 신유사옥 당시 우의정으로, 노론 벽파의 세력가 출신이다. 1802년 겨울에 태비가 다산의 귀양을 풀어주려 '해배' 특명을 내렸지만 서용보가 이를 가로막았다. 서용보로 인해 다산은 16년 뒤인 1817년에야 해배될 수 있었다.

고향집에 돌아와보니 마침 벼슬길에서 물러난 서용보가 서쪽 이웃 마을에 살고 있었다. 서용보는 사람을 보내어 간곡한 위로의 말을 전해왔다. 기묘년(1819, 58세) 봄에 서용보는 다시 정승이 되었는데 오고갈 때

마다 은근하게 위로의 문안을 해주었다고 한다. 그러나 그해 겨울에 조정에서 의논을 거쳐 경전(토지측량사업)에 다시 정약용을 쓰기로 결정이 났으나 서용보가 극력 저지해 끝내 출사하지 못했다.

출사길이 열렸는데 다시 그의 출사를 저지한 이가 서용보였다니, 참으로 질긴 악연이 아닐 수 없다.

사약의 공포를 견디며
세상을 일깨우다

　　그러나 길고 긴 유배생활도 다산을 파멸시키지 못했다. 다산의 파멸
은 바로 정적들이 그토록 바랐던 것. 그는 사약의 공포를 견뎌내며 자신
을 일으켜 세웠다. 그는 임술년(1802) 봄부터 곧 저술을 업으로 삼아 붓
과 벼루만을 곁에 두고 아침부터 저녁까지 쉬지 않았다. 그 결과 왼쪽
어깨에 마비 증세가 나타나 마침내 폐인의 지경에 이르렀고, 시력이 아
주 어두워져서 오직 안경에만 의지하게 되었다고 한다.

　　그는 성호 이익을 스승으로 삼고 학문에 정진했다. 또 한 사람의 스승
은 진미공이었다. "내가 존경하는 인물은 청빈 속에 살면서 저술에 공이
있는 진미공뿐"이라고 적었을 정도다.

　　진미공은 명나라의 진계유陳繼儒로 당대의 문인 동기창과 명성이 막
상막하였다. 『진미공 정정비급』이라는 총서를 저술했는데 '비급'秘笈이

란 '가장 소중히 보관되는 책'이라는 뜻이다. 그만큼 자기 저술에 대해 자부심이 컸다. 다산 또한 자기 저술에 대해 이런 포부와 자신감으로 임했다. 그는 몸이 망가질 정도로 붓을 들었다. 그의 글에는 언제나 백성의 삶이 있었다.

다산이 42세 때 지은 「애절양」에 당시의 적폐가 얼마나 심각했는지 기록되어 있다.

> 갈밭마을 젊은 여인 울음도 서러워라
> 현문 향해 울부짖다 하늘 보고 호소하네
>
> 군인 남편 못 돌아옴은 있을 법도 한 일이나
> 예부터 남절양은 들어보지 못했노라
>
> 시아버지 죽어서 이미 상복 입었고
> 갓난아인 배냇물도 안 말랐는데
> 삼대의 이름이 군적에 실리다니
> (중략)
> 민 땅 자식 거세함도 가엾은 일이거늘
> -「다산시선」

다산은 청복淸福과 열복熱福에 대해 설명한 적이 있다. 청복은 가난해도 재야에서 소박하고 운치 있는 삶을 영위하는 것이고 열복은 벼슬길에서 높은 지위에 올라 부귀영화를 누리는 것을 말한다. 그는 세상에는 열복을 얻은 사람은 많아도 청복을 얻은 사람은 아주 드물다고 얘기했다.

다산은 어떠한 역경에서도 합리적인 생활태도로 난관을 헤쳐나갔다.

귀양지 강진에서는 원포園圃(원은 과수를 심는 공간, 포는 채소를 기르는 채마밭)를 직접 경영해 먹을거리를 자급자족했다. 또 근처 여기저기 자투리 땅을 매입해 그곳의 소출로 생활을 꾸렸다. 귀양지를 떠날 때는 그곳 땅의 관리를 제자들에게 맡겼다. 올라와서는 두릉杜陵 집 강 건너편 검단산 아래에 오엽암을 짓고 인삼포를 직접 경영했다. 유실수를 심고 채소밭을 가꾸며 뽕나무를 길렀다. 닭 등 가축도 길렀다. 큰 부자는 아니었어도 맵짠 살림법으로 궁하게 살지 않았다.

또한 다산은 유배지에서 저술에 힘쓰며 제자 18명을 길러냈다. 『목민심서』는 다산초당에서 쓴 마지막 저술이다. 다산이 유배지의 열악한 환경 속에서도 방대한 분량의 저서를 남길 수 있었던 비결 가운데 하나로 '초서'抄書 습관을 꼽는다. 초서란 책을 읽으면서 필요한 내용을 메모하고 갈래별로 분류해두는 것을 뜻한다. 다산은 「두 아들에게 답함」答二兒이라는 편지에서 자녀에게도 초서를 권한다.

> 초서의 방법은 먼저 내 학문이 주장하는 바가 있은 뒤에 저울질이 마음에 있어야만 취하고 버림이 어렵지가 않다. 무릇 한 권의 책을 얻더라도 내 학문에 보탬이 될 만한 것은 채록하여 모으고, 그렇지 않은 것은 눈길도 주지 말아야 한다. 비록 백 권의 책이라도 열흘 공부거리에 지나지 않는다.
>
> ─『유배지에서 보낸 편지』(창비, 2009)

다산은 유배지에서 수십 통의 편지를 써 자녀교육을 대신했다. 하지만 편지로 전하는 '수신교육'에 대한 아쉬움이 컸던 것 같다.

> 가령 내가 몇 년 안에 유배에서 풀려나 너희로 하여금 몸을 닦고 행동을

가다듬어 효도와 공경을 숭상하고 화목을 일으키며 경사를 연구하고 시
와 예를 담론하며, 서가에 3~4천 권의 책을 꽂아놓고 1년을 지탱할 만한
양식이 있으며, 뒤란에 뽕나무, 삼, 채소 과일 꽃 약초들이 질서정연하게
심어져 있어 그 그늘을 즐길 만하며, 마루에 오르고 방에 들어가면 거문
고 하나와 투호(화살을 던져 병 속에 많이 넣는 수효로 승부) 일 구와 붓 벼루, 책
상에 볼 만한 도서가 있어서 그 청아하고 깨끗함이 기뻐할 만하며, 때때
로 손님이 찾아오면 닭을 잡고 회를 만들어서 탁주와 좋은 나물 안주에
혼연히 한 번 배불리 먹고 서로 더불어 고금의 대략을 평론할 수 있다면,
비록 폐족이라 할지라도 장차 안목이 있는 사람들이 흠모할 것이니, 이
렇게 세월이 점점 흘러간다면 다시 일어서지 못하는 경우가 있겠느냐?
너희는 생각하고 생각하라, 차마 이것을 하지 않으려느냐?

– 『다산문선』(솔, 1997)

해배가 되면 아버지 노릇을 제대로 해보고 싶다는 다짐과 함께, 다산
은 자신이 생각한 이상적인 가정상을 편지에 그려낸다. 집안에 서재가
있고 또 남새밭이 있어 농사도 짓는다. 또 놀이기구도 있어 가끔 여가를
즐기고 손님을 맞으면 기꺼이 환대하며 대접한다. 폐족이어서 벼슬길에
나아가지 못하더라도 안목을 높이는 자기수양은 게을리하지 않는다. 이
런 아버지의 역할을 다하면서 살아가면 족하지 않겠느냐는 다짐이다.

그는 두 아들에게 서재의 이름도 지어준다.

나는 '삼사'三斯로서 서재에 이름하고자 하는데 이는 거칠고 태만함을 멀
리하며, 비루하고 도리에 어그러져 사나움을 멀리하며 진실을 가까이한
다 함을 이름이다.

다산의 삶과 글에서는 사상가이자 문장가였으며 인자한 아버지이자 냉철한 현실개혁가였던 다산을 만날 수 있다. 다산의 불운한 삶을 떠올리다 보면 지금 우리 시대에도 여전히 다산을 유배지로 내몬 정적들이 득세하고 있는 것은 아닐까, 하는 생각에 아쉬움이 이는 것을 어쩔 수 없다.

다산문선 읽는 법

다산의 글은 다양하게 출판이 이루어졌다. 산문의 경우 박석무가 번역해 펴낸 『다산산문선』(창비, 2013)과 『유배지에서 보낸 편지』(창비, 2009)와 두 권으로 된 『다산의 시문』(명문당, 2002)이 있다. 민족문화추진회에서도 『다산문선』(솔, 1997)을 펴낸 바 있다. 시의 경우 송재소가 옮긴 『다산시선』(창비, 2013)에 방대한 분량이 연대순으로 실려 있다. 평전으로는 금장태의 『실천적 이론가 정약용』(이끌리오, 2005)과 함께 정민의 『다산의 재발견』(휴머니스트, 2011)을 추천하고 싶다. 한승원의 소설 『다산』(전2권) 역시 정약용의 삶을 이해하는 데 좋은 참고가 된다.

괴테의 『파우스트』

—

악마조차 빼앗아가지
못한 것

—

45

메피스토펠레스와 파우스트 박사를 묘사한 아우구스트 폰 크렐링(1819~1876)의 그림
『파우스트』 속 '발푸르기스의 밤' 장면을 그린 것이다. 메피스토펠레스는 죄책감에 빠진 파우스트 박사
를 환락으로 이끌지만 그레트헨에 대한 그의 사랑을 꺾지는 못한다.

두 개의 영혼을
지닌 인간

　요한 볼프강 폰 괴테(1749~1832)는 『파우스트』를 25세 때부터 쓰기 시작해 죽기 한 해 전인 82세에 완성했다. 집필을 마친 괴테는 자신이 100세까지 살 것이라고 생각했지만 작품을 완성한 이듬해 세상을 떠나고 말았다. 집필 구상을 포함해 60년이라는 긴 세월 동안 공들인 만큼 그 속에는 작가 괴테의 세계관이라 할, 이른바 '슈투름 운트 드랑'Strum und Drang 정신이 깃들어 있다. 슈투름 운트 드랑이란 질풍노도를 뜻하며 자유분방한 천재성을 중시한 문학운동을 의미한다. 또한 이 작품에는 그리스의 조화미를 추구한 고전주의 정신은 물론, 긴 생애의 온갖 체험과 예지가 담겨 있다. 괴테는 무엇보다 이 비극을 통해 강렬한 인식의 욕구로 말미암아 용기 있게 자아를 성취해나가는 르네상스의 인간상을 그려내고자 했다.

『파우스트』의 핵심 내용은 파우스트 박사가 악마 메피스토펠레스의 유혹에 빠져 현세의 쾌락을 좇으며 방황하다가 마침내 자신의 과오를 깨닫고 천상의 구원을 받는다는 것이다. 이 작품은 괴테가 일생 동안 생각하고 체험한 모든 것의 집약이자 인간정신의 보편적 지향을 제시하는 고전 중의 고전으로 인정받아왔다.

괴테가 재창조해낸 파우스트는 전설적인 실존 인물(1480~1540)로, 루터(1483~1546)와 동시대를 살았던 인물이다. 그는 신학과 의학, 자연과학에 상당한 지식이 있었으나 학자라기보다는 마술사 내지 돌팔이로 전전했다. 당시의 규범을 벗어난 그의 반항적인 행동과 과장된 일화는 전설화될 소지가 다분해 독일 각지에 널리 퍼졌다. 파우스트는 1587년 프랑크푸르트의 인쇄업자 슈피스가 출간한 『요한 파우스트의 역사』라는 책에 처음으로 등장한다. 실제로 파우스트는 메피스토펠레스에게 자신의 영혼을 팔았다고 하며, 영혼을 살려낼 길이 없었던 것은 아니지만 스스로 그를 거부했다고 전한다. 『에어푸르트의 편년사』에 의하면, 에어푸르트의 대성당에 있던 프란체스코파의 클링케 신부는 파우스트가 양심을 되찾도록 설득하고 그를 위한 미사를 올려주겠다는 제의를 했다고 한다. 그에 대한 파우스트의 대답은 다음과 같았다.

> 내 피로써 찍은 내 증서와 서명에
> 내가 등을 돌렸다고
> 나중에 사람들이 말하게 된다면
> 영광되지도 명예롭지도 못해.
> 거기다가 악마 쪽에서는 나에게 언약하고
> 서약한 걸 어기지 않았거든.
> – 『파우스트의 여성적 본질』(열린책들, 1999)

파우스트는 악마에게 영혼을 판 죄의 대가로 처참한 죽음을 당한다. 그런데 괴테는『파우스트』를 재구성하면서 이러한 비극적인 결말을 원하지 않았다.

괴테는『파우스트』를 통해 "인간은 가슴속에 최고의 인식과 인생 향락을 동시에 갈구하는 '두 개의 영혼'을 지니고 있다"라고 말한다. 이어 "인간은 노력하는 한 방황하는 존재"라며 "언제나 갈망하며 애쓰는 자는 끝내 구원받게 된다"라고도 했다.

『파우스트』는 제1부와 제2부로 구성된다. 제2부는 다섯 개의 막으로 이루어져 있다. 작품의 주인공은 물론 파우스트이지만, 파우스트의 여인인 그레트헨과 헬레나의 이야기가 작품의 중심을 이룬다. 그래서 제1부를 '그레트헨의 비극', 제2부를 '헬레나의 비극'으로 칭하기도 한다.

괴테는 파우스트의 '죄와 구원'을 담아내기 위해 먼저 "인간은 노력하는 한 방황한다"라는 계몽주의의 시대정신을 담은 기본 주제를 제시한다. 제1부「천상의 서곡」에서는 주님(기독교의 하나님)과 악마 메피스토펠레스 사이의 내기 장면이 나온다. 먼저 메피스토펠레스가 제안한다. "주님이 허락만 해주신다면 녀석을 슬쩍 나의 길로 끌어내리리다." 메피스토펠레스는 파우스트에 대해 "하늘로부터는 가장 아름다운 별을 원하고, 지상에서는 최상의 쾌락을 모조리 맛보겠다는 기세"라고 평한다. 이런 양면성이야말로 인간의 보편적인 욕망일 것이다.

이에 주님이 대답한다. "파우스트가 지상에 살고 있는 동안에는 네가 무슨 유혹을 하든 말리지 않겠다. 인간은 노력하는 한 방황하는 법이니까." 인간에 대한 주님의 이러한 신뢰와 확신이 바로 이 비극의 주제이며, 이 예정된 진실을 증명해 보이기 위한 존재가 파우스트라고 할 수 있다. 요컨대 파우스트는 끊임없이 노력함으로써 자아의 한계를 넘어서고, 나아가 신의 경지에 도달하려는 사람이다. 괴테는「프로메테우스」

라는 시를 쓴 적이 있는데 여기서 신적 인간, 즉 '프로메테우스적 인간'
에 대한 그의 관점이 잘 드러난다.

> 나는 여기 앉아서
> 내 모습의 인간을 만드노라.
> 나를 닮은 종족으로, 괴로워하고 울고
> 즐거워하고 기뻐하지만
> 너 따위를 숭배하지 않는
> 나와 같은 인간을 창조하리라.

신을 향해 거침없이 "너 따위를 숭배하지 않겠다"라고 말한 구절 때
문에 괴테에게는 비기독교적이라는 낙인이 찍혔다.

회의에 빠진 인간 파우스트를 유혹할 수 있다는 메피스토펠레스의
장담에 주님은 "착한 인간은 비록 어두운 충동 속에서도 무엇이 올바른
길인지 알고 있다"라고 응수한다. 이 문장은 이 이야기의 결말, 즉 '프로
메테우스적 인간'인 파우스트가 자신을 파멸로 이끄는 메피스토펠레스
를 종국에는 이겨낼 것을 암시하는 복선이며 계몽주의 특유의 인간에
대한 신뢰를 나타낸다.

파우스트는 철학, 법학, 의학, 신학을 철저히 공부했으나 지식에 대한
회의로 말미암아 스스로를 "가련한 바보. 전보다 똑똑해진 것은 하나도
없구나!"라고 말하며 절망에 빠진다. 그리고 자신에게는 '두 개의 영혼'
이 깃들어 있다고 고백한다.

> 네 가슴속엔, 아아! 두 개의 영혼이 깃들어서,
> 하나는 다른 하나와 떨어지려고 하네.

하나는 음탕한 애욕에 빠져

현세에 매달려 관능적 쾌락을 추구하고

다른 하나는 과감히 세속의 티끌을 떠나

숭고한 선인들의 영역에 오르려고 하네.

오오! 이 땅과 하늘 사이를 지배하며

대기 속에 부유하는 정령이 있다면,

부디 황금빛 운무에서 나와

나를 새롭고 찬란한 삶으로 이끌어다오!

그래, 마법의 외투라도 얻을 수 있어서

미지의 나라로 날아갈 수만 있다면!

– 『파우스트』(민음사, 1999)

여기서 '두 개의 영혼'은 최고의 인식과 인생 향락을 동시에 갈구하는 파우스트의 이중성을 말하는 것이다. '두 개의 영혼'은 또한 괴테 자신이기도 하고 우리 모두의 영혼이기도 할 것이다. 파우스트는 결국 악마 메피스토펠레스에게 영혼을 팔아넘긴다. 그 후로 '인식과 향락'의 경계를 넘나드는 여정이 시작된다.

메피스토펠레스는 먼저 파우스트로 하여금 순진무구한 소녀 그레트헨을 범하게 한다. 마녀의 부엌에서 영약을 마신 파우스트는 20대 청년이 되어 그레트헨을 첫 쾌락의 대상으로 삼는다. 그러나 소녀의 고귀한 사랑은 방탕한 파우스트의 마음까지 정화시킨다. 이를 못마땅하게 여긴 메피스토펠레스의 농간으로 그레트헨은 파우스트가 건네준 약으로 어머니를 죽이고, 파우스트는 그녀의 오빠를 죽이게 된다. 죄책감에 빠진 파우스트를 메피스토펠레스는 '발푸르기스의 밤'(마녀들이 독일의 브로켄에서 큰 축하 행사를 열고 봄이 오기를 기다리는 밤의 축제)의 환락경으로 이끈다.

이것이 파우스트를 잠시 도덕적 마비에 빠지게 하지만, 그레트헨에 대한 사랑을 말살하지는 못한다.

그레트헨의 소식을 들은 파우스트는 그녀를 구하러 감옥으로 간다. 그레트헨은 미쳐버린 상태에서도 파우스트를 용서한다. 그레트헨은 탈옥하지 않고 끝내 사형대로 향한다. 파우스트는 그레트헨에게 한 걸음만 나가면 자유를 찾을 수 있다고 말하지만, 그녀는 파우스트에게 빨리 가라며 이렇게 말한다.

> 전 가서는 안 돼요. 제겐 아무 희망도 없는걸요. 도망간들 무슨 소용이 있겠어요? (중략) 게다가 양심의 가책은 어떡하고요!

괴테의 『파우스트』는 인간의 한계선을 초월해서까지 끊임없이 노력하는 인물의 모습을 보여준다. 파우스트의 본질은 그의 악마적인 요소로만 규정되지 않는다. 그의 내부에는 학문에 대한 열정과 충동적인 행동 또는 인식과 향락이 대립하며 공존하고 있다.

언제나 갈망하며 애쓰는 자,
그를 우리는 구원할 수 있다

제2부는 헬레나와의 결혼을 그린 3막이 중심축을 이룬다. 고대 그리스 세계를 미혹한 헬레나는 그레트헨과 같은 소박한 소녀가 아니라 경국지색의 '초여성'이다. 파우스트는 스파르타 이웃의 맹주로 있다가 메넬라오스의 처형을 피해 도피해온 헬레나와 결혼을 하게 된다. 그러나 아들은 죽고 '환영의 여인' 헬레나도 사라져버린다. 그녀의 옷과 베일만이 파우스트의 팔 안에 남아 있을 뿐이다.

괴테는 헬레나의 모습에서 그녀의 '생기발랄하고 애교스러운 아름다움'을 강조한다. 여기서 괴테의 여성관이 드러나 재미를 더해준다. 그의 여성관은『파우스트』제2부의「고전적 발푸르기스의 밤」에서 파우스트와 대화하는 히론의 말 속에 잘 나타나 있다.

무엇이! 여자의 아름다움은 별것 아니오. 경직된 그림인 경우가 흔하지요. 내가 좋아하는 타입은, 유쾌하고 생의 의욕이 넘치는 그런 것. 미인이란 그 자체가 복을 받은 것. 애교에는 못 당합니다. 내 등에 업혔던 헬레나의 그 애교 말이오.

– 「파우스트의 여성적 본질」

괴테는 여성이 아무리 아름다워도 생기발랄한 매력이 없으면 한낱 경직된 그림에 불과하다고 보았다. 즉 생기를 잃은 시체와 같을 수 있다는 말이다. 파우스트와 헬레나의 결합은 어쩌면 괴테가 꿈꿔왔던 사랑이 아니었을까. 실제 괴테는 만년에 18세 소녀와의 사랑으로 세상을 떠들썩하게 했다.

『파우스트』에서는 메피스토펠레스도 근본적인 악이 아닌, 인간을 만족감이라는 위험 상태에서 뒤흔들어 일깨우고 자극을 주는 존재로 그려진다. 파우스트가 직업이 무엇이냐고 묻자, 메피스토펠레스는 "언제나 악을 원하면서도 언제나 선을 창조하는 저 힘의 일부분"이라고 대답한다. 악도 신의 세계를 유지하는 요소 가운데 하나이며, "영원히 살아서 움직이는 생성의 힘"을 지속시키는 자극제로서 악마 역시 필요한 존재인 것이다. 여기에 주님이 파우스트에게 메피스토펠레스를 반려로서 붙여주는 근거가 있다.

메피스토펠레스가 근본 악이 아닌 단순한 부분적 원리로 도입된 것은 인간에 대한 계몽주의적 신뢰를 반영한다.

메피스토펠레스는 그레트헨과 헬레나에 이어 파우스트에게 다시 한번 욕망과 정열의 즐거움을 마련해주려 한다. 그러나 파우스트는 그의 제안을 물리친다. 선행의 가치를 깨달은 그는 황제로부터 받은 해안지대를 비옥한 땅으로 만들기 위해 애쓴다. 이는 창조적 욕구의 구현이며, 사회적 책임을 다하려는 결의다. 버려진 땅을 일구어 만인을 위한 낙원을 만들고자 했을 때, 그의 의지는 악마와의 계약을 초월해버렸다.

파우스트는 "오, 머물러라. 너는 정말 아름답구나!"라고 말하고는 쓰러진다. 이 순간을 기다려온 메피스토펠레스는 부하 도깨비들과 함께 파우스트의 영혼을 빼앗아가려 한다. 그러나 그 시도는 실패하고 만다. 속죄의 여인 그레트헨의 사랑이 하늘의 은총을 받아 파우스트의 영혼을 구해낸 것이다. 파우스트를 구원한 것은 그레트헨의 '사랑의 힘'이다.

> 언제나 갈망하며 애쓰는 자, 그를 우리는 구원할 수 있다.
> ― 『파우스트』

파우스트가 승천할 때 천사는 이렇게 말한다. 주님의 "인간이란 노력하는 한 방황하는 법"이라는 말과 함께 작품 속에서 이념적 통일성을 이루는 문장이다. 즉 파우스트는 빛과 어둠의 양극을 모두 체험한 뒤, 결국은 선을 지향하는 자신의 의지로 보다 높은 영역으로의 상승을 이루어낸 것이다. 제2부의 마지막 문장에는 괴테가 『파우스트』를 통해 말하고자 한 핵심이 함축적으로 드러나 있다. 여기서 그 유명한 "영원히 여성적인 것이 우리를 구원한다"라는 말이 유래했다.

> 미칠 수 없는 것, 여기에서 실현되고, 형언할 수 없는 것, 여기에서 이루어진다. 영원히 여성적인 것이 우리를 이끌어올리도다.

『파우스트』 읽는 법

괴테의 『파우스트』(1832)는 정서웅 번역본(민음사, 1999)이 널리 추천된다. 여기에 안진태의 『파우스트의 여성적 본질』(열린책들, 1999)을 함께 읽으면 맥락을 이해하는 데 도움이 된다.

토크빌의
『미국의 민주주의』

—

프랑스의 정치철학자,
'아메리칸 드림'의 위험을
경고하다

—

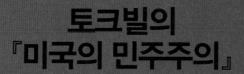

46

알렉시스 드 토크빌의 초상

프랑스의 정치철학자 토크빌은 1831년 4월부터 1832년 5월까지 미국을 여행하며 신대륙의 민주 정치를 공부했다. 그는 19세기에 이미 민주주의 시대에 나타날 수 있는 평등한 자유의 위험을 경고했다.

미국의 불안과
민주주의적 평등의 그림자

    알렉시스 드 토크빌(1805~1859)은 프랑스혁명 직후 노르망디의 귀족 가문에서 출생했다. 왕당파였던 그의 가문은 로베스피에르('공포정치'를 연 프랑스 혁명기의 지도자)의 통치 기간 동안 기요틴에서 희생되었다. 감옥에 있던 토크빌의 부친은 로베스피에르가 세력을 잃고 처형되는 바람에 목숨을 구했다. 하지만 부친은 24세 때 이미 백발이 되어버렸고, 모친은 신경과민 환자가 되었다. 그는 귀족적인 배경에도 불구하고 귀족 사회는 이미 끝났으며 새로운 유형의 사회가 도래하고 있다고 확신했다. 당시 프랑스 귀족들은 민주주의 사회는 일회성의 우발적인 사건이며 곧 역전될 것이라는 환상에 사로잡혀 있었다. 토크빌은 이런 환상을 거부했다.

    1830년 토크빌은 7월혁명 당시 베르사유 법정의 배석판사로 일하고 있었다. 그는 이듬해 미국 여행을 신청했다. 명분은 미국의 감옥체제 연구였지만 실은 미국 민주정치의 실상을 직접 확인하고 싶었던 것. 무엇보다 혁명이 반복되는 프랑스와 비교해 안정적인 체제를 유지하고 있는 신대륙의 비결을 알아내고 싶었다. 토크빌은 미국 연방주의의 특성을 설명할 수 있다면 구체제의 유산 때문에 신음하는 프랑스에 큰 공헌을 할 수 있으리라고 생각했다. 토크빌은 1831년 4월부터 1832년 5월까지 미국을 여행했다.

> 내가 미국에 머무는 동안 나의 관심을 끈 신기한 일들 가운데 국민들 사이의 생활상태의 전반적 평등(조건의 평등)만큼 강렬하게 나를 놀라게 한 것은 없다. 이 기본적인 사실이 사회의 모든 과정에서 작용하는 엄청난 영향력을 나는 단시일 안에 발견했다.
> – 이하 『미국의 민주주의』(한길사, 2002)

『미국의 민주주의』1권은 이렇게 시작한다. 위대한 고전 가운데는 저자가 말하고자 하는 핵심을 첫 문장에 담아낸 경우가 많은데, 이 책도 그렇다. 여기서 '조건의 평등'은 부와 직업의 동등함이나 일상생활의 비슷함을 의미하지 않는다. 소득이 동등하다는 것을 의미하지도 않는다. 그는 자신의 운명을 수정할 능력을 갖춘 시민의 능동성을 강조했다. 민주주의는 기대를 가로막는 모든 장벽을 철거해버렸고 공동체의 모든 구성원은 물질적 평등을 성취할 수단이 없는데도 이론적으로는 평등하다고 느꼈다.

미국에서는 아무리 가난한 사람이라도 부자의 쾌락에 희망과 질시가 섞인 눈길을 던졌다. 가난한 시민은 부자 시민을 가까운 거리에서 관찰했으며, 언젠가는 그들의 뒤를 쫓을 수 있을 것이라고 믿었다. 물론 그들의 생각이 늘 틀린 것은 아니었다. 초라한 배경에서 태어났지만 큰 부를 일군 사람도 많았다. 그러나 예외가 규칙이 될 수는 없었다. 미국에도 여전히 최하층 빈민이 있었다. 그러나 귀족 사회의 가난한 사람들과는 달리 미국의 가난한 사람들은 자신의 삶이 기대를 배신했다고 생각했다.[15]

토크빌은 민주주의 시대에 나타날 수 있는 평등한 자유의 위험을 경고한다. 사람들이 정치적 자유와 권리에는 무관심하면서 물질적 향유에만 관심을 기울이게 될 수 있다는 것. 토크빌은 민주주의 사회의 시민들이 많은 열정을 갖고 있는 것은 사실이지만 그 열정의 대부분이 '부에 대한 집착'에서 끝나거나 거기서 출발한다고 주장한다. 토크빌은 미국에서는 돈 이외의 어떠한 것도 사람들 간의 차이를 형성하지 못한다고 보았다. 돈만이 인간을 상위계층으로 끌어올릴 수 있는 사회라는 것이다.

> 오늘날 아메리카 사회는 신세계의 황무지를 공동개발하기 위해서 설립되어 사업 번창에 바빠진 모험가들의 회사와 같다.

토크빌은 「합중국에 민주공화정을 유지시켜주는 주요 원인」(1권 17장)에서 이렇게 비판한다. "아메리카인들을 가장 깊이 움직이고 있는 감정은 정치적인 것이 아니라 상업적인 감정이다." 그러면서 "오히려 그들은 사업 습관을 정치생활에 도입하고 있다고 할 만하다"라고 적었다.

1830년대 당시 아메리카합중국은 유럽대륙에서 '아메리칸 드림'을 찾아온 사람들로 북적였다. 토크빌은 펜실베이니아 주의 벽지에서 한 사람을 만났다. 평등론을 신봉했으며, 40년 전 프랑스에서 열렬한 대중 운동가로 활동했던 인물이었다. 그는 부유한 농가의 지주로 변신해 있었다. 토크빌은 그가 사용하는 언어에 놀랐다고 적었다. 정치적 평등을 외쳤던 그가 경제학자나 지주의 태도로 재산권을 말했다는 것이다.

이윤을 추구하는 마음은 언제나 강렬하며 상상의 즐거움이나 지적인 노력으로부터 끊임없이 벗어나려 하는 아메리카인의 정신은 부의 추구 말고는 아무런 충동의 지배를 받는 일도 없다. 상공계급이 존재하는 것은 아메리카합중국이나 다른 나라나 마찬가지지만 다른 나라와는 달리 아메리카에서는 전체 사회가 일제히 생산적인 산업과 상업에 종사하고 있다.

이것이 바로 막스 베버가 『프로테스탄티즘과 자본주의 정신』에서 강조한 내용이다. 베버는 부자일수록 자신을 신의 선택을 받은 사람이라고 생각한다는 것이 캘빈주의(칼뱅주의)의 핵심이라고 보았다.

아메리카합중국에서는 누구나 사회의 정상에 올라설 수 있다고, 사업가나 판사나 과학자나 대통령이 될 수 있다고 부추긴다. 이렇게 무제한의 기회가 있는 것처럼 느껴지면 심지어는 젊은 하인들 사이에서도 열정적인 분위기가 조성될 수 있다. 그러나 토크빌은 기회는 아주 적은 사람에게만, 일부 재능 있는 사람에게만 돌아오는 것이라고 말한다.

토크빌은 「왜 미국인은 번영 속에서도 그렇게 불안을 느끼는가」라는 제목의 장에서 불만과 높은 기대, 선망과 평등의 관계를 분석하고 있다. 그는 이 책에서 누구나 열심히 노력하면 부자가 될 수 있다는 '아메리칸 드림'에 대해 회의적인 주장을 폈다. 그 시기가 1830년대라는 것을 생각하면 선구적인 주장인 셈이다. 재능이 뛰어나거나 운이 좋은 사람은 목표를 이룰 수도 있을 것이다. 그러나 시간이 지나면서 다수는 계급 상승에 실패한다. 그들은 울화 때문에 생기를 잃고 증오심을 키워간다. 2011년 월스트리트 점거 시위는 토크빌의 예측을 떠올리게 한다. 전세계가 신분 상승, 계층 이동이라는 꿈을 잃어가고 있다. 꿈조차 쉽게 꾸기 힘든 시절이다.

미국의 미래를 위협하는 인종차별이라는 악폐

1830년대 아메리카합중국 사람들의 부에 대한 지나친 집착을 본 토크빌은 『미국의 민주주의』 2권의 첫머리에 다음과 같이 적었다.

문명세계에서 아메리카합중국만큼 철학에 관심을 기울이지 않는 나라는 아마 없을 것이다. 그렇지만 합중국 주민은 (중략) 전국민에게 공통되는 철학적 방법을 가지고 있다. 즉 그들은 먼저 제도나 관습 및 가훈이나 계급상의 견해 그리고 국민적 편견의 속박으로부터 탈피한다는 것, 수단이나 방법에 구애됨이 없이 결과를 추구한다는 것, 특히 그들은 심리작용에 있어서 그들 자신의 개인적 노력에 의한 이해에만 집착한다.

아메리카합중국은 국가 전체가 철학 없이, 수단을 가리지 않고 오로지 부의 축적에만 골몰하고 있다는 것이다. 상업적 열정이 가득한 미국 사회를 보면서 토크빌은 "미국에는 야심 있는 사람은 많은데 어째서 고매한 야심은 찾아보기 힘든가?"라고 묻는다. 민주주의 사회의 사람들이 고매한 야심을 갖지 못하는 주된 원인은 그들의 재산이 부족해서가 아니라 그 재산을 늘리기 위해 너무 격렬하게 노력하기 때문이다.

자기 집을 늘리는 것처럼 자기의 마음을 넓힐 수는 없다.

집이나 자동차와 같은, 손에 넣을 수 있는 작은 목표들을 갈망하다가 인생이 끝나버리는 것이 보통이라는 것. 이는 당대의 미국뿐 아니라 '지금, 여기'의 우리에게도 해당될 것이다. 토크빌은 말한다.

평등의 원리는 모든 사람으로 하여금 모든 것을 할 수 있도록 해주지만, 또한 모든 사람으로 하여금 급속한 진전이 불가능하게 한다.

특히 민주주의적 열정이 물질적 만족에 한정되면, 언제나 이른바 '민주주의적 전제정'으로 귀결된다고 토크빌은 강조한다. 즉 자기 자신에게만 집착하는 민주주의 사회의 개인들에게 민주주의적 전제군주가 등장해 물질적 만족을 주고 그들의 운명을 좌우하는 권력으로 등극한다는 것이다. 토크빌은 이러한 민주주의의 딜레마를 해결할 열쇠를 자유에서 찾았다. "평등이 만들어낸 악덕들과 싸우기 위해서는 한 가지 치유책밖에 없다. 그것은 정치적 자유다."

민주주의의 타락은 몇 가지 형태로 나타난다. 그 가운데 첫 번째는 시민의 평등을 기반으로 한 체제이면서도 정치적 평등은 보장되지 않는 것이다. 즉 정부에 참여할 수 있는 권리가 없는 상태다. 이 상황에서 모두의 권리는 사회가 진보함에 따라 얻어지는 물질과 그 향유를 추구하는 방향으로만 행사된다. 이것이 토크빌이 미국을 방문했을 때 조금씩 드러났던 미국의 탈정치화 현상이었다. 민주주의 타락을 드러내는 또 다른 경우는 정치적 평등은 가능하나 정치적 자유가 없는 상태다. 이는 당대의 프랑스를 위협하던 상황이었다. 1851년 루이 나폴레옹이 쿠데타를 일으켜 황제에 즉위했던 것이다. 보통선거가 확립되기는 했지만 그 이외의 어떤 정치적 자유도 보장되지 않았다.

시민들에게 공적인 것에 관심을 갖게 하고, 공적 공간을 메마르지 않게 하며, 공동의 업무를 국가로 하여금 포기하지 않게 하는 것. 이것이 사회적 선의 보존에 대해 고민했던 토크빌이 정의한 '정치'의 개념이다. 오늘의 대한민국에 가장 절실히 요청되는 사회적·정치적 덕목이기도 하다.

토크빌은 또한 미국의 민주공화정을 유지하는 주요한 요인 중 하나로 종교의 영향을 든다. 종교가 정치에 직접적으로 개입하지 않는다 하더라도 자유를 이용할 수 있는 습속을 형성시킨다는 것이다. 미국에서 기독교는 사회의 윤리 제공자로서 역할을 하고 있다고 보았다. 기독교는 개인주의 성향과 정반대되는 본능, 즉 공적 심성 혹은 애국심을 불러일으키는 역할을 했다. 이러한 미국의 민주주의 제도와 습속들이 미국인으로 하여금 정치에 관여하고 그에 대해 말하는 것을 가장 큰 관심사이자 즐거움으로 만들었던 것이다. 즉 '자유가 형성해놓은 습관'이야말로 미국의 민주주의를 지켜내는 보루였다.

아메리카합중국에서 일요일은 국민의 모든 생산과 거래활동이 중지되는 것 같다. 모든 소음은 중지되고 깊은 평온 즉 장엄한 명상이 한 주일의 소란 뒤에 찾아온다. 그래서 정신이 제기능을 회복해 명상에 잠긴다. 사람들은 아이들을 데리고 교회로 간다. 그래서 교만과 탐욕에 의해 야기되는 수많은 악에 대한 설교를 듣는다. 집에 돌아와서도 성경책을 읽는다.

토크빌은 "비록 종교가 저승에서 인간을 구원하지는 못할지라도 적어도 현세에서의 인간의 행복과 고귀함에는 대단히 공헌하고 있다는 것은 반드시 인정되어야 할 것"이라고 강조한다. 칸트가 말한 인간의 행복에 필요한 '이성종교론'을 여기서도 엿볼 수 있다.

토크빌은 합중국의 미래를 위협하는 모든 악폐들 가운데 가장 심각한 것은 합중국 영토에 존재하는 흑인, 정확히는 흑인에 대한 차별로부터 연유한다고 강조한다. 미국에 청교도들이 도착한 것은 1620년이었고, 흑인 노예들이 처음 유입된 것은 1621년경이었다. 그 지역은 버지니아였다. "만약 아메리카가 거대한 혁명을 겪게 된다면 그것은 이곳에 거주하는 흑인들에 의해 발생할 것이다." 1999년 4월 'LA 흑인 폭동'을 비롯해 21세기인 현재까지 미국 내의 인종차별이 심각한 수준임을 상기한다면, 그의 통찰력이 지금까지 유효함을 알 수 있다.

애덤 스미스의 『국부론』(1776)이 최초로 국가의 부의 문제를 다루면서 경제학의 시대를 열었다면, 알렉시스 드 토크빌의 『미국의 민주주의』(1835~40)는 최초로 근대 민주주의 국가에서 개인의 평등과 자유 문제, 개인성의 소멸, 물질적 쾌락과 부의 축적에 대한 지나친 집착 등을 다루었다. 그는 미국은 '상업적인 감정'이 지배하는 나라라고 분석했으며, 상인의 태도야말로 가장 반혁명적인 것이라고 보았다.

상업은 본래 모든 격렬한 열정에 역행한다. 상업은 남의 환심을 사는 것을 좋아하며 타협에서 기쁨을 느끼며 애써 성급함을 피한다.

사회가 부패했든 윤리가 타락했든 관심을 별로 가지지 않는 상인들의 속성을 말한 것이다. 그가 보기에, 이것이야말로 혁명의 최대 적이다. 마치 『미국의 민주주의』는 칼 마르크스가 지은 『자본론』(1867)의 전주곡 같다는 생각마저 든다. 상품 분석으로 시작되는 『자본론』은 자본주의 사회의 세포적 존재인 상품 속에 사회의 모순이 집약적으로 제시되어 있다고 본다.

한 저술을 고전으로 만들어주는 것은 그 속에 담긴 번뜩이는 통찰력이다. 『미국의 민주주의』도 예외는 아니다. 서양의 문명과 학문은 이러한 통찰과 그로부터 연쇄적으로 이어진 연구에 힘입어 혁신적인 성과를 냈다. 그럼으로써 세계의 중심을 서쪽으로 가져오는 데 성공했던 것이다.

『미국의 민주주의』 읽는 법

『미국의 민주주의』(1835~40)의 번역본은 한길사(임효선·박지동 옮김. 2002)에서 출간되었다. 홍태영의 『몽테스키외&토크빌, 개인이 아닌 시민으로 살기』(김영사, 2006)도 참고할 만하다. 알랭 드 보통도 자신의 저서인 『불안』(은행나무. 2011)에서 이 책을 흥미롭게 소개했다.

『청구야담』

—

삶을 위로하는
이야기의 힘

—

47

무릉도원의 이미지를 간직한 중국 광시 지역
임진왜란 및 병자호란의 후유증이 지속되던 조선 후기. 당시 양란이 조선의 민중들에게 얼마나 깊은 고통을
주었는지는 『청구야담』의 글을 통해서 확인할 수 있다. 『청구야담』 속에는 무릉도원에 대한 소망이 드러난
글이 다수 담겨 있다.

이데올로기에 억눌린 욕망들, 이야기가 되다

　흔히 '야담'이라고 하면 역사적인 사실이나 본격 문학과는 거리가 먼 것, 야한 이야기나 민담, 전설로 내려오는 신비적인 이야기를 의미한다. 야담이라는 표현은 17세기 전반 유몽인의 『어우야담』에 최초로 등장했다. 『청구야담』은 1840년 전후에 편찬된 것으로, 편찬자는 알려져 있지 않다. 책 속에는 신분질서의 동요와 가치관의 변화가 극심했던 18~19세기를 배경으로 한 다양한 삶의 모습이 담겨 있다. 그 가운데는 '탈중세적'인 면모를 갖는 작품도 있지만 봉건적 성향이 여전한 작품도 있다. 예컨대 '열녀'가 있다면 분방하게 정에 이끌리는 여인도 있고, 주인에게 충성을 다하는 종이 있는가 하면 주인을 해하는 노복도 있다.

　조선시대 윤리의 정점에는 이른바 충忠과 효孝 그리고 열烈 이데올로기가 있다. 자연스럽게 『청구야담』에도 이에 대한 이야기가 많다. '열 이데올로기'는 이른바 '열부'라 하여 수많은 여성들에게 정절을 강요하고 그들의 삶을 희생시켰다.

「딸을 재가시킨 재상」(163회) 이야기에도 그러한 현실이 드러난다. 하지만 이야기 속 아버지는 딸의 삶을 어떻게든 복원하려 노력한다. 그의 딸은 출가한 지 일 년도 못되어 남편을 잃고 부모 곁에서 살고 있었다. 젊은 나이에 과부가 된 딸이 자신의 고운 얼굴을 거울에 비춰보다가 갑자기 그것을 내던지며 울었다. 그 모습을 아버지가 보았다. 재상의 위치에 있던 그가 사대부 윤리를 무시할 도리는 없다. 한평생 정절을 지키다 늙어 죽거나 스스로 목숨을 끊는 딸을 지켜보아야 한다. 결국 아버지는 딸의 죽음을 위장하기로 한다.

그는 한 건장한 무반에게 은자를 주며 딸을 데려가기를 청한다. "곧바로 북관으로 가 그곳에서 살게. 그리고 우리 문하에는 종적을 끊게나." 그들을 떠나보낸 재상은 내실 아랫방에 들어가 통곡하며 "내 딸이 자결했도다"라고 말했다. 집안 사람들이 놀라고 당황하며 모두 슬퍼했다. "내 딸은 평소에 다른 사람들을 대하기 싫어했다. 내가 염습할 것이니 비록 저의 오라비라도 들어와서 볼 필요가 없겠다." 그는 딸의 시댁에 통고하고 입관한 후 시댁의 선산 아래에 장사지냈다.

몇 년이 흐른 뒤, 그 재상의 아들이 암행어사로 북관을 살피다가 어느 곳의 인가를 찾아들어갔다. 주인이 일어나 맞아들였다. 마침 그 방에서는 두 명의 아이가 책을 읽고 있었는데 그 아이들은 생김새가 맑고 준수하여 자신의 안면과 자못 유사했다. 밤이 깊자 안방에서 한 여인이 나오더니 암행어사의 손을 붙잡고 흐느꼈다. 놀라 자세히 바라보니 죽은 그의 누이였다. 그는 돌아와 부친에게 조용히 말했다. 그 말을 들은 재상은 눈을 부릅뜨고 아들을 뚫어져라 바라보며 아무 말도 하지 않았다. 그 아들도 감히 더 이상 말을 꺼내지 못했다.

사회 시스템이 흔들리고 붕괴했던 조선 후기, 그 시대상이 담긴『청구 야담』은 이야기들마다 가치관이나 윤리의식에 큰 차이를 보인다.『청구 야담』에는 가부장적 신분 사회였던 당대 조선 남성들의 은밀한 성적 판 타지도 담겨 있다.

그중에서도「천하일색을 얻은 김역관」(29회) 이야기가 재미있다. 김역 관은 이여송의 역관으로 일하고 있었다. 이여송은 군량을 약속한 기일 에 대지 못한 요동도통이라는 인물을 군율로 다스리려 했다. 도통의 세 아들은 제독의 총애를 받고 있는 김역관 보기를 청했다. 이에 김역관은 도통의 목숨을 구해주었고, 아들들은 역관에게 은혜를 갚게 해달라고 한다. 먼저 이들은 김역관을 조선국의 재상 자리에 앉혀주겠다고 했다. 김역관은 그러면 '중인 정승'이라고 손가락질 당할 것이라며 거절했다. 중원의 벌족이 되게 해주겠다는 제의 역시 거절했다. 부모와 이별하기 싫다는 것이었다. 그리고 조심스레 속마음을 전한다. "제가 달리 원하는 것은 없으나 소원이라면 천하일색을 한 번 보는 것입니다." 김역관은 거 듭 "저는 단지 한 번 보기를 원했을 뿐입니다. 실로 다른 뜻은 없었습니 다"라고 말하며 짐짓 운우지정을 맺는 것에는 관심 없는 체한다. 황성에 도착한 역관은 천하일색의 귀인(운남왕의 딸)을 한 번 보는 데 그치지 않 고, 점잔을 빼다 운우지정을 맺는다. 그리고 매년 역관으로 황성에 올 때 마다 만나 운우지락을 나누게 된다. 조선의 사대부나 역관들에게는, 야 담 속 김역관의 로맨스가 '로망'이었을 게다.

「소나기로 맺은 인연」(81회)은 이효석의『메밀꽃 필 무렵』을 떠올리게 한다. 장동의 한 약藥 거간꾼은 늙도록 홀아비로 살면서 자식도 없고 집 도 없이 약사를 돌아다니며 숙식했다. 영조의 행차가 있던 날 소나기가 퍼부어 도랑물이 넘쳐흘렀다. 임금님 행차를 구경하려고 나왔던 이들이 약사에서 비를 피한지라 사람들로 몹시 붐볐다. 약 거간꾼이 방 안에 있다가 문득 말했다. "오늘 비는 꼭 내가 젊었을 시절 조령을 넘던 때에 만난 비 같군!" 그러면서 그때의 일을 들려주었다.

모년 여름에 왜산 황련이 떨어져서 나는 급한 걸음으로 동래부에 가서 이것을 사오려고 길을 떠났었소. 한낮에 조령을 넘어 겨우 진영의 점사를 지났는데 그만 무인지경 속에서 소나기가 급하게 퍼부었다오. 한 초막을 발견하고 곧바로 초막으로 들어가니 한 노처녀가 있었소. 나는 먼저 젖은 옷을 벗어 빨았는데 처녀는 곁에 있으면서 피하지 않았소. 갑자기 나는 마음이 동해 그녀와 더불어 친압하였는데도 그녀는 난감해하는 기색이 없었소. 나는 그녀의 거주지도 묻지 않고 비가 그쳐 곧장 그곳을 떠났었소. 오늘 내리는 비가 꼭 그때의 소나기 같으므로 우연히 생각이 난 것이오.

－『청구야담』(한국문화사, 1995)

조금 뒤 처마 밖에서 평두건을 쓴 한 아이가 곧장 마루로 올라와 그 내용을 소상히 물었다. 그가 바로 그 여인의 아들이었다. 아들은 아버지를 만나 봉양하겠다며 함께 가자고 했다. 약 거간꾼에게 갑자기 집도 생기고 처도 생기고 아들과 먹을 것도 생긴 것이다. 그는 넉넉하게 유유자적하며 일생을 마쳤다. 이효석의 소설과 다른 점은 바로 아들을 만난다는 대목이다.

이외에도 「하루아침에 두 첩을 얻은 홀아비 권진사」(100회) 이야기는 과부 보쌈 이야기와 맞물려 흥미를 더한다. 가난한 권진사는 옆집의 과부와 놀다가, 이방의 부하들에게 과부 대신 보쌈을 당했다. 그러다 이방의 집에서 그의 딸과 뜻밖에도 운우지정을 맺게 된다. 양반을 보쌈한 죄로 이방은 딸을 권진사에게 내어줄 수밖에 없는 처지가 되었다. 결국 권진사는 이방의 딸을 정실로 맞고 상민이었던 과부를 후실로 삼아 일생을 편안하게 지냈다는 내용이다. 보쌈당할 위기에 처한 과부가 권진사를 대신 보쌈당하도록 만든 술책으로 반전을 꾀한 데 이 이야기의 묘미가 있다.

『청구야담』은 당대에 이야기가 충과 효, 열의 이데올로기에 억눌린 욕망의 은밀한 배설 창구가 되었음을 보여주는 귀한 자료다.

무릉도원을 상상하다

　무릉도원에 대한 상상과 그곳에서 살고 싶다는 소망은 인간의 가장 깊고 오래된 꿈 가운데 하나일 것이다. 더욱이 조선 후기는 임진왜란 및 병자호란의 후유증이 지속되던 시기였다. 조선시대 양란이 민중들에게 얼마나 깊은 고통을 주었는지 『청구야담』의 글을 통해서 확인할 수 있는데, 이는 무릉도원에 대한 소망으로 드러난다. 이러한 소망이 담긴 이야기로는 「무릉도원을 찾은 권진사」(70회), 「이동고의 식감」(92회), 「설생의 별천지 유람」(94회) 등이 있다.

　이 가운데 「설생의 별천지 유람」이 흥미롭다. 설생과 오윤겸은 어릴 적 친구였는데 인조반정 후 오공이 관동 절도사가 되어 부임해 우연히 영랑호에서 설생을 만난다. 설생은 그가 살고 있는 회룡굴이라는 곳으로 오공을 데려간다. 험악한 산길을 몇 리 지나니 푸른 절벽이 우뚝 서 있는데 마치 깎은 듯하다. 그 기이하고 웅장한 형세에 오공의 눈이 휘둥그레졌다. 중간이 성문처럼 갈라져 있어 좌우로 청류가 쏟아져 나왔는데 그 석문 곁이 곧 회룡굴이었다. 거꾸로 매달려 몸을 구부린 채 들어가니 별천지가 펼쳐졌다.

땅은 몹시 넓고 평탄했으며 토질은 기름졌다. 사는 사람들 또한 많았다. 오공은 당상으로 인도해 음식을 대접했다. 나물은 진미라 할 만큼 맛있고 기이한 과일은 향과 단맛이 몹시 특이했으며, 인삼은 실로 그 크기가 팔뚝만 했다.

> "산수가 청개한 것은 진실로 은자의 처소요, 가계가 넉넉지 않을 텐데 산중에서 어떻게 이같이 갖추어 놓았소?" 오공이 설생의 종복들을 보니 모두 준미한 자들로 그중 많은 수가 악기를 익히고 있었다. 물어보니 다 첩의 아들들이라고 했다. 가무하는 미희들도 십수 명 있었는데 모두 빼어나게 아름다웠다. "나중에 서울에 오면 반드시 나를 방문하시오."
> – 『청구야담』

그 후 3년의 세월이 흘러 설생이 과연 오공을 찾아왔는데 공은 그때 마침 전조(이조와 병조를 두루 이르던 말)를 장악하고 있었던지라 설생을 천거해 벼슬을 주고자 했다. 그러자 설생은 그것을 수치스럽게 여기고 인사도 없이 떠나버렸다. 공은 휴가를 내고 회룡굴을 찾아갔으나, 그곳은 이미 빈터가 되어 있었다. 설생 역시 간 곳을 알 수 없었다.

무릉도원의 희구와 함께 조선 사대부, 나아가 선비들의 은눈에 대한 욕망이 읽히는 이야기다. 이 이야기는 그들로 하여금 삶의 질곡을 잊고 잠시나마 환상 속으로 여행을 떠나볼 수 있게 해주었을 것이다.

시대를 막론하고 또한 신분을 막론하고 누구에게나 부유한 삶에 대한 갈망이 있을 것이다. 『청구야담』속에서 치부에 대한 이야기는 신분 질서의 붕괴와 맞물려 소개되고 있다.

궁한 지경에 이르러 관동 고을의 원을 지내는 친구에게 부탁하러 갔던 양반 송씨는 오래전에 집을 나가 부자가 된 노복을 만난다. 수십 년 만에 만난 송씨의 노복은 옛 주인에게 용서를 구한다. 이에 송씨는 "이제 시절이 변했으니 원컨대 편히 앉아 한담이나 하자"라고 하면서 부자가 된 내력에 대해 묻는다. 노복은 자신의 성공담을 털어놓는다.

송씨 댁이 운이 별로 없어 보이고 가세가 일어날 것 같지 않아 도망 나왔다는 그는, 최씨 성을 얻어 경성에서 여러 해 동안 수천백금을 벌었다. 그는 영평으로 이사해 문 닫고 글만 읽으며 사대부 행세를 했다. 경성에서 벌어온 재물을 가난한 사람에게 나누어주어 백성들의 마음을 사고 뇌물로 부자의 입을 막았다. 유명한 사람의 이름을 빌려 자신을 찾게끔 하기도 했다. 다시 몇 년 후 철원으로 이사해 전에 했던 것처럼 행세하니 그곳 사람들도 사족으로 대접했다. 재취한다 속여 한 무관의 딸과 혼인하고는, 발각될까 회양으로 이사했다. 회양 사람들과 철원 사람들이 노복의 정체를 묻던 중 정오품, 정삼품을 지낸 사람으로 알려지게 되었다. 그는 발각될까 두려워 물러나 전원생활을 하면서 아들 다섯과 딸 둘을 사족과 혼인하도록 하였다. 이 이야기에서 당시 엄격했던 신분 사회가 재력이 중시되는 사회로 이행하고 있음이 드러난다.

『청구야담』은 조선 후기의 시대상을 적나라하게 들여다볼 수 있는 장편의 역사 드라마라고 해도 손색이 없다. 이 드라마를 보고 사람들은 역사를 거울삼아 다시 살아갈 용기와 위안을 얻을 수 있지 않았을까.

『청구야담』 읽는 법

『청구야담』(1843)은 여러 번역본이 출간됐으나 최근 번역본으로는 학고방(이재홍·이상덕·김규선 공저, 2014)에서 나온 것이 있다. 여기서는 이월영·자귀선 공역(한국문화사, 1995, 절판)을 인용했는데 한문 투가 덜해 읽을 만하다. 이 책은 국립중앙도서관 본을 번역한 것으로 182편을 수록하고 있다.

이원걸의 『조선후기 야담의 풍경』(파미르, 2006)과 김준형의 「청구야담의 상반된 가치와 문학교육의 가능성」(『비평문학』 제33호, 2009) 등 논문을 곁들여 읽으면 이해의 폭을 넓힐 수 있다.

너새니얼 호손의
『주홍 글자』

—

문학의 독립을 일군
미국 최초의 걸작

—

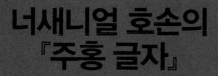

48

서울대 권장도서 · 48선

미국 메사추세츠 주 세일럼에 세워진 너새니얼 호손 동상
호손은 미국 문학을 영국 문학의 식민상태로부터 벗어나게 한 최초의 작가로 평가된다. 헨리 제임스는 1620년 영국인이 미국에 첫 발을 내딛은 이후 200여 년이 지나서야 『주홍 글자』라는 문학다운 문학이 등장했다고 말했다.

경직된 청교도의 위선을
불륜으로 고발하다

아메리카는 아마 우리 시대에 있어서 문학이 가장 덜 보급된 문명국가이
다. 창작활동에 종사하는 소수의 아메리카합중국인의 대부분이 본질적
으로 영국적이며 그 형식에 있어서는 더욱더 영국적이다. (중략) 그런데
정확하게 말하자면 현재 아메리카합중국 주민들은 문학이란 것을 가지
고 있지 못하다.

— 『미국의 민주주의』(한길사, 2002)

알렉시스 드 토크빌은 『미국의 민주주의』에서 미국 문학의 불모성을
이렇게 꼬집었다. 소설가 헨리 제임스는 너새니얼 호손(1804~1864)의
『주홍 글자』가 미국 문학의 효시라며 호손에 의해 미국 문학이 영국 문
학의 식민상태에서 벗어날 수 있었다고 말한다. 말하자면 1620년 영국

인이 미국에 첫발을 내딛은 이후 200여 년이 지나서야 비로소『주홍 글자』라는, 문학다운 문학이 등장했다는 것이다. 이는 로마제국이 건국 후 500년이 지나서야 그리스 문화의 식민상태로부터 벗어날 수 있었던 것에 비유할 수 있겠다.

네 살 때 아버지를 여읜 호손은 대학 졸업 후 어머니와 함께 외가가 있는 세일럼에서 살고 있었다. 그는 이 무렵 어머니로부터 가문의 과거사에 대해 듣게 되었다. 호손의 1대 조상인 윌리엄 호손과 5대 존 호손이 퀘이커교도 박해와 처형에 관여했다는 이야기였다. 또한 호손 외가의 가족사는 근친상간으로 얼룩져 있었다. 1680년 호손의 외증조부인 토머스 매닝은 그의 여동생과 근친상간을 저질렀다는 사유로 고소를 당하자 숲으로 도주한 후 8년 동안 나타나지 않았다. 그의 여동생은 '간통'Adultary이라는 글자를 꽂은 모자를 쓰고 다녔다고 전해진다. 이 이야기들이 호손에게 영향을 미쳤을 것으로 추측된다. 가문의 과거사가 그의 내면에 죄의식을 형성해 작중 인물을 창조하는 요인으로 작용했다는 것이다.

> 그녀의 앞가슴에는 붉은 천에 정교한 솜씨로 수놓은 금실로 이상하게 장식한 A자가 박혀 있었다. 그것은 매우 정교한 솜씨와 호화롭고 풍부한 상상력으로 만들어져 있어, 그녀의 옷은 그 시대의 취미에 맞춘 훌륭한 것이었지만 아메리카 식민지의 사치단속법이 허용하는 범위를 훨씬 넘고 있었다.
>
> – 이하『주홍 글자』(마당미디어, 1996)

이 문장이야말로『주홍 글자』에 불멸의 명성을 안겨주었다고 해도 과언이 아니다. 주인공 헤스터가 태어난 지 3개월 된 딸 펄을 가슴에 안고 감옥 문을 나서는 초반부의 장면이다. 호손은 헤스터가 처벌을 받기 이전의 사건에 대해서는 언급하지 않는다. 가령 누가 먼저 상대방을 유혹했는지, 그들이 어디서 육체적 관계를 맺었는지, 또 몇 번의 밀회를 즐겼는지 따위에 대해. 불륜을 다룬 소설이지만, 그에 대한 묘사에서 호손은 절제하는 태도를 유지한다.

대신 소설의 도입부에서 호손은, 종교의 광신을 피해 이곳에 온 개척자들이 공동묘지와 감옥을 만들게 된 내력을 설명한다.

> 새 식민지의 개척자들은, 처음에 인간의 도덕과 행복의 이상향을 계획했을지도 모른다. 그러나 실제로 일을 해나가다 보면 우선 그 황무지의 일부를 떼어 공동묘지를 만들고, 또 일부를 떼어서 감옥의 터로 정하는 것이 건설 초기에는 꼭 필요한 일이었다.

선조들은 신대륙에 새로운 사회를 건설했지만, 17세기 중엽 뉴잉글랜드는 또 다른 종교적 광기와 야만이 지배하는 경직된 사회로 변해갔다. 청교도의 이상 국가를 건설하기 시작하던 초기 식민지 시절에 이미 청교도 목사가 간음을 범하는 등 위선적인 타락상이 드러났다. 또한 규율을 무너뜨린 데 대한 처벌도 중세 유럽의 마녀재판을 방불케 했다.

호손은 헤스터가 장터 광장의 '처벌대'에서 온갖 수모를 당한 뒤출옥하는 장면을 그리면서, 200년 전 개척시대의 이른바 '청교도 근본주의자'들의 사회에 메스를 가한다. 호손은 헤스터를 단죄한 처벌대를 18~19세기 프랑스 혁명기의 기요틴에 비유한 것이다.

> 이 처벌대는 당시 처형 시설의 일부를 이루고 있었다. 지난날에는 시민들의 도의심 향상을 위해서, 테러 정치가들을 처단했던 프랑스의 단두대

못지않은 효력을 발휘한다고 생각되었다. (중략) 죄인으로 하여금 수치심을 느끼면서도 그의 얼굴을 가릴 수 없게 하는 것보다 더한 모욕은 없을 것이다.

헤스터는 장터 처벌대에서 공개적인 수모를 당하고 마침내 자유의 몸이 되었다. 하지만 헤스터는 어쩐 일인지 그곳을 떠나지도 않았고 또 A라는 주홍색 글자를 지우지도 않았다.

나는 이 땅에서 죄를 지었다. 이 생에서 받은 형벌은 이 땅에서 치러야 한다. 그리하면 마침내는 내 영혼을 깨끗이 씻어주고 앞서 잃은 것과는 색다른 순결을 안겨줄 것이다. 수난의 결과로서 더욱 성자다운 순결을.

헤스터는 이렇게 독백하고 이곳에서 살기로 작정한다. 헤스터 프린은 치욕을 당한 그곳에서 도망하지 않고 변두리의 쓸쓸하고 외딴 곳에서 딸 펄과 함께 지냈다.

가슴에 새겨진
'A'라는 글자의 의미

　헤스터는 자유의 몸이 되었지만 청교도 사회는 여전히 그녀를 죄인 취급했다. 호손은 헤스터에게 가해지는 냉혹한 처사에 대해 비판한다. 빈민이든 상류층 부인이든 헤스터를 박대했고, 아이들 또한 어른들과 다르지 않았다. 그는 목사들의 위선도 놓치지 않는다. 목사들은 길을 지나가도 그녀를 보면 발길을 멈추고 서서 한바탕 훈계를 했다. 교회에 가면 헤스터 자신이 목사의 설교 소재가 되어 있곤 했다. 말하자면 헤스터 모녀는 청교도 사회에서 외딴 섬과 같은 존재였다. 선한 일을 해도 이들 모녀를 관용하며 포용해주지 않았다.

　요컨대 헤스터 프린은 사람의 시선이 자신의 가슴의 표지 위에 멈춰지는 것을 느낄 때면 언제나 몸서리치는 고통을 받았다.

어느 사회에서나, 이런 고통은 죄인에게 드리운 '보이지 않지만 가장 무거운 형벌'일 것이다. 호손은 간음한 여인이 죗값을 치렀음에도 자유인이 된 이후까지 지속적으로 징벌을 가하는 청교도 사회의 경직성과 엄숙주의에 일침을 가한다. 또한 호손은 딤즈데일 목사의 간음과 그 이후의 처신을 통해 청교도 사회의 이중성 역시 적나라하게 그려낸다. 딤즈데일은 자신과의 정사로 죗값을 치르기 위해 처벌대에 선 헤스터 프린의 이름을 부른 뒤, 그녀의 눈을 똑바로 들여다보며 입을 열었다.

"당신과 함께 죄를 짓고 그리고 함께 고통받고 있는 그 남자의 이름을 대시오! (중략) 헤스터 부인. 그대가 침묵을 지킨다고 그에게 무슨 이익이 된단 말이오."
젊은 목사의 떨리는 음성은 달콤하면서 풍요로웠고 깊으면서도 비탄에 잠긴 듯했다.

헤스터에게 말하는 이 사람이 바로 그녀에게 원죄를 준 딤즈데일 목사다. 그는 뻔뻔스럽게 그녀에게 이렇게 말하고 있는 것이다. 딤즈데일이 "남자의 이름을 밝히고 회개한다면 주홍 글씨를 떼어낼 수도 있다"라고 하자, 헤스터 프린은 "절대로 안됩니다"라고 말한다.

너무 깊이 찍힌 낙인이라서 도저히 그 글씨를 떼어버릴 수는 없습니다. 그리고 저는 제 고뇌말고도 그분의 고통까지 함께 견디고 싶습니다.

목사에게 이보다 더한 고통의 순간이 또 있을까. 딤즈데일 목사는 자신의 죄를 숨기며 헤스터 프린에게 속죄를 요구하는 이중성에도 불구하고 시간이 갈수록 신자들의 존경을 받았다.

성직자의 검은 옷차림으로 여러분 앞에 서 있는 나, 이 신성한 설교단에 올라서서 창백한 얼굴을 들어 하늘을 보며 여러분을 대신해 전지전능하신 하느님과 영적으로 교섭하는 책임을 지려는 나, 일상생활에 있어서 에녹과 같이 신성하다고 여러분이 생각하시는 나, 나는 철저하게 부정한 거짓의 덩어리에 불과합니다.

딤즈데일은 설교에서 자기가 비열한 사람이며, 가장 비열한 사람들보다도 더 비열한 인간이고, 최악의 죄인이며 저주받아야 할 사람이라고 말했다. 또한 상상도 못할 만큼 옳지 못한 인간인 자신의 이 더러운 육체가 청중들이 보는 앞에서 하느님의 불타는 노여움으로 인해 오그라들지 않는 것이 이상하다고 했다. 사람들은 그를 단죄하려고 하기는커녕, 그러한 말을 모두 듣고도 "정말 신성한 청년이다!" "지상의 성자다"라며 더욱더 그를 존경할 뿐이었다. 청교도 사회의 종교적 맹목성이 드러나는 지점이다.

목사는 이곳에서 도망가서 함께 살자는 헤스터의 제의에 고민하다, 결국 자신의 죄를 고백하고 숨을 거둔다.

드디어 드디어 7년 전 이 여인과 함께 섰어야 마땅했을 이 자리에 나는 섰습니다. 낙인이 사나이에게도 찍혀 있었습니다. (중략) 다시 한 번 헤스터의 주홍 글씨를 보아주십사고 부탁드립니다. 이 글자는 불가사의하고 두려운 표적이지만 이 남자의 가슴 위에 있는 표적에 비하면 한낱 그림자에 불과합니다.

딤즈데일 목사와 전 남편인 칠링워스가 죽은 뒤, 헤스터는 펄과 함께 홀연 보스턴을 떠난다. 이 소설에서 가장 강렬한 이미지는 헤스터 프린이 청교도적 단죄인 주홍 글자를 버려도 될 상황에 이르러서도 스스로 다는 장면, 그리고 훗날 고향에 돌아와 다시 'A'라는 글자를 다는 장면일 것이다.

오랜 세월이 흐른 뒤 헤스터는 홀로 보스턴에 돌아와 자신의 의지로 다시 가슴에 'A'를 붙였다. 그때, 고통(간음)의 의미는 사랑Amour으로 변모한다. 헤스터는 청교도 사회에서 자신을 빼내 도망치는 대신, 스스로의 방식으로 죗값을 치르면서 정신적인 황폐함에서 벗어났다. 가슴에 주홍 글자를 달고 봉사 간호사로 생활하며 사랑을 실천함으로써, 헤스터는 경직된 청교도 사회를 정화하고 개인의 고난을 사회적인 승리로 변형했다고 볼 수 있다.

『주홍 글자』는 공개적인 속죄 방식을 선택해 거듭나는 강인한 여성상과, 공개적인 속죄를 거부하고 양심의 가책으로 죽어가는 나약한 남성상을 대비한다. 헤스터는 처벌대와 감옥에서, 그리고 오랜 기간의 따돌림으로 자신의 죗값을 치른 끝에 재생 및 부활한다. 하지만 헤스터가 단죄당한 이후에도 7년 동안 자신의 죄를 털어놓지 않은 딤즈데일은 그 고통으로 죽어간다. 감옥에서 나온 뒤에도 주홍 글자를 스스로 달았던 헤스터는 삶을 재생하는 데 반해 주홍 글자를 달지 않고 가슴에 손을 대는 것으로 그친 딤즈데일은 죽음에 이르게 된 것이다. 이를 통해 호손은 가부장적 청교도 사회에 죽음을 선고하는 것 같다. 호손은 'A'라는 주홍 글자에 남성중심 사회에 도전하고 청교도주의의 독선과 억압에 저항한다는 적극적인 의미를 담아낸다. 더불어 헤스터는 죄를 짓고 죗값을 치르는 과정으로 말미암아 인간과 세상을 보다 깊이 이해하게 된다.

일찍이 러시아의 문예이론가 미하일 바흐찐은 말했다.

문학작품은 새로운 해석으로 위대해진다.

긴 세월 동안 독자들은 헤스터의 가슴에 새겨진 'A'에 대해 다양한 해석을 내놓으며, 이 소설을 고전의 자리에 굳건히 올려두었다. 만약 헤스터에 대한 관능적인 묘사가 더 강렬했다면 단순한 통속적 애정소설로 머물렀을 수도 있다. 독자나 평자들에게 해석의 여운을 남긴 것이야말로 『주홍 글자』가 고전으로 자리매김할 수 있었던 이유가 아닐까.

이 소설의 무대인 1640년대 보스턴 지역의 세일럼 식민지와 남쪽의 플리머스 식민지에서는 죄인에게 채찍을 가한 뒤 치욕의 글자를 죄인의 팔이나 등에 붙이고 다니도록 했다. 호손이 헤스터의 모델로 삼은 듯한 사건도 있었는데, 이른바 '크로포드 사건'이다. 이 사건에서 죄인은 채찍을 맞았으며 불륜으로 태어난 갓난아이를 청교도 지도자에게 빼앗겼다. 『주홍 글자』에서는 헤스터가 딸을 빼앗아가려는 청교도 지도자에게 극력 저항해 함께 사는 것으로 그려진다. 호손이 소설을 해피엔딩으로 끝낸 데에는 청교도 사회가 새로운 모습을 갖추길 바라는 염원이 담겨 있다고 할 것이다.

『주홍 글자』 읽는 법

너새니얼 호손의 『주홍 글자』(1850)는 수많은 판본이 있는데 민음사 출간본은 서문인 「세관」 편이 결론 다음에 수록돼 있다. 여기서는 마당미디어에서 출간한 『주홍 글씨』(1996)를 인용했다. 연구서로는 정경식의 『모순과 통합의 시학』(유커리스트, 2011), 박양근의 『너새니얼 호손 연구』(세종출판사, 2011)를 참고했다. 제목의 경우 일부는 '주홍 글씨'로 번역·표기했지만 이 책에서는 '주홍 글자'가 더 적확하다고 판단했다.

플로베르의
『마담 보바리』

—

마담 보바리는 바로 나다

—

49

RY ET SES AMIS
À
GUSTAVE FLAUBERT
1821   1880

MADAME BOVARY
LA TENTATION DE S^T ANTOINE
L'EDUCATION SENTIMENTALE
BOUVARD ET PECUCHET
SALAMMBO

프랑스 센마리팀 지역에 있는 귀스타브 플로베르의 석비
플로베르는 젊은 날의 자신이 "빨갛게 들뜬 낭만주의자"였노라고 고백했다. 플로베르 자신이 사랑과 결혼, 현실과 이상의 투쟁에서 패배한 소설 속 주인공 그 자체였던 것이다.

불륜 드라마 안에 녹인
사회 고발

> 나는 '마담 보바리'를 좋아하지 않는다. 플로베르 역시 좋아하지 않는다.
> 그러나 『마담 보바리』는 정녕 위대한 작품이라고 생각한다.

장 폴 사르트르의 말이다. 사르트르는 1972년 무려 3,000페이지에 달하는 방대한 책을 내놓아 화제가 되었다. 『가문의 백치』라는 제목을 가진 책이었는데, 그 책의 분석 대상이 평론가들을 혼란스럽게 했다. 『가문의 백치』는 다름 아닌 귀스타브 플로베르(1821~1880)에 대한 전기적 비평서였기 때문이다. 플로베르 연구가들은 이 책을 두고 "플로베르를 결코 이해할 수 없는" 사르트르가 쓴 플로베르 연구서라고 하기도 했다. 『가문의 백치』란 제목은 플로베르가 어렸을 때 글을 늦게 깨우쳤다는 일화에서 착상한 것으로, 제목에서부터 플로베르에 대해 비아냥대는 태도가 드러난다.

플로베르는 부친이 외과과장으로 일하는 루앙 시립병원에서 출생했다. 다섯째 아들로 태어났던 플로베르는 부모의 편애로 어린 시절을 외롭게 보냈다. 그는 또래보다 늦게, 열두 살이 되어서야 루앙 중학교에 입학했다. 이런 성장배경 때문에 그가 글을 뒤늦게 배웠던 것이다.

플로베르는 25세 때 양친과 함께 누이동생 캐롤린의 신혼여행에 동행했다가 이탈리아의 제노바에서 피터 브뢰겔의 그림 〈성 앙투안의 유혹〉에 감명을 받고 작품을 쓸 계획을 세웠다. 그러나 아버지와 여동생이 죽는 등 불행이 겹쳤다. 플로베르는 이 시기에 『성 앙투안의 유혹』을 완성해 친구인 부이에와 뒤캉에게 작품평을 부탁했다. 그들은 졸작이라며 "불에 태워 없애라"라고 했다.

혹평을 하기는 했지만 플로베르가 『마담 보바리』를 쓸 수 있었던 데에는 이 친구들의 도움이 절대적이었다. 플로베르는 어느 날 뒤캉으로부터 당시 사회를 떠들썩하게 했던 '들라마르 사건'을 소재로 작품을 써보라는 권유를 받는다. 의학도였던 들라마르는 의사면허를 얻은 후 노르망디의 벽촌에서 개업하고, 델핀이라는 미모의 여성을 아내로 맞이했다. 델핀은 평범한 남편과의 결혼생활에 염증을 느껴 정부를 두고 남편 모르게 돈을 빌려 쓰다 결국 음독자살을 한다. 아내의 부정에 대해 알게 된 들라마르는 비탄 끝에 그녀를 따라 죽는다. 『마담 보바리』의 줄거리는 여기서 나온 것이다.

뒤캉은 또한 낭만주의에 경도되어 있던 플로베르에게 견문을 넓히기 위해 여행을 떠나보라고 권유했다. 플로베르는 28세 때인 1849년 11월부터 1851년 6월까지 이집트 및 아시아를 여행했다. 뒤캉도 동행했다. 플로베르는 이 여행을 통해 현실의 세계를 직시하게 되었고, 사실주의 기법에 눈떴다. 여행에서 돌아온 플로베르는 1851년 9월부터 하루 평균 12시간 이상 집필에 몰입했다. 그는 유부녀의 불륜과 음독사건이라는 뼈대에 살과 혼을 불어넣는, 5년 7개월에 걸친 고된 창작 끝에 1857년 『마담 보바리』를 세상에 내놓았다. 이 소설로 그는 사실주의 문학의 거장으로 우뚝 섰다. 플로베르의 사실주의는 뒤캉과의 우정과 여행의 산물이라고 하겠다.

흔히 창작을 출산에 비유하곤 한다. 플로베르가 『마담 보바리』를 탄생시킨 과정은 그야말로 '난산'이라 할 수 있다. 창작의 고통이 너무나 컸기에 플로베르는 점점 더 현실의 고통을 잊기 위해 상상 속으로 달려갔는지 모른다. 주인공 엠마는 그녀가 살고 있는 현실보다 '다른 곳'에 집착한다.

> 그녀를 가까이 둘러싸고 있는 모든 것, 권태로운 전원, 우매한 소시민들, 평범한 생활 따위는 이 세계 속에서의 예외, 어쩌다가 그녀가 걸려든 특수한 우연에 불과한 반면, 저 너머에는 행복과 정열의 광대한 나라가 끝간 데 없이 펼쳐져 있는 것처럼 생각되었다.
>
> ─ 『마담 보바리』(민음사, 2000)

'다른 곳' 혹은 '저 너머'란, 몽상의 나라이며 수도원에서 읽은 소설책 속 이야기다. 또한 그림 속에 나오는 풍경이며 엠마 자신이 당장에 갈 수 없는 파리와 같은 화려한 도시다. 답답한 농가의 딸 엠마는 샤를르 보바리가 단지 저 '다른 곳'에서 나타난 남자이기 때문에 그와 결혼한 것이다.[16]

엠마는 현재보다 미래나 과거에 더 집착했다. 미래는 욕망과 환상의 시간이다. "아! 왜 결혼 같은 걸 했지?" 엠마는 욕망을 충족시켜주지 못하는 결혼생활에 불만을 품는다. 그때마다 "우연한 다른 인연으로 딴 남자를 만날 수 있지 않았을까" 생각해보곤 한다. 일종의 '기회비용'이란 개념으로 설명할 수 있을 것인데, 가지 않은 길을 갔다면 더 행복한 생활을 할 수 있을 것이라고 생각하는 것이다.

엠마는 여기서 더 나아가 예전의 친구들은 자신보다 더 행복한 결혼생활을 하고 있을 것이라고 생각한다. 수도원 시절의 친구들은 결혼을 해서 도회지에 살며 거리의 소음이며 극장의 떠들썩한 분위기, 그리고 무도회의 휘황한 불빛 아래 마음이 부풀고 관능이 충족되는 생활을 하고 있으리라고. 엠마는 상상 속 친구들의 삶보다 못한 자신의 삶을 한탄하며 우울에 빠진다. "지금 나의 생활은 북쪽 창밖에 있는 창고처럼 쓸쓸하고, 권태라고 하는 지긋지긋한 거미가 마음 네 구석에 거미줄을 치고 있다." 엠마는 욕망이 좌절된 현재보다 꿈을 꾸는 것이 가능한 미래로 향한다.

프랑스의 고티에는 엠마의 성격에서 착안해 '보바리즘'이라는 용어를 탄생시켰다. 보바리즘이란 현실적인 자아가 이상적인 자아를 제어하지 못하고 이상적인 자아는 현실적인 자아의 덫에 걸려 숙명적으로 난파하고 마는 인간의 모습을 말한다.[17]

> 샤를르는 수영도 검술도 못하며 권총도 못 쏘았다. 언젠가 그녀가 소설에 나오는 마술에 관한 술어를 물었으나 설명해주지 못했다. 남자란 그래서는 안 되고 모르는 것이란 없고, 여러 가지 활동에 뛰어나며, 정열이라든가 세련된 생활의 즐거움 속에서도 모든 신비한 세계로 통하는 안내자이어야 하지 않을까. 그런데 이 남자는 아무것도 가르쳐주지 않으며 아는 것이 하나도 없고 또한 아무것도 바라고도 있지 않다.
> – 『보바리 부인』(청목, 2006)

샤를르의 무능은 엠마가 불륜을 지속하며 내세운 변명거리 가운데 하나였다. 샤를르는 아는 게 없다. 더욱이 다리를 펴는 수술에 실패한 뒤, 엠마는 남편의 무능을 극도로 경멸했다. 그리고 강한 남성에 이끌려 '불륜 속으로' 뛰어든다. 엠마는 그때 강한 남성성을 지닌 로돌프, 그리고 소극적인 레옹과 관계를 맺는다. 로돌프에게서는 남편 샤를르에게 없는 적극적인 남성을 느끼고 빠져든다. 레옹은 엠마 자신이 좌지우지하면서 정욕을 충족시키는 대상이었다. 엠마는 로돌프와 도피계획을 세우지만 처절하게 배반당한다. 레옹과 엠마의 관계에서는 레옹이 상처를 받았다.

엠마가 자살에 이르게 된 직접적인 동기는 사랑(이상)이 아닌 돈(현실)이었다. 엠마는 간음이 아니라 무절제한 생활 때문에 죗값을 치른 것이다. 그녀를 방탕한 생활로 몰아넣고 충동질한 인물은 고리대금업자 뢰르다. 그는 엠마가 로돌프와 사랑을 하는 동안 서서히 모습을 드러내다가, 레옹과의 밀회를 목격하고 엠마에게 마수를 뻗는다.

엠마의 낭비벽은 부르주아 사회의 타락상에 대한 플로베르의 고발이기도 하다. 즉 플로베르는 엠마의 불륜 드라마에 부르주아 사회에 대한 고발을 녹여내고 있다. 그는 약제사 오메 등을 통해 출세와 권력 때문에 타락해가는 인물상을 담는가 하면 과학과 진보가 만능이 아님을 은연중에 경고하기도 한다. 플로베르는 이 책이 "심리과학의 집성이 될 것이며 오직 그런 면에서 독창적인 가치를 지니게 될 것"이라고 말했다. 그는 엠마라는 심리적 주체를 세워 사회소설을 완성했던 것이다.

환상에 빠진 여인의
'이상과 현실'의 투쟁

발코니 난간에서 짧은 외투를 입은 청년이 허리띠에 주머니를 단 흰옷의 소녀를 껴안고 있는 모습이거나 금발을 어깨 위에 늘어뜨린 영국 귀부인이 둥근 밀짚모자를 쓰고 맑고 커다란 눈으로 보고 있는 초상화……. 수도원 기숙사에서 이런 그림들에 엠마는 도취했다.

– 이하 『보바리 부인』

엠마는 수도원 기숙사에서부터 소설과 그림책에 탐닉했다. 돈키호테가 그러했듯이 엠마는 소녀 시절 머무른 수도원에서 너무나 많은 소설들을 읽었다. 물론 통속적인 낭만소설들이다. 엠마는 난독으로 인해 상상력 과잉의 병에 걸린다.

월터 스콧의 역사 소설에 나오는 옛날 어린이들을 동경하고 옷장이며 파수꾼들의 대기소며 방랑 시인들에게 공상의 날개를 펴는 것이었다. 그녀는 중세풍의 아치 문 아래서 돌 위에 턱을 괴고서 들판 저 멀리서 흰 깃털을 꽂은 투구를 쓰고 흑마를 타고 달려오는 기사를 매일 기다리는 공주처럼 어느 오래된 궁성에서 살고 싶었다.

엠마는 현실에서 환상을 충족시키지 못할 때면 다시 환상 가득한 책속으로 빨려 들어갔다. 그녀는 음란한 장면으로 엮어진 황당무계한 책을 아침까지 읽었다. 어떤 때는 불륜의 사랑이 부채질하는 은밀한 불길로 달아올라, 흥분으로 숨을 할딱거리면서 창문을 열고 찬바람을 들이켰다. 하늘의 별을 바라보면서는 왕자의 사랑을 동경했다. 그리고 그 남자, 레옹을 생각했다. 그럴 때면 흡족한 단 한 번의 밀회를 위해서 모든 것을 다 던져버려도 아깝지 않을 것 같았다.[18] 그러고는 다시 예전에 읽었던 책의 여주인공들을 생각해냈다. 엠마가 샤를르에 대해 마음의 문을 꼭 닫아버린 것은 지난날의 경험 때문이 아니었다. 소녀 시절 독서를 통해 구축한 로맨틱한 인생관 때문이었다.

엠마가 얼마나 병적이었는지는 극장에서의 장면이 상징적으로 보여준다. 죽어가던 엠마를 샤를르가 파리에 있는 극장에 데리고 간다. 극장 입구에서 엠마는 다시 허황된 열정으로 부풀어오른다.

드디어 입구로 들어가게 되자 엠마는 가슴이 두근두근했다. 자신이 일등석으로 통하는 계단을 올라가는 동안, 많은 손님은 다른 쪽으로 복도에서 밀려가고 있었다. 그것을 보자 불현듯 득의에 찬 미소가 떠올랐다. 그녀는 융단으로 싼 커다란 문을 손으로 밀 때 어린애 같은 기쁨이 솟아올랐다. 그녀는 복도의 먼지 냄새를 가슴 가득히 들이마셨다. 그리고 자기의 좌석에 앉았을 때에는 마치 공작부인과 같은 익숙한 태도로 몸을 뒤로 젖혔다.

기사도 소설을 탐닉한 돈키호테는 유토피아 구현이라는 꿈을 이루기 위해 기사가 되어 풍차로 달려든다. 연애소설에 취한 엠마는 자신의 욕망을 충족시켜줄 백마 탄 왕자를 꿈꾼다. 백마 탄 왕자는 장 보드리야르가 말한 실재하지 않는 '시뮬라크르'simulacre이며 엠마는 이 시뮬라크르가 만들어낸 가공의 이미지에 빠져 그 이미지를 실재에서 구현하려고 한다. 이를 보드리야르는 '하이퍼리얼'hyperreal이라고 규정한다. 말하자면 현실을 지배하는 이미지가 만들어낸 가공의 현실이다. 명품의 이미지가 대표적인 하이퍼리얼이라고 할 수 있다. 돈키호테와 마찬가지로 마담 보바리는 시와 산문 사이의 투쟁, 이상과 현실 사이의 영원한 투쟁을 보여준다.[19]

부부생활이 표면상 안정될수록 마음은 더욱 멀어지고 그녀를 남편에게서 멀어지게 하였다.

『마담 보바리』에서는 '불륜 드라마'의 고전적 수법을 엿볼 수 있다. 백마 탄 왕자를 꿈꾸던 엠마는 로돌프가 "엠마!"라고 이름을 불러주면서 "보바리 선생의 부인, 그것은 당신의 이름이 아닙니다"라고 속삭이자 불같은 사랑에 휩싸인다.

엠마는 "애인이 있다! 나에게 사랑하는 사람이 있다!" 하며 마치 승리자처럼 가슴이 부푼다. 아내의 '깊은 눈' 속으로 빨려 들어가 행복해했던 샤를르는 아내의 불륜이라는 암초에 부딪쳐 침몰하고 만다. 그는 아내가 밀회를 즐기던 벤치에 앉아 삶을 마감한다. 가족은 비참하게 해체

된다. 딸은 고모에게 의탁했다 공장으로 보내진다. 이 소설은 한 여성의 불륜이 몰고 온 한 편의 비극을 전하고 있다. 불륜의 끝은 불행하다는 메시지를 전하면서.

플로베르는 그가 전부터 품어왔던 부르주아에 대한 혐오를 작품에 담아냈다. 단, 이를 소설의 표면에 노출하지 않고, 엠마의 절망과 그녀를 이러한 지경으로 몰아넣은 부르주아 사회에 대한 냉담하고 객관적인 묘사를 통해 은밀히 드러낸다.[20]

플로베르는 "마담 보바리는 바로 나다"라는 유명한 말을 남겼다. 플로베르 또한 그 자신이 간직한 꿈과 현실생활을 조화시킬 수 없었던 것으로 보인다. 평생을 독신으로 살았던 플로베르는, 젊은 날의 자신이 "빨갛게 들뜬 낭만주의자"였노라고 고백했다. 플로베르 자신이 사랑과 결혼, 현실과 이상의 투쟁에서 패배한 엠마 그 자체였던 것이다. 하지만 엠마와 다른 점이라면, 플로베르의 고통스러운 투쟁은 한 권의 소설로 기록되었다는 것 그리고 그 소설이 위대한 고전의 반열에 오를 만큼 뛰어나다는 점일 것이다.

『마담 보바리』 읽는 법

귀스타브 플로베르의 『마담 보바리』는 서울대 측에서 민음사에서 출간한 번역본(김화영 옮김. 2000)을 추천한다. 여기서는 청목에서 출간한 『보바리 부인』(2006)을 비교해 읽었다. 오영주의 『보바리 부인』(살림. 2005)은 플로베르의 삶과 소설에 대한 이해를 넓힐 수 있게 해준다.

밀의 『자유론』

—

인간은 자신의 삶을
자기 방식대로 이끌어가야 한다

—

50

존 스튜어트 밀의 초상

밀은 대표작인 『자유론』을 아내 해리엇에게 헌정하며 "내가 쓴 글 중에서 가장 뛰어나다고 할 수 있는 것은 모두 그녀의 영감에서 나온 것"이라고 썼다. 잘 알려지지 않은 사실이지만, 해리엇이 묻힌 곳에 집을 사서 살았을 정도로 아내에 대한 사랑을 소중히 여겼던 밀은 여성의 권리를 옹호하는 저술을 썼을 뿐 아니라 여성의 참정권을 강력히 주장했다.

절대 자유를 부르짖으며
사회적 자유를 말하다

(문) 곧 무너져내릴 가능성이 있는 다리를 어떤 사람이 잘 모르고 건너려 한다고 치자. 이 경우 그 사람에게 미리 다리의 상태에 대해 설명해줄 시간적인 여유가 없다면 어떻게 해야 하는가?

(답) 그 사람을 강제로 가로막는 것이 자유의 원리에 부합된다. 어째서 그럴까? 자유란 '자신이 원하는 바를 하는 것'이기 때문이다. 다리가 무너져서 강물에 빠지는 것을 원할 사람은 없다.

　－ 이하 『자유론』(책세상, 2013)

이 글은 존 스튜어트 밀(1806~1873)이 쓴 『자유론』(1859)에 나오는 내용이다. '자기가 원하는 것'이라는 개념에서 '원한다'desire는 것은 아무런 방향 없이 마음대로 하는 것을 의미하지 않는다. 각자 원하는 것은 진정 자신의 발전을 추구하는 것이라야 한다. 즉 자유란 남에게 피해를 주지 않으면서 자신이 원하는 것을 하는 것이지, 마음 내키는 대로 하는 것을 의미하지 않는다.

밀은『자유론』에서 두 개의 핵심 격률을 주장한다. 첫째, 각 개인은 자신의 행동이 다른 사람의 이해관계에 해를 주지 않고 자기 자신에게만 영향을 미칠 때 사회에 대해 책임지지 않는다. 둘째, 다른 사람의 이익을 침해하는 행동에 대해서는 당사자가 당연히 책임을 져야 한다. 사회가 전체의 이익을 보호하기 위해 필요하다고 판단하면 그런 행동에 대해 시회적·법적 처벌을 가할 수 있다.[21]

밀은 개인이 자신과 관련한 일에 대해서는 어떤 결정을 내리든 그것은 각자의 절대적인 자유라고 보았다. 하지만 다른 사람과 관련된 일에 대해서는 다른 사람에게 피해를 주지 않는 범위 안에서만 자유를 행사해야 한다. 이를 '위해의 원칙'이라고 한다. 타인과 관련한 일에 대해서는 자기 행위에 대한 법적·사회적 책임을 져야 한다는 것. 다른 사람에게 피해를 주면서까지 자신의 자유를 주장하는 것은 자유의 범위를 넘어서는 방종이라는 것. 이것이 밀이 주장하는 자유의 기본 원칙이다.

밀은 그 사례로 술을 마시는 경우를 들었다. 술을 마시는 것은 개인의 자유다. 하지만 술에 취해 다른 사람에게 폭력을 휘두른 끝에 한 번 유죄 판결을 받은 사람에게 법적 제한을 가하는 것, 이를테면 나중에 또 술에 취한 것이 적발되면 처벌을 하고 나아가 그 상태에서 또 다른 잘 못을 저지를 경우 가중 처벌을 하는 것은 지극히 당연한 일이라고 본다. 술에 취해 정신을 잃고 다른 사람에게 해를 끼칠 수 있는 사람이라면, 술에 취하는 것 자체가 범죄 행위나 다름없기 때문이다.

사람이 살다 보면 합법적인 목표를 추구하는 과정에서 불가피하게 다른 사람에게 아픔이나 상실감을 주는 경우가 있다. 공개 경쟁시험에서 합격하는 경우가 대표적이다.[22] 밀은 다른 사람에게 손해를 입힐 가능성이 있을 때가 아니라면, 개인의 자유는 절대적으로 보장돼야 한다고 주장한다.

밀은 개인의 자유 가운데 특히 표현의 자유, 사상의 자유, 언론의 자유를 중시한다. 밀은 비판과 회의를 두려워하면 어떤 진리라도 헛된 독단적 구호로 전락하고 만다면서, 이것이 『자유론』의 출발점이자 결론이라며 다음과 같이 강조한다.

전체 인류 가운데 단 한 사람이 다른 생각을 가지고 있다고 해서 그 사람에게 침묵을 강요하는 일은 옳지 못하다. 이것은 어떤 한 사람이 자기와 생각이 다르다고 나머지 사람 전부에게 침묵을 강요하는 일만큼이나 용납될 수 없는 것이다.

밀은 의견의 자유에서, 자신의 행동에 대해 책임진다는 단서가 매우 중요하다고 강조한다. 다른 사람들이 옳지 못한 행동을 하도록 하는 데 직접적인 영향을 끼칠 수 있는 상황이라면 의견의 자유도 무제한적으로 허용될 수는 없다는 것.

예컨대 어떤 사람이 '곡물 중개상들은 가난한 사람들의 배를 곯린다'라거나 '사유재산을 축적하는 것은 강도짓이나 다름없다'라는 의견을 신문지상에 발표한다고 하자. 누구도 이런 행동을 방해해서는 안 된다. 그러나 곡물 중개상 집 앞에 모여든 흥분 상태의 폭도들을 상대로 그런 의견을 개진하거나, 그들이 보는 데서 그 같은 내용의 벽보를 붙인다면 그런 행동을 처벌하는 것은 불가피하다. 정당한 이유 없이 다른 사람에게 해를 끼칠 수 있는 의견을 피력하는 것은 강압적인 통제를 받을 수 있고 심각하다면 반드시 통제를 받아야 한다.[23]

『자유론』은 '개인의 자유'와 '사회적 자유(시민적 자유)'를 핵심으로 다룬다. 고대로부터 자유란 정치 지배자의 압제로부터 보호받는 것을 의미했다. 민주주의가 발전해가면서는 '남에게 피해를 주지 않으면서 자신이 원하는 바를 하는 것'으로 개념이 바뀌어갔다.

밀은 이 책에서 개별성 못지않게 사회성을 강조했다. 특히 그는 사회와 개인의 관계를 대립적으로 파악하지 않았다. 밀은 사람이 '사회적 감정'을 타고난다고 생각했다. 사회적 감정이란 사회생활에서 느끼는 애정이나 동정 등의 감정으로, 협력이나 이타적 행위 등의 동력이 된다. 밀의 사회성 개념은 이 사회적 감정을 토대로 형성됐다. 밀은 "인간은 아침부터 밤늦게까지 개인의 이익만 좇는 사회제도에 물들어 이기적으로 살아가게 된다"라고 보았지만, 사회가 바뀌고 교육이 적절하게 인간의 정신을 순화시키면 이기심의 굴레에서 벗어날 수 있다고 생각했다.

인간은 개별성과 사회성이라는 두 날개를 갖고 살아야 참된 행복을 누릴 수 있다.

밀은 자기발전에서 중요한 것으로 물질보다 정신적인 쾌락을 들었다. 다음이 그 유명한 '돼지 철학'이다.

결국 만족해하는 돼지보다 불만족스러워하는 인간이 되는 것이 더 낫다. 만족해하는 바보보다 불만을 느끼는 소크라테스가 더 나은 것이다.

밀은 윤리학자 벤담의 공리주의를 비판한다. 벤담은 쾌락과 고통이라는 기준에 입각해 효용을 측정하고자 했다. 그래서 효용이 높은 것이 좋은 것, 즉 인간을 행복하게 만드는 것이라고 상정했다. 벤담은 인간의 삶을 좌우하는 고통과 쾌락을 물질적 욕구의 충족이라는 잣대에 따라 규정했다. 인간을 소비 욕구에 따라 움직이는 존재로 파악했기 때문이다. 그러나 밀에게 있어 물질적 쾌락을 쾌락의 전부로 착각하는 것은 '돼지 철학'의 소산일 뿐이다. 쾌락은 양보다 질이 더 중요하다. 그러므로 인간은 '만족한 바보보다 고민하는 소크라테스'를 추구해야 한다고 보았다. 물질보다 정신적 만족을 우선시하는 터전 위에서 밀은 지적·감정적·도덕적 자기발전을 행복의 기본으로 설정한다.[24]

전통적인 공리주의 논리에 따르면, 사람들은 궁극적으로 자기에게 이익이 되기 때문에 도덕적인 생활을 하고 봉사에 나선다. 밀은 이 논리에서 더 나아간다. 사람은 타고나기를 남에게 좋은 일을 하고자 하며, 그렇게 할 때 기쁨을 느낀다고 주장한 것이다. 그리고 이런 선한 생활을 되풀이하면서 인간은 성숙해진다. 이기심의 울타리를 뛰어넘음으로써 사람의 정신과 도덕심이 발전하게 된다는 것. 밀은 여기에 '공리주의 도덕률'이라는 이름을 붙였다.[25]

또한 밀에 따르면, 누구든지 최소한의 상식과 경험만 있다면 자신의 삶을 자기 방식대로 설정하는 것이 가장 바람직하다. 그 방식 자체가 최선이기 때문이 아니다. 오히려 자기 방식대로 살다 보면 손해를 보거나 실패할 때도 있다. 밀은 그래도 자기 방식대로 살아야 한다고 강조한다. 밀이 자유를 강조하는 것은 바로 '개별성' 때문이다. 각자가 자신의 생각과 취향에 따라 자유롭게 살 수 있어야 개별성이 진정으로 발휘될 수 있고 그래야만 참된 행복을 누릴 수 있다.[26]

아내와 함께
여성참정권을 옹호하다

밀의 어머니와 아내의 이름은 우연하게도 '해리엇'으로 같다. 여기에는 남다른 사연이 있다. 해리엇 테일러는 밀이 정신적으로 방황을 겪고 있던 24세 때 만난 여인으로 당시 두 명의 자녀를 둔 유부녀였다. 밀은 해리엇의 남편인 테일러의 양해를 얻어 해리엇과 20년 동안 순수한 교제를 지속했다. 1849년 테일러가 사망하자 밀은 집안의 반대를 무릅쓰고 2년 후에 해리엇과 결혼한다. 밀은 『자유론』의 제사題詞를 아내 해리엇에 대한 찬사로 시작한다.

진리와 정의에 대한 높은 식견과 고매한 감정으로 나를 한없이 감화시켰던 사람, 칭찬 한마디로 나를 무척이나 기쁘게 해주었던 사람, 내가 쓴 글 중에서 가장 뛰어나다고 할 수 있는 것은 모두 그녀의 영감에서 나온 것이기에 그런 글을 나와 같이 쓴 것이나 마찬가지인 사람, (중략) 나의 친구이자 아내였던 바로 그 사람에게 이 책을 바친다.

그런데 밀은 어머니 해리엇에 대해서는 단 한마디도 기록으로 남기지 않았다. 밀의 어머니 해리엇은 아내와 달리 지적인 여성이 아니었다. 아버지 제임스 밀은 지적이지 못한 아내를 냉랭하게 대했고, 주위 사람들도 그녀를 식모처럼 대우했다고 한다. 아버지는 어머니가 대화 상대가 되지 않는다며 무시했는데 이는 아들에게 그대로 영향을 주었다. 밀은 대화 상대가 되는 지적인 여성에게 흠뻑 빠졌다. 그리고 결혼도 하지 않은 채 유부녀인 해리엇 테일러와 교제를 이어갔다. 평생 독신으로 지낼 뻔했던 밀은 해리엇의 남편이 죽자 마침내 그녀와 결혼할 수 있었던 것이다. 그때 그의 나이는 45세였다.

밀이 부모의 반대를 무릅쓰고 해리엇과 결혼한 것도 '자기 방식대로의 삶'을 추구한 개별성에 근거한 것이다. 이 선택이 그에게 행복을 가져다줄 수도 있고 불행을 가져다줄 수도 있다. 그런데 현대 사회는 여러 측면에서 개별성을 위협한다. 밀은 특히 다수가 언론과 관습을 앞세워 '소수'가 활동할 수 있는 공간을 폐쇄하려 드는 경향을 비판했다. 다수의 횡포는 다른 수많은 형태의 정치적 탄압보다 훨씬 더 가공할 위력을 발휘한다는 것이다.

개인의 사사로운 삶 구석구석에 침투해 마침내 그 영혼까지 통제하면서 도저히 빠져나갈 틈을 주지 않기 때문이다⋯⋯. 사회는 이런 방법을 통해 다수의 삶의 방식과 일치하지 않는 그 어떤 개별성도 발전하지 못하도록 방해한다. 그리고 할 수만 있다면 아예 그 싹조차 트지 못하도록 막으면서, 급기야는 모든 사람의 성격이나 개성을 사회의 표준에 맞도록 획일화시키려고 한다.

여기서 밀은 알렉시스 토크빌이 『미국의 민주주의』에서 강조한 '다수의 횡포'에 대해 거듭 경고한다. 민주주의의 의사 결정방식인 다수결이 지닌 문제점을 지적한 것. 아테네의 민주주의가 소크라테스를 사형시킨 것처럼 지적 성찰이 이루어지지 않은, 또는 토론과 의견의 다양성을 보장하지 않는 다수의 의사는 다른 의견을 가진 소수자의 견해를 탄압할 수 있으며 이것은 대중 여론에 따라 개인의 자유를 침해할 수 있다는 것이다. 이런 이유로 그는 특히 사상의 자유와 토론의 자유를 강조한다.

인간이 아는 진리란 대부분 반쪽짜리 진리일 뿐이다. 의견 일치도 반대쪽 의견이 최대한 자유롭게 피력된 끝에 이루어진 것이 아니라면 바람직하다고 할 수 없다.

밀은 『자유론』에서 '선의의 독재'가 가능하다는 폭탄 발언을 한다. 또한 자유는 아무나 향유할 수 있는 것이 아니라고 주장한다. 자신의 기본 원칙은 '자유를 누릴 만한 사람'에게만 적용되는 것이라는 점을 분명히 밝히고 있는 것이다.

이 원리가 정신적으로 성숙한 사람에게만 적용될 수 있다는 사실을 굳이 부연할 필요는 없을 것이다……. 아직 다른 사람의 보호를 받아야 할 처지에 있는 사람들은 외부의 위험 못지않게 자신의 행동에 따른 결과로부터도 보호받아야 마땅하다. 미개 사회에 사는 사람들도 이 대상에서 제외하는 것이 좋다. 그런 사회에 사는 사람들은 아직 미성년자인 것으로 보아도 무방하기 때문이다.

그는 더 나아가 이렇게 강변한다.

미개인들을 개명시킬 목적에서 그 목적을 실제 달성하는 데 적합한 수단
을 쓴다면 이런 사회에서는 독재가 정당한 통치 기술이 될 수도 있다.

자유를 누릴 자격이 모자라는 사람에 대해서는 선의를 지닌 독재 권
력을 휘두르는 것이 정당하고 또 그래야 한다고 생각하는 것이다. 이것
이 현대의 기준으로 볼 때 밀의 한계라고 하겠다.

밀은 "인간이 이를 수 있는 최선의 상태에 최대한 가깝게 각자를 끌어
올리는 것"이 우리 삶의 궁극적 기준이 된다고 주장하는 '발전 철학'을
내세웠다.[27] 그는 여성도 남성과 다르지 않게 자기 삶을 최선의 상태로
끌어올릴 수 있다고 보았다. 밀은 자신의 사상 또한 지적 동반자였던 연
인이자 아내 해리엇 덕분에 잉태되었고 세상에 나올 수 있었다고 인정
하고 있다.

밀은 또 다른 저서인 『여성의 종속』에서 여성이 남성과 동등한 대우
를 받아야 할 이유에 대해 역설한다. 이로 인해 밀은 온갖 조롱과 멸시
를 감내해야 했다. 1928년 영국 여성에게 참정권이 부여되던 날, 많은
운동가들이 런던에 있는 밀의 동상을 찾아가 꽃을 바쳤다.

『자유론』 읽는 법

존 스튜어트 밀의 『자유론』은 서병훈 번역본(책세상, 2013)이 해제와 곁들여져 있어 이해하기 쉽다. 이진희의 번역본(풀빛, 2011)은 소제목이 붙어 있어 청소년용으로 적합하다.

밀의 또 다른 저서로는 『공리주의』와 『대의정부론』 그리고 『여성의 종속』 등이 있다. 이들 저술 역시 개별성과 함께 사회적 자유를 강조한 『자유론』의 주장과 밀접하게 연결돼 있다. 여기서는 서병훈이 번역한 『대의정부론』(아카넷, 2012), 『공리주의』(책세상, 2007), 『여성의 종속』(책세상, 2006) 등을 참고했다.

찰스 다윈의 『종의 기원』

—

하느님 나라의 총아,
원숭이가 되다

—

51

서울대 선정 인문고전 · 51권

갈라파고스의 파충류와 조류
비글호 항해를 마친 후 루이에Rouyer에 의해 그려진 것이다. 다윈은 스물두 살에 비글호에 올라 5년 동안 여행하며 동식물과 인간에 대해 관찰했다. 그는 비글호 여행을 다녀온 이듬해부터 진화론 연구에 박차를 가했다.

창조론에 도전한
두 명의 학자

'운칠기삼'運七技三. 어떤 일의 성패를 좌우하는 것은 운이 7할, 재주가 3할이라는 의미다. 찰스 다윈(1809~1882)은 바로 운과 복이 많은 사람이었다. 그는 초기 진화론을 주창한 의사이자 과학자인 할아버지(에라스무스) 덕분에 어린 시절부터 자연스럽게 진화론에 대한 지식을 접했다. 또한 재테크로 재력가가 된 의사 아버지(로버트) 덕분에 결혼 후 직업을 가지지 않고도 할아버지에 이어 전문적으로 진화론을 연구할 수 있었다. 스승 헨즐로는 다윈이 탐사선인 비글호에 승선해 세계를 돌며 진화론의 자료를 축적할 수 있도록 도와주었다. 다윈은 22세 때부터 5년 동안 비글호를 타고 여행하며 동식물과 인간에 대해 관찰했다. 다윈이 진화론 연구에 박차를 가한 것은 귀국 후 이듬해인 1837년부터다. 그는 갈라파고스 섬에서 가져온 핀치 새의 표본을 조사하다 부리 모양이 조금씩 다르다는 것을 관찰하고 '종은 변한다'라는 가설을 세웠다. 이는 그리스도교의 창조론을 뒤흔드는 혁명적인 관찰이었다. 다윈은 여기에서 출발해 1844년에 230쪽짜리 논문을 완성했다. 하지만 그는 이 논문을 오랫동안 발표하지 않았다.

다윈은 비글호 항해 외에도 편지를 활용해 정보를 수집했다. 그에게 집은 거대한 축과도 같았다. 그는 이 축을 중심으로 온 세상으로 뻗어나가는 과학 교류의 네트워크를 구축했다. 다윈은 신사이자 과학 저술가로서의 위치를 십분 활용해 편지로 필요한 것들을 얻었다. "귀하에게 큰 폐를 끼치지 않는다면"이라든지, "여간 성가신 부탁을 받은 게 아니라고 여기시리라 생각합니다"라는 등의 문구를 즐겨 썼다. 부탁을 들어달라는 일종의 '애교'라고 할까. 그는 매일같이 온갖 사람들에게 편지를 썼다. 그렇게 주고받은 편지로 진화론을 다각적으로 검토하고 연구했으며, 책이 출간된 후에는 편지를 통해 자신의 주장을 알리기도 했다. 그가 일상적으로 주고받은 수많은 편지 가운데, 그의 인생에 큰 충격을 안긴 한 통의 편지가 도착했다.

1858년 6월 11일 아침, 다윈은 동료 학자인 앨프리드 러셀 월리스가 보내온 꾸러미를 받아들었다. 다윈은 일 년 전쯤 월리스에게 말레이 지역의 가금류 가죽을 구해달라고 부탁을 해둔 참이었다. 막상 내용물을 열어본 다윈은 하늘이 무너져내리는 듯한 충격에 휩싸였다. 꾸러미 속에 들어 있던, 월리스가 쓴 20쪽짜리 논문 때문이었다.

종을 구성하는 모든 개체들 중에서 수적으로 가장 열세이고 가장 빈약한 변이들로 이루어진 집단이 제일 먼저 고통을 받는데 곧 멸종하리라는 점은 확실하다. (중략) 우수한 변이는 생존에 이로운 환경이 되면 급속도로 수를 불려 멸종한 종과 변종이 사라진 자리를 대신하게 될 것이다. 그러면 한때의 변이가 종을 대체하면서 환경에 더 잘 적응하고 더 건강한 형태가 될 것이다.

– 『찰스 다윈 평전』(김영사, 2010)

다윈 자신이 지난 20년 동안 연구한 진화론의 핵심이 그 짧은 논문에 고스란히 담겨 있었다. 월리스는 다윈에게 논문 내용이 흥미롭다면 찰스 라이엘 경(지질학자)에게 전해주었으면 좋겠다고 부탁을 해왔다. 다윈은 라이엘에게 "그렇게 되면 제 연구의 독창성은 얼마나 독창적이냐를 떠나서 완전히 박살이 나겠지요"라며 편지를 보냈다.

이때 절망한 다윈을 라이엘이 구해준다. 다윈의 편지와 함께 월리스의 논문을 읽은 라이엘은, 월리스의 논문만을 발표하는 것은 공평하지 못하다고 생각했다. 지금까지의 다윈의 노력이 세상에 알려지도록 힘을 빌려주자고 생각한 것이다. 결국 월리스의 논문과 다윈의 '에세이'에서 발췌한 내용을 공동 논문으로서 『린네학회회보』에 발표하게 되었다.

다윈은 월리스의 논문을 본 직후인 1858년 7월초부터 본격 출간 작업에 돌입했다. "13개월 10일 동안 중노동을 했다"라고 기록했을 정도로 그는 이 작업에 매달렸고 이듬해 1859년 11월에 『종의 기원』을 출간했다. 그렇지 않으면 월리스가 자신의 이론을 선점하게 되고 그 자신의 노력은 물거품이 되고 말 것이기 때문이었다. 말하자면 '선수'를 친 것이다. 결국 월리스는 묻혔고 다윈이 '승자 독식'을 했다. 다윈의 표현대로 하면 동종의 생존경쟁에서 월리스를 이긴 것이다. 그는 월리스에 대한 죄책감 때문인지 『종의 기원』 머리말에 자세한 변명의 글을 실어두었다.

이 책을 간행하게 된 특별한 동기가 있는데, 그것은 말레이 군도에서 박물학을 연구하고 있는 월리스 씨가 종의 기원에 대해 나와 거의 똑같은 결론에 도달하고 있기 때문이다.

– 『종의 기원』(홍신문화사, 2009)

다윈이 자신의 글을 1844년에 이미 완성해놓고도 발표하지 않은 것은 당시 종교재판의 공포 때문이었다. "한때의 천문학자가 받았던 박해를 명심할 것이다"라는 글이 그의 노트에 적혀 있는데, 이는 29세 때인 1838년 4월경에 쓴 것이다. 그는 갈릴레이의 사례를 늘 머릿속에 떠올리고 있었다. 그렇게 망설이고 있을 때 월리스가 논문을 보내온 것이다. 마치 "우물쭈물하다 내 이럴 줄 알았지"라는 조지 버나드 쇼의 묘비명처럼 말이다.

다윈은 이 책에서 먼저 '종은 변화한다'라는 명확한 기본 개념을 제시하고 이를 통해 자신의 논점을 수립했다. 그리스도교의 창조론자들은 오랫동안 역사가 인간에게만 있고 자연에는 없다고 여겨왔다. 이런 관념 속에 종이 변화할 공간은 없다. 세상에는 셀 수 없이 많은 생물 종이 존재한다. 성서에는 하느님이 몇 종의 생물을 창조했는지 나와 있지 않다. 다윈은 이러한 창조론의 개념에 도전장을 던지며 이렇게 주장한다.

오늘날 우리가 보는 다양한 생물 종은 다른 종이 변화한 것이다. 종은 항상 이 종에서 다른 종으로 변화한다.

– 『종의 기원을 읽다』(유유, 2013)

예컨대 두 종의 청개구리는 왜 외형이 흡사하면서도 사소한 부분에서 다른 점이 발견될까? 그것은 그중 한 종이 다른 종으로부터 변화했기 때문이다.

종이 변한다는 가설을 검증하기 위해 그가 내세운 것이 '자연선택'과 '자웅선택'의 개념이다. 인간이 사육하는 가축이나 재배하는 식물은 사람에 의해 선택되고 개량되어 새로운 품종으로 탄생한다. 다윈은 이것을 '인위선택'이라고 한다.

자연계에서는 동식물 가운데 극히 소수만 살아남는다. 자연은 엄격한 '생존투쟁(경쟁)'의 장소이고, 이 투쟁 속에서 생존하는 것은 유리한 변이(생물에서 동일 종이나 동일 집단의 개체들이 유전적 또는 비유전적 특성에 따라 여러 가지 형질로 나타나는 현상)를 가진 개체다. 이렇게 생존경쟁에서 적자가 생존하고 그 다음 세대에서도 적자가 생존해가는 형태로 선택이 이루어진다. 다윈은 이것을 '자연선택'이라고 한다.

인간에 의한 '인위선택'으로 재배 식물이나 사육 가축의 새로운 품종이 만들어지듯 '자연선택'에 의해서도 변종이 생긴다. 변이가 축적되면 결국 그것은 종으로서 확립된다.

다윈은 인위선택은 또한 '무의식적 선택'으로 이루어진다고 말한다. 이를테면 '포인터' 종의 개를 기르려는 사람들은 우선 될 수 있는 대로 좋은 개를 골라서 기를 것이고, 다음에 자기가 소유하는 개 중에서 가장 좋은 개에게 새끼를 낳게 할 것이지만, 그가 품종을 완전히 바꾸려는 희망을 갖고 있는 것은 아니다. 자연에서도 우수한 동물은 일반적으로 열등한 동물보다 많은 자손을 남기게 된다. 이러한 일이 몇 세기 동안 계속된다면 어떠한 품종이라 할지라도 틀림없이 개량되고 변화할 것이다. 이 경우 일종의 무의식적 선택이 이루어졌다고 할 수 있다.[28]

가축이나 작물과 달리 자연계에 있어서 선택은 인간을 대신해 자연이 행한다. 이 책의 제3장 「생존투쟁」, 제4장 「자연선택」은 자연에 의한 선택을 다루고 있다.

나는 생존경쟁이라는 말이, 하나의 생물이 다른 생물에 의존한다는 것, 개체가 사는 일뿐만 아니라 자손을 남기는 일에 성공한다는 것(이것이 더욱 중요한 일이다)을 내포하고 있으며, 넓은 의미에서 또 비유적인 의미로도 쓰인다는 점을 미리 말해두겠다.

―『종의 기원』

사막에 돋아 있는 한 포기의 식물은 생존하기 위해 건조한 기후와 투쟁한다고 말할 수 있으나, 더 적절하게는 습기에 의존한다고 말해야 할 것이다. 기생 목의 씨앗은 새들이 퍼뜨려주기에 이들의 생존은 새들에 의존한다고 말할 수 있다. 즉 기생 목은 새를 유인하고 그 나무의 열매를 먹여 씨앗을 퍼지게 함으로써 결과적으로 다른 나무와 경쟁한다고 할 수 있다.

생존경쟁은
같은 종끼리의 경쟁이다

다윈은 "생존경쟁은 자연과의 경쟁이나 다른 종과의 경쟁이 아니라 같은 종끼리의 경쟁"이라고 강조한다.

때때로 관계가 먼 생물끼리도 엄격히 말해서 서로 생존경쟁을 벌인다. 메뚜기류와 초식동물 사이의 관계가 이렇다. 그렇지만 동종 개체 사이에 벌어지는 경쟁이 가장 필연적이고 치열하다. 이는 그들이 같은 지역에서 살고, 같은 먹이를 구하고, 같은 위험을 만나기 때문이다.

— 『종의 기원을 읽다』

사슴의 생존경쟁에서 가장 치열한 것은 호랑이와의 경쟁이 아니라 다른 사슴과의 경쟁이다. 그 이유는 동류의 개체가 똑같은 생존 조건을 가지고 있기 때문이다.

예를 들어보자. 두 사람이 숲 속에서 곰을 만났다. 그중 한명이 재빨리 내달렸다. 옆에 있던 친구가 왜 나를 놔두고 혼자 뛰었느냐고 물었다. 그는 "자네보다 빨리 뛰어야 하니까"라고 대답했다. 그가 살아남으려면 곰이 아닌 친구와 생존경쟁을 벌여야 하는 것이다.

제4장 「자연선택」에서는 '자웅선택' 개념이 등장한다. 자웅선택은 한 쪽의 성, 즉 대개 이성을 소유하려는 수컷 개체 사이의 경쟁에 의해 일어난다. 그 결과로 패배한 경쟁자가 반드시 죽지는 않지만 패배자는 자손을 조금밖에 남기지 못하거나 전혀 남기지 못하게 된다. 보통 가장 강한 수컷, 즉 자연계에서 가장 적합한 위치에 있는 종이 가장 많은 수의 자손을 남긴다. 이때 승리 여부를 결정하는 것은, 일반적인 체력보다 수컷만이 지니는 어떤 특수한 무기인 경우가 많다. 예를 들어 암컷이 매력을 느끼는 사자의 갈기, 연어의 휘어진 아가미 같은 특수한 방어 도구가 자웅선택에 의해 주어진다.[29]

다윈은 『종의 기원』에서 가축 및 재배 식물과 자연의 생물을 비교했다. 그는 변이를 전제로, 생존투쟁에 의해 변이의 선택과 집적(어떠한 특수 성분을 흡수하여 체내에 다량으로 축적하는 것)이 오랜 기간 동안 일어나면 변종이 생기고, 결국 신종이 된다고 결론짓는다. 핵심적인 세 가지 키워드는 종의 변이, 경쟁, 그리고 유전이다.

생물의 형질에는 충분한 변이가 존재한다. 생존경쟁을 거쳐 같은 종과의 경쟁에서 살아남은 변이가 다음 세대로 유전된다. 진화가 일어나려면 이 세 가지 조건이 반드시 충족돼야 한다. 『종의 기원』의 원제가 '자연선택 혹은 생존경쟁에서 유리한 종의 보존에 의한 종의 기원에 대하여'인 까닭이 여기에 있다.

다윈은 『종의 기원』의 후속작인 『인간의 유래』에서 인간은 배려와 이

타심, 자기희생이 강한 종이 생존경쟁에서 더 유리한 입지를 차지한다고 주장한다.

다윈은 인간 마음의 진화를 논한다. 데카르트는 인간이 이성을 가졌을 뿐 동물과 마찬가지인 기계라고 보았지만 이러한 관점을 다윈은 거부했다. 특히 다윈은 도덕감각이야말로 인간 고유의 것이라고 주장한다. 그는 동물이 '사회적 본능'을 가졌고, 그것이 점차 발달해 인간의 도덕감각이 생겼다면서 결국 악한 인간보다 선한 인간, 강한 인간보다 부드러운 인간이 생존경쟁에서 승리한다고 주장한다. 노자 식으로 말하자면 '곡선형 인간'이 '직선형 인간'보다 생존경쟁에서 잘 살아남는다고 본 것이다. 그러나 이러한 의문 또한 남는다.

> 누구보다 동정과 자선의 마음이 가득한 부모와, 동료에게 가장 충실한 부모의 자손이, 같은 부족에 속하는 이기적이고 신뢰를 배신하는 부모의 아이들보다 많이 자라는지는 매우 의심스럽다. 동료를 배신하기보다 많은 미개인처럼 자신의 생명을 자진해서 희생하는 사람은 대부분의 경우, 고상한 성질을 전할 자손을 하나도 남기지 않았을 것이다. 전쟁에서 항상 전선에 나가기를 바라고, 다른 사람을 위해 아낌없이 한 목숨 바치는 매우 용감한 인간은, 그렇지 않은 인간보다 평균적으로 많이 죽었을 것이다.
>
> - 『종의 기원』

그는 선한 인간이 살아남기 쉽다는 자신의 이론에 대한 근거로 다음을 제시했다. 구성원의 추리력과 앞을 내다보는 능력이 발달하여, 인간은 만약 자신이 동료를 구하면 그 답례로 구조를 받게 됨을 배운다. 그리고 자선행위를 하는 것은 습성으로 자리 잡아 유전된다. 다윈은 또한

"사회적 미덕의 발달을 위한 또 하나의 다른, 그리고 더 강력한 자극은 우리 동료로부터의 칭찬과 비난에 의해 주어진다"라고 말한다. 동료의 시인을 얻는 행동이 항상 이루어지도록 자극되었다고 생각하는 것. 이렇게 해서 점차 도덕적 행위가 쌓이고 서서히 몸에 배어서, '용기 있고 동정심이 많으며 충실한 구성원을 많이 가지고, 언제나 서로 위험을 바로 경고하고, 서로 돕고 지키는' 부족은 그렇지 않은 부족과의 싸움에서 승리한다. 이 과정에서 사회적 자질, 도덕적 자질이 높은 인간이 늘어난다. 집단 생존투쟁의 승리인 것이다.

다윈의 이러한 주장은 애덤 스미스가 '보이지 않는 손'의 개념을 정립할 때 인간의 도덕 감정과 경험의 중요성을 강조한 것으로부터 영향을 받았다. 흔히 투쟁의 장에서는 힘세고 무자비한 인간이 생존할 것이라 생각하지만 다윈은 이러한 통념을 깨뜨린다.

그리스도교에서는 인간을 특별한 존재로 만들어진 것이라고 보지만, 다윈은 인간을 동물로 보고 동물의 법칙을 적용해 인간의 유래에 대한 이론을 전개한다. 동물은 다산으로 혹독한 생존투쟁에 노출된다. 자연선택이 작용한 결과, 유리한 변이가 보존되고 유해한 것은 제거되어 마침내 새로운 종이 형성된다. 다윈은 이러한 자신의 진화 이론을 당시로서는 대담하게 인간에게도 적용했다.[30]

다윈의 이론은 그리스도교의 창조론을 뿌리부터 뒤흔들었다. 『종의 기원』이 그러했고, 뒤이은 『인간의 유래』도 큰 충격을 안겼다. 그는 더욱이 『인간의 유래』 제1장의 표제를 '하등 품종으로부터의 인간 유래의 증거'라고 붙였다. 당대의 창조론적 인식 아래에서, 인간이 원숭이와 같은 동물로부터 유래했다는 것은 인간 자체의 위상을 격하시키는 진술이었다. 인간은 창조론의 세계에서 특별한 위치를 차지하고 있었기 때문이다.

2,000년 동안 서구사회를 지배해온 플라톤의 이데아 사상, 즉 '하느님의 나라'는 영원하며 자연과 인간은 하느님에 의해 창조되었다는 사고는 다윈의 진화론에 의해 허물어지기 시작했다.

『종의 기원』 읽는 법

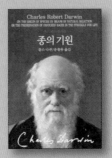

『종의 기원』의 송철용 번역본(동서문화사, 2009)에는 해제가 자세하게 실려 있다. 홍성표 번역본(홍신문화사, 2009)은 원문 중심이다. 양자오의 『종의 기원을 읽다』(유유, 2013)와 재닛 브라운의 『찰스 다윈 평전』(김영사, 2010)을 곁들이면 다윈의 사상을 폭넓게 이해할 수 있다.

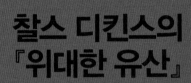

찰스 디킨스의
『위대한 유산』

—

탁월한 대중성으로
사회를 일깨운 소설가

—

52

서울대 권장도서 · 52선

2012년 미국에서 발행된 찰스 디킨스 기념 우표
대표작 가운데 하나인『크리스마스 캐럴』의 한 장면이 그려져 있다. 디킨스가 쓴 이 소설의 주인공 스크루지는 인색한 사람의 대명사가 되었다.

우연히 상속받은 막대한 유산과
소년의 성장

때로는 우연한 만남이 한 사람의 인생을 송두리째 뒤흔들기도 한다. 찰스 디킨스(1812~1870)의 『위대한 유산』(1861) 속 주인공 핍에게는 어린 시절 탈옥수와의 만남이 그러했다.

핍은 부모를 잃고 억척스러운 누나와 대장장이인 매형 조 가저리 밑에서 견습공으로 살아간다. 어느 날 핍은 독신녀인 해비샴이 사는 새티스 하우스에서 그곳의 양녀인 에스텔라를 만난다. 그 만남으로 인해 핍은 자신이 가난하고 무지하며 비천하다고 느낀다. 이것이 핍과 다른 세계와의 첫 만남이었는데, 그는 여기서 크나큰 자아 위축을 경험한다.

어느 날 핍은 늪지대의 교회 무덤에서 감옥선을 탈출한 죄수를 만난다. 죄수는 핍에게 음식과 줄칼을 가져오라고 '명령'한다. "만약 안 가져오면 네 심장과 간을 빼어버릴 테다." 무시무시한 공포에 사로잡힌 핍은 누나의 집에서 몰래 음식과 줄칼, 브랜디를 훔쳐 탈옥수에게 건네준다. 죄수와의 이 기묘한 만남은 시골소년이 갈망하던 '꿈같은 세상'으로 그를 이끄는 구실을 한다. 그 죄수가 바로 핍에게 막대한 유산을 상속하는 은인 매그위치이기 때문이다. 매그위치는 또한 핍이 사랑에 빠진 에스텔라의 아버지이기도 하다.『위대한 유산』은 매그위치·에스텔라 부녀와 핍의 두 번에 걸친 만남을 축으로 전개된다.

소설은 핍의 성장 과정에 따라 시골에서의 어린 시절, 런던에서 보낸 청년기, 그리고 은인과의 뜻밖의 만남을 계기로 정신적 성숙에 이르는 성년 이후의 시기로 구분할 수 있다. 이 세 단계는 내용상으로 순수했던 핍이 타락한 세상에서의 경험을 거쳐 정신적·도덕적으로 성장해간다는 일종의 변증법적 구조를 형성하고 있다.

소설의 전반부에서는 시골소년 핍의 첫사랑 이야기가 전개된다. 사랑에 빠져들수록 핍의 내부에서는 자기모멸과 자기부정이 커진다. 그것은 하류 계층의 소년이 상류 계층 소녀를 사랑한 '죄'다. 핍은 에스텔라를 만나면서부터 자신을 한없이 초라하게 느꼈고, 이로 인해 자신이 살던 매부의 집과 대장간 등 모든 환경을 경멸하게 된다.

"나는 매부의 대장간이 나에게 남자다움과 자립심을 길러주는 빛나는 길이 되리라고 믿어왔다." 에스텔라를 만나기 전에 이런 생각을 가지고 있던 핍은 새티스 하우스에 출입한 지 일 년 정도 되었을 무렵부터는 조의 도제가 되겠다는 꿈을 더 이상 꾸지 않았다.

그러던 어느 날 핍은 자신을 찾아온 변호사 제이거스로부터 뜻밖의 소식을 전해 듣는다.

너는 아주 넉넉한 재산을 소유하게 될 거다. 게다가 네가 이런 생활에서, 이런 곳에서 벗어나 신사로 길러지는 것이 현재 재산 소유자의 소원이란

다……. 다시 말해 막대한 유산을 소유할 소년으로 말이지.

– 이하 『위대한 유산』(혜원출판사, 1993)

변호사는 어떤 은인이 핍에게 유산을 상속해주고자 한다는 엄청난 사실을 알려온다. 또한 이 은인은 핍이 시골을 떠나 런던에서 신사로 교육받기를 원한다고도 했다. 핍은 그때의 감격스러운 심정을 이렇게 표현한다.

내 심장은 극도로 방망이질하고 있었으며, 귀에서는 웡웡 소리가 너무 크게 났다.

마치 신데렐라 이야기처럼, 핍이 그토록 바랐던 신분 상승은 어느 날 불시에 이루어진다. 핍은 에스텔라로 인해 자극받은 신사의 꿈을 현실화할 수 있는 경제적 기반을 갖추게 된 것이다. 이러한 소설적 구성으로 디킨스는 '대중적 소설가'라는 평가를 받는다. 핍은 어린 시절 음식을 갖다주었던 그 죄수가 자신의 은인이라는 사실을 꿈에도 상상하지 못했다. 그는 막연히 은인이 해비샴일 거라고 추측한다.

이 소설을 변증법적 구조로 본다면 여기까지가 '정'正에 해당한다. 이어 핍이 신사가 되기 위해 런던으로 떠나면서 '반'反의 국면으로 접어든다. 런던에서 신사 수업을 받는 동안 핍은 낭비벽에 빠지고 정신적으로 무기력하고 공허한 인간으로 타락해간다. 핍이 런던에서 주로 한 일은 '숲 속의 방울새들'이라는 사교클럽에 가입해 신사의 이름을 더럽히는 한량들과 허울뿐인 친교를 쌓고 그로 인해 감당 못할 빚을 불려가는 것이었다. 핍은 겉으로는 신사가 되어가지만 내면으로는 황폐해져가고 있었다. 여기서 디킨스는 노동하지 않고 낭비만 일삼는, 당시 영국에 만연

했던 '일그러진 신사상'을 고발한다. 빅토리아조에 들어와서는 경제력을 획득해 신분 상승을 꾀하는 것을 긍정적으로 장려하는 사회적 분위기가 조성되었다. 디킨스는 작품 속에서 이에 대한 회의적인 시선을 드러낸다. 또한 디킨스는 이 소설에서 핍의 개인적인 운명에 초점을 맞추되 개인이 경험하는 기대와 갈등, 좌절이 지닌 사회적 함의를 통해 사회적 이상이나 지배 이데올로기가 개개인의 구체적인 삶에 미치는 영향에 대해 천착하고 있다.

지금도 그렇지만 하류 계층이 빈곤의 악순환을 극복하고 신분 상승을 이루는 것은 결코 쉽지 않다. 소설 속에서 배우 지망생 웝슬이 전형적인 사례로 제시된다. 웝슬은 배우로 성공하겠다는 꿈을 품고 런던으로 왔지만 소극 배우로 근근이 생활하는 신세가 된다. 이보다 30년 앞서 『미국의 민주주의』의 저자 알렉시스 토크빌은 정치적 평등을 이룬 사회에서는 누구나 부를 일굴 수 있으리라는 착각과 욕망이 인간을 불행에 빠뜨릴 수 있다고 갈파한 바 있다. 영국의 상황 역시 크게 다르지 않았던 모양이다.

어느 날 핍은 자신을 런던으로 이끈 은인이 어린 시절 자신에게 누나의 음식을 훔치게 한 죄수(매그위치)라는 충격적인 사실을 알게 된다. 그는 유형지인 오스트레일리아에서 탈출해 런던에서 '프로비스'라는 이름으로 숨어 지낸다고 했다. 이때부터 핍의 내면에서는 강한 정서 변화가 연속적으로 일어난다. 마치 암환자가 자신의 상태를 받아들이듯, 처음에는 강하게 부정하다가 차츰 현실을 수용하면서 정신적으로 성숙해가는 과정을 밟는 것이다.

매그위치에 대한 혐오감이 점차 가시면서 그의 안전 문제를 걱정하게 된 핍은 매그위치를 해외로 탈출시키기로 작정하고 구체적인 계획을 세운다. 이때 그는 어릴 때 대장간에서 함께 일했던 올릭의 계략에

말려들어, 죽기 직전에야 올릭의 마수에서 벗어날 수 있었다. 매그위치를 몰래 탈출시키려 한 핍의 시도는 결국 실패로 끝나고, 매그위치는 사형판결을 받지만 그 전에 상처로 인해 죽고 만다. 핍은 상처 입은 죄수의 침대 옆에서 비로소 '신사'가 되기 시작한다.

소년기의 핍은 누나 때문에 불행했고 해비샴 여사로 인해 야심에 차 있었으며, 에스텔라로 인해 좌절을 경험했다. 또한 제이거스가 가져온 유산 상속 소식에 달콤한 유혹을 맛보았다. 핍은 이러한 유혹과 좌절을 겪으면서 점차 사람들에 대한 애정의 깊이를 깨닫는다. 이러한 깨달음이 그를 신사로 만들어갔다.

에드가 존슨은 "핍의 커다란 기대는 19세기 빅토리아조 사회 전체의 커다란 기대이기도 하다"라고 지적했다. 핍의 운명은 에드가 존슨의 말대로, 사회의 다수 구성원들이 사회가 심어준 신분 상승에 대한 꿈에 매달려 현실과 멀어진 삶을 살 수밖에 없게 된 사정을 예시하는 것이라고 하겠다.[31]

한편 그와 함께 신사 교육을 받는 허버트는 자신의 아버지로부터 무엇이 진짜 신사인가를 배운다. 마음으로부터 신사가 아닌 사람은 태도에서도 진짜 신사가 될 수 없다고 허버트는 믿고 있다. 핍이 에스텔라를 상류 계급의 상징으로 보고 쫓아다니는 반면, 허버트는 일부러 돈 한 푼 없는 클라라와 약혼함으로써 자신이 속한 위선적인 계급에 도전한다.[32]

은인이 죽은 뒤 핍은 지독한 열병에 걸려 한 달 이상 사경을 헤맨다. 겨우 의식을 차린 핍은 그동안 자기를 간병해준 사람이 매부 조라는 사실을 알게 된다. 핍은 에스텔라와 사랑에 빠진 뒤 런던 생활을 하면서 조와 그의 대장간을 경멸했다. 그럼에도 한결같은 매부의 처신은 핍을 부끄럽게 만든다.

오! 매부, 내 가슴을 아프게 하는군요. 나를 보고 화를 내세요, 매부. 나를 때려주세요, 매부. 너는 은혜를 모르는 놈이라고 욕을 하세요. 제발 내게 너무 잘해주지 마세요!

– 『위대한 유산』

핍은 침대에 누워 참회하듯 속삭인다.

하느님, 그를 축복하소서! 아아, 신이여, 이 온화한 그리스도인을 축복하소서!

이 장면이 이 소설의 백미다. 이후 사업가로 기반을 잡은 핍은 11년 만에 고향에 돌아와, 남편과 사별해 혼자가 된 에스텔라를 만난다. "당신은 내 마음속에서 잠시도 떠나지 않았어요"라는 핍의 고백에 "친구로 계속 지내도록 해요"라고 에스텔라는 말한다. 디킨스는 당초 두 연인이 다시 만나지 못하는 것으로 설정했다가 재회하는 결말로 바꾸었다고 한다.

『위대한 유산』에서 디킨스가 진정한 의미의 신사로 제시하는 인물은 귀족 태생의 드러믈도 런던에서 신사 교육을 받은 핍도 아니다. 시골 대장간에서 묵묵히 정직한 직업인으로 살아가는 핍의 매부 조가 바로 디킨스가 찾으려 한 신사라고 할 수 있다. 그러나 디킨스는 구시대의 인물인 조를 새로운 시대에 맞는 신사로 그려내지는 않는다. 다만 소설의 마지막 장을 덮은 뒤에는 이렇게 생각해보게 된다. 매부 조의 따뜻한 인간성과 신사도가 어쩌면 핍에게 주어진 가장 '위대한 유산'이 아닐까 하고.

구두쇠 스크루지의
회개

디킨스가 쓴 또 다른 소설로 『크리스마스 캐럴』이 있다. 이 소설의 주인공 스크루지는 인색한 사람의 대명사가 되었다. 주인공 에베니저 스크루지는 말리의 상점을 공동으로 경영하다가, 말리가 먼저 죽고 난 뒤에는 혼자 맡아 꾸려갔다. 스크루지는 맷돌 손잡이를 꽉 움켜쥔 손아귀처럼 인색하기 짝이 없는 사람이라고 묘사되어 있다. 그는 음침한 선술집에서 홀로 저녁식사를 하고 독신자 아파트에서 산다. 누구를 위해 돈을 벌고 모으는지도 생각하지 않고 오직 구두쇠로 살아가는 게 목적인 양 인색한 삶을 이어나간다. 그러던 어느 날 스크루지 앞에 동업자였던 말리가 유령으로 나타난다. 말리 유령은 앞으로 3일 동안 과거, 현재, 미래의 유령을 차례로 만날 거라고 그에게 전한다. 먼저 과거의 유령은 스크루지를 어린 시절로 데려간다. 그 어린 시절의 풍경 속에서 그는 견습생 시절 자신을 키워준 따뜻한 마음씨의 페그위치 부부를 만난다. 스크루지는 페그위치 부부를 보면서, 자신의 직원에게 따뜻한 말 한두 마디라도 건넬 걸 그랬다고 생각하기도 한다. 이어 조금씩 근심과 탐욕의 그늘이 지기 시작하는 자신의 얼굴과 대면한다. 스크루지는 탐욕스러운 구두쇠가 되어가는 자신을 본다. 다음 날 밤 '현재의 유령'이 그를 찾아온다. 현재의 유령을 따라 그는 조카가 하는 놀이를 엿본다. 조카는 삼촌을 "동물, 그중에서도 살아 있는 동물이되, 혐오스럽고 야만스러우며, 으르렁거리고 꿀꿀댄다"라고 묘사하면서 '혐오감을 주는 인간 이하'라고 말한다.

다음 날 밤 스크루지는 '미래의 유령'에게 인도되어 자신이 죽은 뒤의 모습을 보게 된다. 자신이 죽은 다음 날이다. 그가 운영하는 상점이나 집 안의 물건은 모두 강탈당한다. 침대 위에는 곁을 지켜주는 이도, 울어주는 이도, 돌봐주는 이도 하나 없는 남자의 시신이 모든 것을 빼앗긴 채 놓여 있었다. 스크루지는 교회의 묘지 터에 자리 잡은 자신의 초라한 묘지를 보며 지난 세월을 후회하기 시작한다. "무엇보다 기쁘고 다행스러웠던 점은 지금껏 저질러온 잘못을 바로잡을 시간이 아직 남아 있다는 사실이었다!" 그리고 그는 미래의 유령에게 간청한다. "이게 환영이라면 앞으로는 다르게 살겠다."

스크루지는 칠면조를 사서 한 번도 찾지 않았던 조카 프레드의 집에 가져간다. "스크루지와 말리 씨 사무실이 맞습니까"라고 찾아왔던 신사에게 기부금도 내놓는다. 밥의 월급을 올려주고 난롯불도 지펴 사무실을 따뜻하게 한다. 스크루지는 유령에게 자신이 한 약속보다 더 많이 베풀었다. 인색한 구두쇠였던 스크루지는 유령과의 만남 이후 좋은 친구이자 너그러운 주인, 선량한 시민으로 변했다. 그는 수많은 사람들에게 아낌없이 베풀면서도 스스로는 완벽한 금욕주의자로 살았다.

디킨스는 다시 태어난 스크루지가 자선을 베푸는 모습을 보여줌으로써 희망적인 미래의 모습을 제시한다. 스크루지는 소인의 삶에서 군자의 삶으로 나아갈 수 있다는 희망을 보여주는 인물이라고 할 수 있다. 나아가 디킨스가 이 소설에서 담아내려 한 것은 국가의 상황이 절망적일 때 부유한 계층부터 솔선수범하여 자선을 실천하면 그 효과가 동심원처럼 확산되어 더 따뜻하고 공평한 사회가 될 것이라는 믿음이었다.

물론 정부가 나서서 구조적으로 바꾸어야 할 문제를 희망과 미담에 기대어 개인에게 전가하는 것은 옳지 못하다. 하지만 개개인의 층위에서 바꾸어나갈 수 있는 것, 실천할 수 있는 것은 분명히 존재한다. 그렇게 삶과 주변을 변화시킨 경험이야말로 꿈이 사라진 시대를 살아가는 현재의 우리에게 필요한 에너지가 될 수 있다고 믿는다. 『크리스마스 캐럴』을 지금 모두에게 권하는 이유다.

『위대한 유산』 읽는 법

찰스 디킨스(디킨즈로도 번역하나 이 책에서는 디킨스로 통일)의 『위대한 유산』(1861)은 민음사에서 전2권(이인규 옮김, 2009)으로 출간했다. 여기서는 필자가 소장한 혜원출판사 번역본(김태희 옮김, 1993)으로 읽었다. 장남수의 『디킨즈 후기소설 연구』(UUP, 2007)와 김현숙의 『디킨즈 소설의 대중성과 예술성』(한신문화사, 1996)을 읽으면 비평적 안목을 키울 수 있다. 『크리스마스 캐럴』은 여러 번역본이 있는데 여기서는 펭귄클래식코리아(이은정 옮김, 2008)에서 출간한 것을 참고했다.

마르크스의 『자본론 1』

—

자본의 본질을
파헤치다

—

53

서울대 권장도서 · 53

마르크스가 『자본론』의 초고를 쓴 대영도서관 British Library

마르크스는 어려운 생활 속에서도 매일같이 대영도서관에서 방대한 분량의 책을 읽고 그 내용을 초록하며 『자본론』 등의 저작을 준비했다. 1967년 1권이 출간되었으며, 그의 사후 엥겔스가 마르크스의 유고를 모아 2, 3권을 완성했다.

'자본가의 탐욕'에 대한
섬뜩한 경고

공부를 하는 이라면 누구에게나 익숙한 이름, 칼 마르크스(1818~1883). 그리고 그의 저서 『공산당선언』과 『자본론』. 현대사회를 이룬 기초로서 이 이름과 책들은 여러 자리에서 호명되지만 그 엄청난 위상만큼이나 오해가 큰 것도 사실이다. 어렵고 딱딱한 저술일 거라는 예상과 달리, 막상 『공산당선언』이나 『자본론』을 대하면 의외로 따뜻한 인간미가 깃들어 있음을 알 수 있다. 또한 마르크스가 영감으로 가득한 천재라기보다 지독한 '학습광'이라는 사실도 드러난다. 『자본론』은 그 지독한 공부의 결과로 탄생한 저술이다.

그는 정말로 무슨 방랑자 지식인처럼 살아가고 있다. 때로 그는 종일 빈둥거리기도 하지만, 해야 할 일이 있으면 밤낮을 가리지 않고 피곤한 기색 없이 인내심을 가지고 일에 열중한다. 그에게는 따로 취침시간이나 기상시간이 정해져 있지 않다. 어느 날에는 밤을 온통 새고 나서 옷을 입은 채로 소파에 누워 세상 모르고 저녁까지 깊이 잠이 든다.

– 이하 『자본론 이펙트』(세종서적, 2014)

마치 '몰입의 즐거움'에 빠진 듯한 이 글의 주인공은 누구일까. 다름 아닌 런던에 살던 31세 무렵의 칼 마르크스다. 1849년 『공산당선언』을 쓴 죄로 강제 추방돼 영국에 망명 중이던 마르크스는 조국 프로이센 비밀경찰의 감시를 받고 있었다. 이 내용은 그를 감시했던 비밀경찰이 베를린의 상사에게 보고한 것이다. 이 보고처럼, 마르크스는 당시 열정적이고 자기주도적인 '백수' 생활을 하고 있었다.

예나 지금이나 도서관은 백수가 가장 부담 없이 드나들 수 있는 장소일 것이다. 마르크스는 1850년 6월에 영국 도서관의 독서실 입장권을 얻은 뒤, 줄곧 이곳에서 경제학 서적과 경제주간지 『이코노미스트』를 읽으며 시간을 보냈다. 1851년 4월, 그는 이만하면 경제학 공부를 충분히 했다며 큰소리를 쳤다. "경제학 공부가 상당한 수준으로 진전되었다. 그러니 앞으로 5주 안에 경제학의 모든 내용을 소화해낼 것이다." 그는 아침 9시부터 저녁 7시까지 거의 매일 독서실에서 공부에 열중했다.

법학과 철학을 전공했던 마르크스는 독학으로 이전까지의 경제학 이론을 섭렵했다. 마르크스는 『자본론』을 쓰기 위해 경제학자 199명의 저작을 읽고 논평한 노트를 만들었다. 애덤 스미스, 데이비드 리카도, 제임스 밀 등을 읽고 자기 나름의 주석을 달았던 것이다. 또한 그 이전인 1844년 파리에 체류했을 당시에는 독일 철학과 프랑스 정치에 대해 분석하여 정리한 바 있었다. '파리 수고'手稿로 알려진 이 노트는 20년이 지나 『자본론』의 초기 원고본이 된다. 이 원고본은 처음부터 직설적인 주장으로 시작한다.

> 임금은 자본주의와 노동자 사이의 치열한 투쟁에 의해 결정된다. 자본가가 결국 승리한다. 자본가는 노동자가 없어도 노동자보다 더 오래 살 수 있지만, 노동자는 자본가 없이 그렇게 오래 살아갈 수 없다.

말하자면 『자본론』은 마르크스가 파리와 런던에서 독학으로 공부해 탄생시킨 걸작이다. 『자본론』 제2권과 3권은 각각 1885년, 1894년에 엥겔스가 마르크스의 초서 자료를 정리해 출간했다. 제4권인 『잉여가치 이론들』 또한 1860년대 중반에 마르크스가 경제사를 연구하며 정리해둔 내용을 카를 카우츠키가 편집한 것이다.

『자본론』은 자본가의 노동자 착취를 전제한다. 자본주의 경제는 인간의 필요와 욕구를 직접적으로 충족시키는 것을 목적으로 삼지 않고 자본가 계급의 이윤 획득 욕구를 충족시키는 것을 목적으로 삼는다는 것이다. 또한 실업이 증가하는 가장 근본적인 이유는 자본가들이 손실을 보지 않으려고 기존의 노동자들을 대량으로 해고하기 때문이다. 이윤은 자본가가 생산 영역에서 착취한 노동자의 잉여노동이 응고한 것이다. 자본가는 더욱 큰 이윤을 얻기 위해 새로운 과학기술을 끊임없이 도입해 대규모로 실업자를 양산함으로써, 노동자 계급의 세력을 약화시켜 자본과 노동 사이의 착취 관계를 유지하고 재생산한다. 이것이 『자본론』 제1권의 핵심이다.

마르크스는 자본가와 노동자는 처음부터 평등하지 않다는 사실을 파악하는 것이 자본주의를 이해하는 데 가장 중요하다고 강조한다. 왜냐하면 자본가는 노동을 하지 않더라도 먹고 살 수 있지만 노동자는 일자리가 없으면 굶어 죽을 수밖에 없기 때문이다. 노동력이 거래되는 노동시장에서는 노동자와 자본가의 관계를 자유와 평등, 소유, 공리주의가 지배하지만 잉여가치를 생산해야 하는 공장의 생산 과정으로 들어가면 사정은 달라진다. 마르크스는 노동자가 자본가와 계약을 체결한 후 달라진 관계를 다음과 같이 비유한다.

> 이전의 화폐소유자는 자본가로서 앞장서 걸어가고, 노동력의 소유자는 그의 노동자로서 그 뒤를 따라간다. 전자는 거만하게 미소를 띠고 사업에 착수할 열의에 차서 바삐 걸어가고, 후자는 자기 자신의 가죽을 시장에서 팔아버렸으므로 이제는 무두질만을 기다리는 사람처럼 겁에 질려 주춤주춤 걸어가고 있다.
> – 이하 『자본론 1』(비봉출판사, 2001)

마르크스는 『자본론』 제1권에서 노동자들의 잉여노동을 통해 얻어지는 자본가들의 이윤, 즉 잉여가치가 어떻게 생산되는가를 중점적으로 파헤친다. 잉여가치는 자본가가 노동자의 노동시간을 훔친 것이라고 할 수 있다. 자본가의 '이윤'은 공장이나 사업체를 운영하는 산업자본가 계급이 임금노동자 계급의 '하루치 노동' 중 일부에 대해 임금을 지급하지 않기 때문에 생긴다는 것이다. 자본가가 노동자에게 하루 10시간을 노동시키면서 하루치 임금으로 10만 원을 주는 경우, 노동자가 10시간 일했을 때 창출되는 실제 부가가치는 10만 원의 가치를 뛰어넘는다. 예컨대 노동자가 하루 동안 20만 원의 새로운 가치 또는 부가가치를 창출한다고 할 때, 그는 하루 10시간의 노동으로 창출한 20만 원 중 10만 원만 임금으로 받고 나머지 10만 원은 자본가에게 공짜로 바치는 것이다. 하루 10시간 노동 중 5시간은 임금으로 '지급받는 노동'이고 나머지 5시간은 '지급받지 못하는 노동' 또는 잉여노동이 되는 셈이다. "이윤의 원천은 바로 잉여노동이다"라는 마르크스의 주장에 대해, 부르주아 경제학은 "자본가가 위험을 무릅쓰고 투자를 했기 때문에 이윤은 그 위험에 대한 보상으로 주어지는 것이다"라고 반박한다.

> 식사시간 전후에서 조금씩 떼어내어 하루에 1시간씩 추가한다면, 1년에 13개월 노동하는 것과 같다.

1858년 4월 30일 공장 감독관의 보고서라면서 마르크스가 인용한 내용이다. 자본이 노동자의 식사시간과 휴식시간을 훔쳐내는 이 '좀도둑질'을 공장 감독관들은 '분分도둑' '분 뜯어내기'라고 불렀다. 노동자들은 '식사시간 야금야금 깎아먹기'라고도 한다.[33] 마르크스는 자본가를 이렇게 묘사한다.

> 자본가는 오직 인격화된 자본에 지나지 않는다. 그의 혼은 자본의 혼이다. 그런데 자본에게는 단 하나의 충동이 있을 따름이다. 즉 자신의 가치를 증식시키며, 잉여가치를 창조하고, 자기의 불변자본 부분인 생산수단으로 하여금 가능한 한 많은 양의 잉여노동을 흡수하게 하려는 충동이 그것이다. 자본은 죽은 노동인데, 이 죽은 노동은 흡혈귀처럼 오직 살아 있는 노동을 흡수함으로써 활기를 띠며, 그리고 그것을 많이 흡수하면 할수록 점점 더 활기를 띠게 된다.

자본가는 잉여가치를 증대하기 위해 흡혈귀처럼 노동자의 피(노동시간)를 더 많이 요구하고 있지만 노동자는 임금 수준에 합당한 노동만 하겠다고 응수한다.

쌍방이 모두 동등하게 상품 교환의 법칙에 의해 보증되는 권리를 주장하고 있다. 동등한 권리와 권리가 서로 맞섰을 때는 힘이 문제를 해결한다. 그리하여 자본주의적 생산의 역사에서 노동일의 표준화는 노동일의 한계를 둘러싼 투쟁, 다시 말해 총자본(자본가 계급)과 총노동(노동자 계급) 사이의 투쟁으로 타나나는 것이다.

이때 자본가는 '필수노동시간'의 축소라는 무기를 꺼낸다. 당시 영국에서 노동시간은 1833년 공장법에 의해 처음으로 규제되었다. 섬유산업에서 먼저 13~18세 미성년자들의 노동시간을 12시간으로 단축한 것이다. 이때 모든 자본가들이 들고 일어나 "영국 산업은 이제 망하게 됐다"라고 외쳤다. 그 뒤 개정된 1847년 공장법은 여성과 미성년자에게 10시간 이상 노동을 시킬 수 없다고 규정했다.

노동시간 규제로 인해 자본가는 절대적 잉여가치(하루의 노동시간=필수노동시간+잉여노동시간)에 의한 이윤 창출을 더 이상 지속할 수 없게 되었다. 이에 대응해 자본가가 노동생산성 향상을 위해 기계를 도입하면서, 상대적 잉여가치라는 개념이 생겨났다. 표준노동일의 제정과 기계화로 인한 노동생산성 향상으로, 필수노동시간이 단축되어 상대적 잉여가치가 창출된다. 예컨대 기계화와 기술혁신으로 필수노동시간이 10시간에서 8시간으로 줄어들 경우, 자본가는 노동생산성을 향상시키기 위해 노동 강도를 높인다. 쉽게 말하자면 수작업으로 할 때에는 잠시 한눈을 팔 수 있지만 기계화가 되면 한눈을 팔 수 없고 더 열심히 일해야 한다. 그런데 기계화와 기술혁신은 필수노동시간을 단축시키면서 실업자를 발생시킨다. 노동자들은 자칫 실업자가 될 수도 있다는 위기감에 임금을 더 적게 받더라도 더 열심히 일할 수밖에 없다.

문제의 핵심은
세계의 변혁이다

　기계를 통한 공장의 생산 자동화로 인해, 실업자로 구성된 '산업예비군'이 만들어진다. 직장을 얻으려는 경쟁은 보다 격화된다. 이 노동자들의 잉여집단은 산업 자본주의의 필연적인 결과이며, "착취에 언제든 동원할 수 있는 인간자원의 집단"이라는 점에서 자본가의 자본축적을 위한 수단이 되기도 한다. 현대 산업체제에서 호황과 불황의 순환구조 유형은 이 산업예비군의 지속적인 형성과 흡수 그리고 재구성과 맞닿아 있다. 따라서 잉여노동은 이번에는 임금의 일반 원리를 규제 내지 조절하게 된다.

　즉 노동자들은 다시 대량 실직자 신세가 되고 그들의 상황은 더욱 열악해진다. 쉽게 말하자면 노동자들은 더 많은 시간을 일하고도 임금을 더 요구할 수 없다. 산업예비군으로 언제든지 대체될 수 있기 때문이다.

호황과 불황의 순환구조는 노동자를 실직의 위험과 강도 높은 노동으로 내몬다.

마르크스는 노동자 계급이 궁핍해지는 경향에 대해 이렇게 말한다. 상대적 잉여가치를 생산하기 위해 노동생산성을 향상시키는 모든 방법, 즉 분업·기계화·자동화는 노동자를 지배·착취하는 방법이다. 이것들은 노동자를 불구로 만들고 기계의 부속물로 만들며, 머리를 쓸 필요 없이 기계의 움직임에만 순응하게 만든다. 이런 상황에서 노동은 혐오스러운 고통으로 전환된다. 자본축적이 진행될수록 노동자의 희생은 더욱 커진다. 또 자본을 축적하는 과정에서 실업자가 주기적으로 양산되기 때문에 노동자 계급은 빈곤, 노동의 고통, 노예상태, 무지, 야만화, 도덕적 타락을 겪는다.

『자본론』을 읽다 보면 군데군데에서 문학적 향기를 느낄 수 있다. 마르크스는 자본축적에 열을 올리는 자본가의 야만성을 찰스 디킨스의 소설 『올리버 트위스트』에 나오는 도둑의 수령 '빌 사이크'의 논법을 빌려 고발한다.

> 배심원 여러분, 물론 이 행상인의 목이 잘렸습니다. 그러나 이것은 나의 죄가 아니라 칼의 죄입니다. 이러한 일시적으로 불쾌한 일 때문에 과연 우리가 칼을 사용하지 말아야 하겠습니까? 생각해보십시오! 칼이 없다면 농업과 공업이 어떻게 되겠습니까? 그것은 외과수술에서 치료에 도움을 주며, 해부학에서는 과학의 도구로 쓰이지 않습니까? 그리고 또 즐거운 연회석상에서는 아주 좋은 조수가 아닙니까? 칼을 없애버린다는 것은 우리를 야만상태에 떨어뜨리는 것입니다.
>
> ─『자본론 1』(하)

즉 자본가가 노동자(행상인)를 해고하는 것은 자신의 잘못이 아니라 자본주의(칼)의 잘못이라는 것이다. 그렇다고 자본주의를 없애서는 안 되며, 그렇게 되면 우리 모두가 야만상태에 빠질 것이라는 논리다.

마르크스는 "자본가의 자본축적은 착취당하는 인간의 수를 확대하는 것이다"라고 말한다.[34] 즉 자본가는 수전노처럼 자기의 개인적 노동이나 개인적 소비의 삭감에 비례해 부유해지는 것이 아니다. 그는 남의 노동력을 얼마나 짜내며 또 노동자에게 일상생활의 모든 쾌락의 포기를 얼마나 강요하는가에 비례해 부유해진다. 자본가와 노동자의 그 견고한 착취 관계를 마르크스는 사슬에 비유한다.

> 그리스 신화에 나오는 대장장이 헤파이토스가 만든 쐐기가 인간을 위해 불을 훔친 죄로 제우스의 정죄를 받은 프로메테우스를 바위에 단단히 고정시켜 묶어놓은 것보다 더 견고하게 노동자들은 자본의 사슬에 묶여 있다.
> ─ 『자본론 이펙트』

마르크스는 『자본론』에서 고대 그리스의 비극작가 소포클레스를 비롯해 셰익스피어와 괴테에 이르기까지 수많은 작가들을 인용한다. 마르크스는 인간의 물질적 동기나 이해관계에 대한 통찰력을 철학자나 정치 논평가들보다 시인이나 소설가들로부터 얻었다. 마르크스는 『자본론』을 완성한 뒤 엥겔스에게 보낸 편지에서 발자크의 소설 『미완의 걸작』을 읽어보라고 당부했다. 보수적이고 왕당파적인 입장에 서 있던 발자크가 마르크스의 마음을 끄는 문학적 영웅일 리는 없지만 마르크스는 위대한 작가들은 자신의 개인적인 편견을 넘어서는, 사회 현실에 대한 통찰력을 지니고 있다고 늘 주장했다.

『자본론』 1권에서 마르크스는 아동에 대한 노동착취를 정당화하는 자본의 맨얼굴을 폭로하기 위해 셰익스피어의『베니스의 상인』에 나오는 사일록의 목소리를 빌린다. 노동자들과 공장 감독관들이 공장의 위생과 도덕적 문제에 대해 항의하자, 자본(자본가)은 이렇게 대답한다.

> 내가 한 일은 내가 책임진다네! 법적으로 따져서 해볼 테면 해보게. 나도 법 좋아하지. 벌금형을 과하고 내가 가진 주식을 몰수하시든지.
> ─『자본론 이펙트』

요즘도 노동자들의 항의에 자본가들이 '법'을 들먹이고 협박하는 일이 노동현장 곳곳에서 자행되고 있다. 파업에 대한 손해배상을 청구하며 파업 노동자의 재산을 압류하는 기업의 '손배가압류' 소송이 한 예다. 또한 그는 소포클레스의 비극『안티고네』를 통해 돈의 악마성을 비판하고, 셰익스피어의 대사를 따와서 돈을 "인류가 공유하는 창녀"에 비유하기도 했다.

마르크스는 32세 때인 1850년부터『자본론』을 집필할 준비에 들어가 15년 동안 무려 199명에 이르는 경제학자들의 저서와 인문고전을 섭렵해 1865년 12월에 초안을 완성했다. 엉덩이에 부스럼이 발병하는 고통과 가난을 감내하면서 완성한『자본론』으로 마르크스가 이루고자 한 것은 그의 묘비명처럼 세상을 바꾸는 일이었다.

> 지금까지 철학자들은 세계를 여러 가지 각도에서 해석하는 일에만 열중했다. 그러나 문제의 핵심은 세계를 변혁시키는 일이다.
> ─『청소년을 위한 자본론』(두리미디어, 2010)

『자본론』의 초판 1,000권 팔리는 데에는 무려 4년이 걸렸다고 한다.

『자본론』은 출간 당시 영국에서 냉대를 받아 1867년 독일에서 출간된 이후 20년만인 1886년에야 영어판이 출간되었다. 일부에서는 『자본론』의 유효기간이 지났다지만 세계의 변혁을 외치는 이들에게 이 책은 여전히 성경과 같은 교리로 여겨지고 있다.

『자본론』 읽는 법

『자본론』(1867)은 김수행 전 서울대 교수의 저작을 중심으로 읽는 것이 좋다. 먼저 『청소년을 위한 자본론』(두리미디어, 2010)을 읽고 『자본론 1』(전2권, 비봉출판사, 2001)의 순서로 읽는 게 이해하기 쉽다. 여기에 프랜시스 윈의 『자본론 이펙트』(김민웅 옮김, 세종서적, 2014)를 곁들이기를 권한다.

톨스토이의
『안나 카레니나』

—

위대한 작가,
위대한 교사가 되다

—

54

1914년에 러시아에서 출간된 『안나 카레니나』 속 삽화
무도회 장면을 그린 것으로, 책 속 안나에 대한 묘사를 따른 듯 보인다. "깊게 파인 검정 벨벳 드레스를 입고 오래된 상아로 조각한 듯한 풍만한 어깨와 가슴. 작고 가느다란 손을 훤히 드러내고 있다."

금지된 사랑으로
도덕을 설파하다

"이 소설은 완벽한 작품으로, 현대 유럽 문학 중에서 이 작품에 비견될 만한 것은 찾을 수 없다."

표도르 도스토예프스키가 찬사를 아끼지 않은 이 작품은 다름 아닌 『안나 카레니나』(1877)다. 레프 톨스토이(1828~1910)가 쉰 살을 앞두고 출간한 이 소설은 현대 작가 125명을 대상으로 한 2007년『타임』지의 설문조사에서 "지금까지 쓰인 가장 훌륭한 소설"로 꼽히기도 했다. 이 소설이 이토록 뜨거운 찬사 속에 현재까지 사랑받는 이유는 무엇일까. 아마도 사랑을 위해 집을 뛰쳐나온 중년 여인의 비극적인 불륜 로맨스 속에 톨스토이 자신의 이른바 '톨스토이즘'을 담아냈기 때문일 것이다. 톨스토이는 이 소설을 '불륜 소설'로 포장했지만, 내적으로는 죽음과 올바른 삶 등 인간의 본질적인 문제에 천착한다.

『안나 카레니나』의 무대가 된 19세기 후반 페테르부르크는 두 부류의 인간들로 나뉘어 있었다. 톨스토이의 묘사에 의하면 하나는 "야비하고 우둔하며 특히 우스꽝스러운 인간들"이다. 톨스토이는 이렇게 역설적인 묘사를 하지만 이들이야말로 톨스토이가 지향하는 진실한 인간, 즉 '도덕군자'형 인간이다. 소설 속 레빈 같은 인물이 여기에 해당한다. 다른 부류는 톨스토이가 "진짜 인간"이라고 역설적으로 표현한 '정욕에 몸을 내맡긴' 사내들이다. 즉 '바람둥이'형으로, 브론스키와 스치바가 여기에 속한다. 이들의 세계에서 도덕 운운하는 것은 꼴사납고 촌스러운 일이다. '진짜 남자'는 자질구레한 도덕 따위는 무시하고 용감하게 연애 사업에 정진해야 한다.

흔히 여성들은 '나쁜 남자'에게 더 끌린다고들 한다. 『안나 카레니나』 속 여성들도 마찬가지다. 이 소설에서 주인공 안나와 대비되는 여성은 키티다. 키티는 처음에는 브론스키와 같은 멋쟁이에게 빠진다. 그녀의 어머니인 공작부인도 수려한 외모의 브론스키를 사위로 삼고 싶어한다. 반면 그녀의 아버지인 스체르바츠키 공작은 브론스키가 결혼은 안중에도 없고 단지 여성을 농락하려 드는 바람둥이형 인간임을 한눈에 직감한다. 이 일로 부인과 티격태격한다.

> 그것을 보는 눈은 여자들이 아니라 우리 남자들에게 있단 말이오. 내 눈에는 진지한 의도를 가진 사람이 보이오. 바로 레빈이지. 그리고 내 눈에는 잠시 즐기기만 하려는 얄미운 메추라기 새끼도 보인다오.
> – 이하 『안나 카레니나 1』(민음사, 2009)

주인공 안나 역시 바람둥이 브론스키의 애정공세에 넘어가 불행에 빠져든다. 키티는 브론스키가 잠시 한눈을 팔다 안나에게 향하는 바람에 그의 '마수'에서 벗어났다. 안나는 도덕은 안중에도 없는 멋쟁이 브론스키와의 불륜으로 불행해지지만, 브론스키에 눈이 멀어 레빈의 청혼을 거절했던 키티는 그의 청혼을 다시 받아들여 행복한 결혼생활을 꾸린다.

소설 속 여성이 나쁜 남자에게 끌린다면 남성은 쾌활하고 활력 있는 여성에게로 이끌린다. 괴테는 『파우스트』에서 '생기발랄한 애교적 아름다움'을 강조한 바 있다. 톨스토이 역시 여성의 아름다움은 '유쾌하고 생의 의욕이 넘치는 것'이라며 활력을 최고의 매력으로 꼽는다. 안나가 그 전형적인 매력의 소유자다.

브론스키는 어머니를 마중하기 위해 기차역에 갔다가, 어머니와 함께 이야기를 나누고 막 하차하는 안나와 마주친다.

한 번 더 그녀를 꼭 보아야겠다는 충동을 느꼈다. 그녀가 대단히 아름다워서도 아니고, 그녀의 모습 전체에서 풍기는 우아함과 겸손한 기품 때문도 아니었다. 다만 그의 옆을 지나치는 그녀의 사랑스러운 얼굴 표정이 유난히 상냥하고 부드러운 무언가가 있었기 때문이다. (중략) 그 짧은 시선을 통해, 브론스키는 그녀의 얼굴에서 뛰노는 절제된 활기를 포착할 수 있었다.

기차역에서 이루어진 안나와 브론스키의 숙명적인 첫 만남, 그 순간 브론스키를 사로잡은 것은 안나의 미모가 아닌 활력이다.

안나는 키티가 간절히 바라던 라일락 색 옷이 아닌 깊게 파인 검은 벨벳 드레스를 입었다. 그 드레스는 오래된 상아로 조각한 듯한 그녀의 풍만한 어깨와 가슴, 동그스럼한 팔, 작고 가느다란 손을 훤히 드러냈다. 그리고 드레스의 가장자리는 베네치아 산 레이스가 박음질되어 있었다. 장식 가발이 섞이지 않은 그녀의 머리에는 삼색 팬지꽃을 엮은 작은 화환이 있었고, 허리에 감은 검은 리본에도 하얀 레이스 사이에 똑같은 꽃으로 엮은 띠가 달려 있었다. (중략) 칼로 조각한 듯한 단단한 목에는 진주 목걸이가 걸려 있었다.

안나의 활력은 사교계에서 더욱 빛을 발한다. 특히 무도회에서 입었던 블랙 벨벳 드레스는 안나에게 쾌활하고 생동적인 분위기를 더해주었다. 패션의 역사에서 전설이 된, 1920년대의 '리틀 블랙 드레스'는 코코 샤넬이 『안나 카레니나』를 읽고 영감을 얻어 디자인한 것이라는 말이 회자되기도 했다.[35] 모스크바의 무도회에 나타난 안나는 특유의 활력과 패션으로 이내 '남심'을 사로잡는다. 톨스토이는 안나의 아름다움에 찬사를 바치면서도 이렇게 예고했다.

단순한 검은 드레스를 입은 그녀는 매력적이었다. 팔찌를 낀 풍만한 팔도 매력적이고, 진주 목걸이가 감긴 단단한 목도 매력적이고, 흩어진 곱슬머리도 매력적이고, 자그마한 손과 발의 가볍고 우아한 동작도 매력적이고, 생기가 넘치는 아름다운 얼굴도 매력적이었다. 하지만 그녀의 매력에는 무섭고 잔혹한 무언가가 있었다.

안나가 모스크바에 방문한 것은 남동생 스치바가 가정교사와 불륜을 저지르는 바람에 상심한 그의 아내 돌리를 위로하기 위해서였다. 이 여행은 그녀의 삶을 송두리째 바꿔놓는다. 그녀는 역에 도착했을 때 브론스키를 만났고, 두 사람은 무도회에서 재회한다. 동생 가정의 위기를 해소해주려 떠난 여행에서 그녀 자신이 되레 불행의 덫에 걸려든 것이다.

소설가들은 작품 속에 주인공의 운명과 관련한 '복선'을 숨겨둔다. 톨스토이도 마찬가지다. 안나가 브론스키와 처음 조우한 모스크바 역에서, 후진하는 기차에 깔려 역무원이 죽는 사건이 일어난다. 역을 빠져나오던 안나는 그 광경을 목격한다. 안나는 이를 가리켜 "불길한 징조"라고 말한다. 결국 그녀는 이 장면을 떠올리며 기차에 투신해 자살한다.

또 하나의 복선은 첫 정사 장면에 있다. 톨스토이는 브론스키가 안나의 육체에 키스를 퍼붓는 모습을 살인자가 시체를 난도질하는 것에 비유한다.

> 그는 살인자가 자신이 생명을 빼앗은 육체를 바라보며 느꼈을 그런 기분을 맛보았다. 그가 생명을 빼앗은 이 육체는 바로 그들의 사랑, 그들의 사랑의 첫 단계였다. 수치심이라는 이런 무시무시한 대가를 치르고 얻은 것을 돌이켜보니, 무언가 끔찍하고 혐오스러운 것이 있었다.

이 소설은 안나의 불륜을 다루지만 달콤한 정사에 대한 묘사는 단 한 문장도 나오지 않는다. 무시무시하기까지 하다.

플로베르의 『마담 보바리』에서 엠마는 무너진 담장을 통해 몰래 정부의 침실로 들어간다. 안나는 더욱 대담하게도 남편과 아들이 있는 집을 뛰쳐나와 브론스키와 밀월 여행을 떠난다. 이 공공연한 연애는 사교계 사람들의 눈에도 더할 수 없이 부도덕해 보인다. 사교계 부인들을 분노의 도가니로 몰아넣은 것은 안나의 정사 그 자체보다 사교계의 관습에 대한 안나의 도전이었다. 안나는 브론스키와의 정사를 공공연하게 발설함으로써 '사교계의 규칙'을 내팽개친 것이다. 비밀 정사를 즐기던 사교계 부인들은 자신들의 위선이 드러나자 분노했고, 안나에게 "더러운 창녀"라며 돌을 던졌다. 톨스토이가 안나를 통해 고발하고자 했던 것은 바로 당대 사교계의 부도덕하고 위선적인 행태였다.

안나는 브론스키로 인해 인생의 바른 길에서 이탈한다. 하지만 브론스키는 '사랑의 집착'으로부터 벗어나려고 한다. 이것이 안나의 눈에는 불성실한 모습으로, 그의 사랑이 식어버린 증거로 비춰진다. 절망을 느낀 안나는 5월의 어느 일요일 저녁 화물 열차에 몸을 던진다.

> 그러자 문득 브론스키와 처음 만난 날 기차에 치인 남자가 떠올랐다. 그녀는 자신이 무엇을 해야 할지 깨달았다. (중략) '하느님, 나의 모든 것을 용서하소서!'
>
> ─ 『안나 카레니나 3』(민음사, 2009)

안나의 자살 이후 터키와의 전쟁이 시작되자 브론스키는 의용군 부대를 이끌고 전선으로 떠난다.

러시아 작가 막심 고리키는 톨스토이가 "여자에게 무자비할 정도로 적대적이며" "여자에게 벌주는 것을 즐긴다"라고 꼬집기도 했다.[36]

안나의 불륜 이야기가 파국으로 치달아갈 때 레빈은 각성에 이른다. 레빈은 루소의 『에밀』 속 에밀과 같은 인물이다. 톨스토이는 그를 이상적인 인간으로 그려낸다. 시골 영지에서 키티와 결혼한 레빈은 직접 노동을 하면서 이기적인 지주에서 벗어나 삶을 자기희생적인 것으로 전환해간다. 도덕적으로 각성한 계몽적 지주의 모습이다.

레빈이 농노들과 어울려 풀베기하는 장면은 마치 『장자』에 나오는 백정의 소각뜨기를 연상시킨다. 함께 풀을 베는 영감은 마치 장난이라도 하는 듯이 풀들을 베어 눕히면서 앞으로 나아갔다. 마치 사람이 아니라 한 자루의 예리한 낫이 저절로 물기가 많은 풀을 베어가고 있는 것만 같았다. 레빈도 그들과 함께 풀을 베면서 무아지경을 경험하게 된다.

레빈은 풀을 베면 벨수록 망각의 순간을 더욱더 자주 느끼게 되었다. 그럴 때는 손이 낫을 휘두르는 것이 아니라, 낫 그 자체가 생명으로 충만한 그의 몸을, 끊임없이 스스로를 의식하는 그의 몸을 움직였으며, 그가 일에 대해 아무 생각을 하지 않아도 마치 마법에 걸린 것처럼 일이 저절로 정확하고 시원스럽게 진행되었다. 이럴 때가 가장 행복한 순간이었다.

– 『안나 카레니나 2』(민음사, 2009)

레빈은 "누군가 그에게 몇 시간이나 풀을 벴느냐고 물으면, 그는 30분 정도라고 대답했을 것"이라 할 만큼 시간의 흐름을 느끼지 못했다.

톨스토이의 인생론을
집대성한 소설

톨스토이의 모든 저술에는 도시에 대한 지독한 혐오감이 나타난다. 그에게 도시는 타락과 죄악의 공간이다. 레빈이 실현하고자 하는 시골 생활은 바로 루소가 에밀을 통해 실현하고자 한, 사회(도시) 속에서 자연인으로 살아가는 것과 유사한 가치를 지닌다.

『안나 카레니나』를 통해 톨스토이는 영원한 도덕에 대해 말하려고 했다. 말하자면 사랑은 오로지 육체적 사랑만으로는 존재할 수 없다는 것. 육체적인 사랑은 이기적이며 그렇기 때문에 창조보다는 오히려 파멸을 불러들이고 마는 것이다. 따라서 그 같은 사랑은 죄악이다. 이 핵심을 예술적으로 가능한 명확하게 제시하기 위해 톨스토이는 두 가지 사랑을 생생하게 묘사하여 대조한다. 브론스키와 안나의 육체적 사랑과 레빈과 키티의 진정한 기독교적 사랑이 그것이다. 물론 후자의 사랑도 충분히 관능적이지만 그것은 책임과 온화함과 진실과 가족의 즐거움이라는 순수한 분위기 속에서 균형과 조화를 이룬다.[37]

하지만 톨스토이는 소설 속에 자신의 톨스토이즘을 녹여내면서도 제목을 '레빈'으로 하지 않고 '안나 카레니나'로 정했다. 안나의 욕망을 단죄하지만, 소설 곳곳에서는 안나의 관능적인 매력이 발산된다. 어쩌면 안나는 죽을 때까지 늘 육체적 갈망에 시달렸던 톨스토이 자신의 상상 속 연인이 아니었나. 그리고 레빈은 톨스토이 그 자신이 되고 싶어했던 모습은 아니었을지 추측해본다.

> 이제 나의 삶은, 나의 모든 삶은, 삶의 매 순간은 이전처럼 무의미하지 않을 뿐 아니라 선의 명백한 의미를 지니고 있어. 나에게는 그것을 삶의 매 순간 속에 불어넣을 힘이 있어!
>
> – 『안나 카레니나 3』(민음사, 2009)

『안나 카레니나』의 마지막 문장이다. 이전과는 다른 의미 있는 삶을 살아가겠다는 레빈의 다짐으로 이 소설은 끝난다. 말하자면 톨스토이의 다짐인 셈이다. 이 소설을 출간한 톨스토이는 본격적으로 '톨스토이즘'을 설파하기 위한 행보에 나선다. 그래서 혹자는 이렇게 말하기도 했다.

> 쉰 살 이전의 톨스토이가 위대한 작가라면, 쉰 살 이후의 톨스토이는 위대한 교사다.
>
> – 『톨스토이, 도덕에 미치다』(예담, 2009)

진부한 인용문이 되어버렸지만, 이 소설의 첫 문장으로 다시 돌아가 보자.

행복한 가정은 모두 모습이 비슷하고, 불행한 가정은 모두 제각각의 불행을 안고 있다.

— 『안나 카레니나 1』(민음사, 2009)

우리를 행복으로 이끄는 게 무엇인지 또 우리를 불행하게 만드는 게 무엇인지 생각해보게 하는 명문장이 아닐 수 없다.

『안나 카레니나』 읽는 법

레프 톨스토이의 『안나 카레니나』(1875)는 여러 번역서가 있는데 여기서는 민음사(연진희 옮김, 2009)에서 출간한 번역본을 참고했다. 아울러 석영중의 『톨스토이, 도덕에 미치다』(예담, 2009)를 읽으면 그의 생애와 작품세계를 폭넓게 이해할 수 있다.

도스토예프스키의 『카라마조프가의 형제들』

—

가난한 천재,
돈을 위해 대작을 쓰다

—

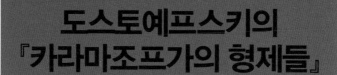

55

영화 『카라마조프가의 형제들』 속 한 장면이 담긴 1969년 소련 엽서
불후의 명작으로 손꼽히는 『카라마조프가의 형제들』 『죄와 벌』 등을 남긴 도스토예프스키는 평생을 가난 속에서
살았다. 돈은 무엇보다 중요한 창작 동력이었다. 그는 도박에 빠져 있었으며, 도박 빚을 갚기 위해 또는 도박할 돈
을 마련하기 위해 소설을 쓰기도 했다.

3천 루블이 탄생시킨
역작

표도르 도스토예프스키(1821~1881)의 대작 『카라마조프가의 형제들』
(1880)은 작가의 불운이 빚어낸 걸작이라고 할 수 있다. 25세에 첫 소설
『가난한 사람들』을 발표하면서 러시아 문단의 총아로 주목받았던 도스
토예프스키는 그로부터 3년 뒤 나락으로 떨어지게 된다. 사회주의 성향
의 모임에 가입했다는 죄목으로 사형선고를 받기에 이른 것이다. 사형
은 집행 직전에 취소되고 그는 8년을 시베리아 감옥에서 보냈다.

이 장기간의 불행은 30년 후 대작의 '밑알'이 되었다. 그는 옴스크의
감옥에서 친부를 살해했다는 일리인스키에 대해 알게 되었다. 귀족 출
신이던 그가 방탕한 생활을 하다가 유산을 노리고 아버지를 살해했다
는 이야기였다. 이후 사건의 진상이 밝혀졌는데, 아버지를 살해한 진짜
범인은 그의 약혼녀를 사랑한 동생이었다고 한다. 30년 동안 도스토예

프스키는 이 이야기를 가슴에 담아두었다. 이를 모티프로 소설을 쓰기 시작한 것은 1878년이었다. 애지중지하던 셋째아들 알료샤가 갑작스러운 간질 발작으로 죽은 해였다. 도스토예프스키는 알료샤를 이 소설에서 가장 호의적인 인물로 그린다. 소설에서나마 아들이 자신의 생을 이어가기를 바라는 부성애였으리라. 그는 이듬해 『카라마조프가의 형제들』을 발표했고 집필을 시작한 지 2년 만인 1880년 11월에 완결했다. 그리고 두 달 후 갑작스러운 폐동맥 파열로 세상을 떠났다.

도스토예프스키의 소설에 또 하나의 밑알이 된 것은 아이러니하게도 '돈'이었다. 가난한 작가는 도박에 빠져 지냈고, 이를 소재로 소설을 썼다. 심지어 『도박꾼』은 빚을 갚기 위해 출판사와 계약한 뒤 창작한, '돈과 바꿔 먹은 소설'이다. 도스토예프스키 하면 연상되는 작가는 톨스토이다. 두 거장은 동시대를 살았지만 한 번도 만난 적이 없다고 한다. 백작 후손으로 태어나 부유했던 톨스토이가 돈을 의도적으로 멀리했다면 도스토예프스키는 의사의 아들로 태어나 낭비벽과 도박으로 평생을 힘겹게 살았다. 그런 그의 작품 가운데서도 『카라마조프가의 형제들』만큼 돈을 많이 언급하는 소설은 없다.

석영중은 『도스토예프스키, 돈을 위해 펜을 들다』라는 책에서 도스토예프스키에게 창작의 동력이 된 것은 천재성이나 정의감이 아닌 돈이었다고 분석한다. 가난이 되레 『죄와 벌』 등 불멸의 대작을 탄생시켰다는 것이다.

『카라마조프가의 형제들』은 3천 루블에 관한, 3천 루블에 의한, 3천 루블을 토대로 하는 소설이다. (중략) 이 장편소설은 3천 루블로 시작해 3천 루블로 끝난다고 해도 과언이 아니다. 소설 전체를 통틀어 3천 루블에 대한 언급은 정확하게 191번이며 그 외 돈의 액수가 언급되는 것은 3천 번 정도다.

— 『도스토예프스키, 돈을 위해 펜을 들다』(예담, 2008)

이 소설을 읽다 보면 '3천 루블'이라는 단어가 시도때도 없이 튀어나온다. 또한 내용을 제대로 이해하기 위해서는 셈을 해야 한다. 3천 루블은 현재의 가치로 5~6천만 원이라고 한다.

'3천 루블'은 등장인물들을 엮어주고 그들의 심리를 드러내고 플롯을 이끌어간다. 먼저 드미트리. 그의 운명은 3천 루블에 의해 완전히 뒤바뀐다. 드미트리는 약혼녀인 카체리나가 그녀의 동생에게 송금하라며 준 3천 루블을 탕진한다. 그는 카체리나에게 자신의 유산으로 남겨진 아버지의 돈을 훔쳐서라도 갚겠다는 편지를 쓴다.

약속한 대로 아버지에게 가서 아버지의 머리를 부수고 아버지 베개 밑에서 가져올 거야. 징역살이를 하는 한이 있더라도 그 3천은 돌려주겠어……. 내 돈을 훔쳐간 도둑놈을 죽이고야 말겠어!

— 『카라마조프가의 형제들 3』(민음사, 2007)

그는 이 편지에서 그만 무의식에 내재해 있던 '친부 살해' 욕망을 드러낸다. 드미트리가 아버지 살해범으로 체포돼 재판을 받을 때 카체리나는 이 편지를 물증으로 제시하며 드미트리를 배신한다. 아버지 표도르는 이 '3천 루블'로 인해 자신의 하인이자 숨겨진 사생아 스메르쟈코프에게 살해되는 비극을 맞는다. 스메르쟈코프는 무신론자로 표도르의 차남인 이반을 따랐는데, 어처구니없게도 이반에게 아버지의 유산을 더 상속해주기 위해 표도르를 살해한 것이다. 스메르쟈코프는 이반에게 표도르의 방에서 훔친 3천 루블을 주면서 범행을 실토한 뒤 자살한다.

도스토예프스키는 돈에 대한 욕망으로 빚어진 원죄를 극명하게 드러내기 위해 '친부 살해'라는, 인간이 생각할 수 있는 가장 신성모독적이며 파괴적인 범죄를 소재로 사용한다. 그리고 인간의 죄성을 행동뿐 아니라 마음과 무의식의 영역에서도 찾음으로써 죄를 바라보는 관점에서 극단주의를 취한다. 스메르쟈코프가 표도르를 살해한 행위만이 아니라 표도르의 세 명의 아들이 그를 '죽이려는 마음'을 품었다는 것에도 범죄성이 있다는 것이다. 먼저 그루셴카라는 여인을 두고 아버지와 경쟁한 드미트리는 아버지를 죽이지는 않았지만 죽이고 싶어했던 죄가 있다. 무신론자인 차남 이반은 무의식적으로 스메르쟈코프에게 범죄를 부추기고 아버지의 죽음을 외면한 죄를 지었다. 즉 "신이 없으면 모든 것이, 심지어 살인까지도 허용된다"라는 이반의 무신론적 사상이 스메르쟈코프의 뒤틀린 머릿속에서 살인을 정당화해준 것이다. 수도자를 꿈꾸던 셋째 알료샤는 그의 정신적인 지주인 조시마 장로가 임종 전에 드미트리의 발에 키스를 하고서 드미트리의 범죄성을 경고했지만 이를 소홀히 했고 아버지에게 무관심했다.[38]

그러므로 형제들은 모두 아버지에게뿐 아니라 서로가 서로에게 죄를 지은 꼴이다. 그루셴카와 카체리나도 마찬가지다. 그루셴카는 아버지와 아들의 관계를 이용하고 조롱함으로써 드미트리의 살의를 부추긴 죄가 있다. 카체리나는 3천 루블을 주면서 "그루셴카에게 그 돈을 쓸 정도로 당신은 타락한 사람이냐?"라며 드미트리를 정신적으로 시험한다. 그럼으로써 그가 범죄를 저지를 가능성을 연다. 이들의 죄는 형법으로 처벌할 수는 없지만, 신과 양심 앞에 떳떳하지 못하다.[39]

이 작품의 인물 간 구도와 관계 속에는 도스토예프스키가 조시마 장로를 통해 설파하는 사상이 반영돼 있다. 즉 "모든 것에 대해, 모든 사람들에 대해 사람들은 서로에게 책임이 있다"라는 것이다.[40] 형제들에게 청렴한 동생 알료사가 있었듯, 어린 시절 조시마 신부에게도 형 마르켈이 있었다. 마르켈은 열일곱 살에 죽었다. 그는 죽어가면서 이런 말을 했다.

> 우리는 모두 모든 사람들 앞에서 모든 일에 있어 죄인이라는 것. 어머니,
> 진정으로 모든 사람은 다른 사람들 앞에서 모든 사람들, 모든 것에 대해
> 죄인이라는 걸 꼭 알아두세요.
> ―『카라마조프가의 형제들 2』

사람들은 절대로 다른 사람의 심판자가 될 수 없다. 설사 자신은 죄를 짓지 않았다 할지라도 타인에게 빛을 비춰주지 않은 죄가 있기 때문이다.

모든 인간은
서로의 밀알이다

4부 12편으로 구성된 『카라마조프가의 형제들』 가운데 「러시아의 수도승」 편(제2부 6편)은 조시마 장로가 죽은 후 그의 정신적 후계자 알료샤가 쓴 평전 같은 것이다. 여기에 "모든 사람은 만인에 대한 책임이 있는 죄인이다"라는 작가의 사상이 집약돼 있다.

조시마 장로는 철저히 종교적인 개인주의자라고 볼 수 있다. 그는 그리스도가 없는 공정한 사회에 대한 꿈은 세상을 피로 물들일 것이라고 예언한다. 또한 무신론자인 이반과 달리 그는 교회가 국가와 결탁할 것이 아니라 국가가 교회화되어야 한다고 주장한다. 그는 사회를 보호하기 위해 교회가 범죄자를 교화해 갱생시키는 작업을 해야 한다고 보았다. 그런 부단한 과정 속에서 이교적인 결집체에 불과한 모든 사회가 교회로 바뀌고, 모든 국가가 교회의 수준에 이르러 전 지상이 교회가 될 때 완전한 유토피아는 가능해진다고 여겼다. 그리고 그는 그러한 역할을 부여받은 지상 유일의 교회가 러시아 정교라고 생각했다.

제2부 5편에 나오는 '대심문관' 이야기는 도스토예프스키 자신이 이 소설의 정점이라 부른 대목이다. 여기서는 기독교에 대한 비판과 도전의 논지가 대심문관을 통해 직접적·적극적으로 설파된다. 이반은 동생 알료샤에게 '신을 받아들이지 않겠다는 것이 아니라 신이 만든 세계를 받아들이지 않겠다'라는 요지의 고백을 하고, 이 논리를 시적으로 표현한다. 로마가톨릭의 부패가 극에 달하고 연일 종교재판이 열리던 16세기 스페인에 그리스도가 재림한다. 대심문관은 그리스도를 감옥에 가두고 이렇게 이야기한다. "그리스도가 자유를 누릴 자격이 없는 인간에게 빵을 주고 대신 자유를 반납받았으며, 그리하여 그들을 온순한 양떼로 만들었다." 즉 대심문관은 인간을 '먹을 빵이 없으면' 쉽게 죄에 빠지는 존재로 보았다. 그는 그런 인간에게 부여된 자유의지란, 신의 인간에 대한 무책임한 방기를 증명하는 예에 불과하다고 생각했다.

> 그런데 욕구 확대라는 권리는 어떤 결과를 낳았습니까? 부자들에게는 '고독'과 정신적 자살을, 가난한 사람들에게는 질투와 살인을 낳았을 뿐입니다. (중략) 호의호식, 나들이, 사륜마차, 관직, 노예나 다름없는 하인들을 소유하는 것이 필수적이라고 생각하기에 그것을 얻기 위해서 사람들은 심지어 생명, 명예 그리고 인간애조차 희생시키고 그것을 충족하지 못하는 경우에는 자살하기도 합니다. 가난한 사람들은 욕구불만과 질투를 술로 억누릅니다.
> ─『도스토예프스키, 돈을 위해 펜을 들다』

"그같은 인간이 자유로울 수 있겠는지 나는 여러분한테 묻겠습니다"

라는 대심문관의 말은 오늘날 우리에게도 해당되는 질문일 것이다. 오늘 우리는 누구 할 것 없이 고급 승용차, 명품, 외식, 여행, 직업 등에 얽매여 노예처럼 살고 있지 않은가 말이다.

도스토예프스키는 소설에서 설교라는 방식을 자주 활용하는 편이 아니지만, 이 작품은 예외다. 이 소설은 종종 마르크스의 『공산당선언』이나 『자본론』, 또는 토크빌의 『미국의 민주주의』 속 한 구절을 읽는 듯한 느낌을 준다.

대심문관의 모든 철학적·신학적·형이상학적 주장은 "돈 없는 자유가 아닌 돈 있는 굴종이 인간을 편안하게 해준다"라는 것으로 요약할 수 있다. 그러므로 인류를 자유라는 이름으로 굶주림 속에 방치한 그리스도 대신 기적·신비·권위(교권)로 무장한 절대적인 지도자가 필요하다. 그 지도자는 인류가 반납한 자유의 무거운 짐을 홀로 진 채 그들을 지배하며 배불리 먹여주어야 한다.[41]

대심문관의 주장은 일리가 있다. 당장의 끼니를 걱정해야 하는 빈곤한 사람에게 자유 운운하는 것은 잔인한 일이 될 수 있다. 그리스도는 빵만으로 살 수 없다고 했지만 빵이 없으면 목숨조차 부지할 수 없다. 돈이 다는 아니지만 자유가 다라고 할 수도 없다.[42] 하지만 작가 자신도 이 질문들에 대한 확실한 대답을 제공하지 못한다. 여기서 그 유명한 '빵과 자유'에 대한 철학적 논쟁이 시작돼 지금까지 이어지고 있다.

도스토예프스키는 이 소설에서 짐승 같은 육욕에 사로잡힌 표도르와 드미트리를 통해 '카라마조프적 저열함'을 드러낸다. 소설 초반부의 '인간적 저열함' 혹은 드미트리가 표현한 '벌레 같은 정욕'은 점차 완화되어 간다. 그루셴카는 드미트리가 "짐승 같은 사람이긴 하지만 마음씨는 고결한 분"이라며 이렇게 호소한다. "이 사람과 함께라면 사형이라도 달게 받겠어요." 드미트리는 러시아의 민중 혹은 대지를 상징하는 그루셴카에 의해 구원된다. "인간이여, 고결해질지어다!" 작가는 괴테의 시를 인용해 카라마조프적 저열함이 고결함으로 변모해감을 보여준다.

이 소설은 드미트리를 중심으로 인간 보편의 갱생을 보여준다. 그의 새로운 삶은 돈이 아니라 아버지의 죽음에 의해 얻어진다. 이 소설의 첫 부분에는 다음과 같은 제사題辞가 나온다.

> 내가 진실로 진실로 너희에게 이르노니 한 알의 밀이 땅에 떨어져 죽지 아니하면 한 알 그대로 있고, 죽으면 많은 열매를 맺느니라.
>
> – 「요한복음」 12장 24절

이 제사는 말하자면, 타락한 아버지의 표상인 표도르 또한 하나의 밀알이 되어 죽는 존재라는 의미일 것이다. 모든 인간은 서로의 밀알이다. 이 길고 긴 소설을 통해 도스토예프스키가 하고 싶었던 말은 결국 이것이 아닐까.

『카라마조프가의 형제들』읽는 법

도스토예프스키의 『카라마조프가의 형제들』은 여러 번역본이 있으나 여기서는 민음사에서 출판한 김연경 번역본(전3권. 2007)을 인용했다. 이해를 돕기 위해 홍대화의 『도스또예프스끼 읽기의 즐거움』(살림. 2005)과 석영중의 『도스토예프스키, 돈을 위해 펜을 들다』(예담. 2008)를 참고했다.

마크 트웨인의
『허클베리 핀의 모험』

—

백인 소년과 흑인 노예가 동행한
자유의 여정

—

56

미국 코네티컷 주 하트퍼드에 있는 마크 트웨인 생가 겸 박물관
마크 트웨인은 이 집에서 1874년부터 1891년까지 살았다. 그는 이 집에서 『허클베리 핀의 모험』,
『톰 소여의 모험』, 『왕자와 거지』 등을 집필해 발표했으며, 작가로서 명성을 얻었다.

좋아,
난 지옥으로 가겠어

　솔로몬 노섭이 쓴 자전소설 『노예 12년』은 영화로도 만들어져 아카데미상을 수상했다. 주인공은 미시시피로 납치돼 12년간의 노예살이 끝에 구출되었다. 그 배경이 된 해가 1853년. 그 무렵 '미국의 셰익스피어' 마크 트웨인(1835~1910)은 미시시피 강가의 해니벌에서 소년 시절을 보냈다. 해니벌에서의 어린 시절은 그에게 문학적 영감의 원천이 되었다.

　마크 트웨인은 또한 어머니의 영향을 많이 받았다. 그의 어머니 제인 램턴은 켄터키 출신으로 유머와 재치가 넘치고 감성이 풍부한 여성이었다. 트웨인의 집에는 가족과 헤어진 샌디라는 어린 노예 소년이 있었다. 샌디는 일하면서 노래하고 휘파람 불고 웃고 울며 한시도 입을 쉬지 않았다. 트웨인이 어머니에게 그의 입을 다물게 해달라고 요구하자, 어머니는 다음과 같이 타이른다.

불쌍한 것! 그 애가 노래를 부르고 있으면 과거를 생각하지 않는 것이고 내가 마음이 편해진단다. 하지만 그 애가 조용히 있으면 그가 무엇인가 생각하고 있을까 걱정스럽고 내 마음이 아프단다. 그 애는 어머니를 다시 만나지 못할 것이란다. 그가 노래를 부르기만 한다면 나는 막지 않을 것이고 차라리 감사하게 여길 것이다. 네가 나이 들면 나를 이해할 수 있겠지. 그때가 되면 이 외로운 아이의 노랫소리가 너를 기쁘게 만들 것이란다.

– 『마크 트웨인』(건국대학교출판부, 1994)

『허클베리 핀의 모험』에서 주인공 헉 핀은 폭력적인 아버지로부터 탈출해, 우연히 탈주노예 짐을 만난다. 두 사람은 뗏목을 타고 미시시피 강을 따라 내려가면서 어른들 세계의 어리석음을 목도한다. 마크 트웨인이 백인 소년과 흑인 탈주노예의 여정을 소설로 쓸 수 있었던 것은 어머니의 영향 덕분이 아니었을까. 트웨인은 나이가 들어서도 그의 마음속에 어머니의 이 말이 한결같이 자리하고 있었다고 회상한다.

비록 '니거'nigger(흑인들을 멸시해 부르는 표현)라는 단어로 인해 그의 작품이 공공도서관에 비치되지 못한 경우도 있었지만, 실제로 그는 노예제에 반대하는 입장을 취했다. 헉 핀은 탈주노예인 짐을 끝까지 보호하는 '수호천사' 역할을 하는데, 그가 느끼는 '양심의 가책'을 추적하다 보면 이 소설이 말하고자 하는 바를 짐작할 수 있다.

당시 탈주노예를 숨겨주는 것은 엄연한 불법이었다. 주인공 역시 짐을 숨겨주면서도 시종일관 양심의 가책에 시달린다.

미안하지도 않아? 왓슨 아주머니가 네게 무슨 잘못을 저질렀단 말이냐. 그 사람의 검둥이가 네 눈앞에서 도망치려는 것을 보고 있으면서도 너는 아무 말도 하지 않고 있지 않느냐? (중략) 그 사람은 너한테 글을 가르쳐주려고 했어. 예의범절을 가르쳐주려고 했어. 모든 방법으로 너를 도와주려고 했어.

– 이하 『허클베리 핀의 모험』(신원문화사, 2002)

그는 짐이 아내와 두 아이를 돈으로 사고 그게 안 되면 구출하겠다며 자신의 계획을 털어놓자, '검둥이는 안아주면 업히려고 든다'라는 옛 격언을 떠올리기도 한다.

이 검둥이는 내가 도망치는 걸 도와준 것이나 다름없는데 자기 어린애까지 훔쳐내겠다고 말하고 있지 뭐야.

번민하던 그는 짐의 '탈출'을 노예사냥꾼에게 알리기 위해 카누를 타고 강변으로 향한다. 이때 짐은 헉에게 이렇게 말한다. "나는 이제 자유의 몸이지만 만일 헉이 없었더라면 자유를 찾지 못했을 거야. 헉이 나를 자유롭게 해주었다. 짐은 너를 언제까지나 잊지 않을 거야. 헉, 너는 짐의 제일가는 친구야. 지금은 하나밖에 없는 친구야." 이 말에 헉은 마음이 흔들린다.

자아, 가는구나, 배신을 모르는 헉이 가는구나. 너는 짐과의 약속을 어긴 일이 없는 단 하나의 백인 신사야.

헉은 그때 탈주노예를 잡으려는 자들을 만난다. 짐과 같은 좋은 친구를 배신하면 더욱더 양심의 가책을 느낄 것이라고 판단한 헉은 끝까지 짐을 돕기로 결심한다. 총으로 무장한 노예사냥꾼들에게, 그는 뗏목에 천연두에 걸린 자신의 아버지가 타고 있다며 거짓말을 한다. 노예사냥꾼은 아버지의 치료비로 쓰라며 20달러를 주기까지 한다.

한편 헉은 우연히 가짜 왕과 공작과 함께 배를 타고 가게 된다. 피터라는 사람이 거액의 유산을 남기고 죽자, 가짜 왕은 자신을 영국에 살던 동생 윌크스라고 속여 유산을 가로채려 한다. 유산을 가로채려는 왕과 공작의 사기행각을 눈감아주던 헉은 양심의 가책을 느낀다.

이 착한 아가씨의 돈을 저 염치없는 영감이 가로채려는 것을 나는 지금 모른 체하고 있는 거야…….

헉은 피터의 딸인 메리 제인에게 진실을 알려준다. 사기극으로 혼이 난 가짜 왕과 공작은 짐을 사일러스 펠프스 집안에 40달러를 받고 팔아버린다. 가짜 왕과 공작은 200달러를 받을 수 있었지만 시간을 지체할 수 없다며 40달러만 받고 그를 넘긴 것이다. 헉은 짐이 펠프스 씨 집에 감금돼 있다는 사실을 알게 된다. 그는 짐의 주인인 왓슨 아주머니에게 짐이 감금되어 있다는 편지를 띄우기로 결심한다.

어차피 노예로 지내야 한다면 짐에게는 가족들도 있는 고향에서 노예살이를 하는 것이 천 배 만 배 더 나을 것이 아닌가. 그래서 나는 톰 소여에게 편지를 띄워서, 짐이 어디에 있다는 것을 왓슨 아주머니에게 알리도록 하는 것이 어떨까 생각해보았지.

헉은 짐의 구금이라는 사태 앞에서 다시 한번 갈등을 겪지만 그동안 짐이 자기에게 베풀어준 갖가지 일들과 그의 착한 본성을 생각하며 마침내 그 편지를 북북 찢어버린다.

좋아, 난 지옥으로 가겠어.

혁의 이 말은 문명사회가 부여하는 모든 제약과 구속으로부터 벗어
나 개인의 직관과 참다운 양심에 따라 행동할 것을 천명하는 일종의 양
심선언이라고 할 만하다.[43]

소년의 눈으로 본
악마적 세계

　흔히 이 소설은 '피카레스크(악한 혹은 건달) 소설'로 분류된다. 하지만 이 소설을 그러한 관점으로만 읽는다면 작가가 의도하는 바를 놓치기 쉽다. 헉은 언뜻 불량소년처럼 보일지 모르지만 가짜 왕이나 공작과 같은 인물과는 근본적으로 다르다. 무엇보다 헉은 전형적인 피카로(악한)와는 달리 풍부한 감수성과 인간성을 소유했다. 그는 심한 내적 갈등을 겪기도 하고, 인간의 고통에 대해서도 남다른 동정심을 보여준다.

　헉은 사기극을 일삼아 곤경에 빠진 가짜 왕과 공작에게도 연민을 느낀다. 이들의 사기가 탄로나고 사람들이 그들을 처벌하려 하자 이를 먼저 엿들은 헉은 이 사실을 알려주기 위해 달려간다. 그가 마을에 도착했을 때는 벌써 마을 사람들이 그들을 처벌한 후였다. 가짜 왕과 공작의 죽음을 바라보며 헉은 "인간이란 다른 인간에 대해 이렇게 잔인할 수 있

는 겁니다"라며 절망한다.[44]

흔히 소설의 생명력(줄거리)은 플롯에서 나온다고 한다. 하지만 이 작품을 시작하기에 앞서 트웨인은 "이 이야기에서 어떤 플롯을 찾으려고 하는 자는 총살할 것이다"라고 '경고'한다. 이 작품은 어떤 결말을 향해 치밀하게 전개되는 전통적인 소설과 다르다. 트웨인은 주인공 헉 핀의 이야기를 중심으로 가짜 왕과 공작이 벌이는 사기극 등 다양한 이야기를 마치 구전 민담처럼 엮어 들려준다. 그 가운데 하나가 원한으로 얽힌 두 집안의 이야기다.

헉과 짐은 뗏목을 타고 가다 증기선이 달려드는 바람에 죽을 뻔하는 사건을 겪는다. 겨우 살아난 짐은 그레인저포드 대령의 집에 다다른다. 이 집안은 이웃의 새퍼드슨 가족과 30년 동안 원수로 지내왔다. 그들은 만나면 서로 총질을 해댄다. 벅은 자신들이 서로를 죽이려 하는 것은 원한 때문이라고 말한다. 헉은 도대체 '원한'이 무엇이냐고 묻는다.

> 원한이라는 건 말야. 한 사나이가 다른 한 사나이와 싸움을 하고 그놈을 죽여. 그러면 그 사나이의 형제가 또 상대 사나이를 죽이지. 그렇게 되면 양쪽의 다른 형제들이 모두 나서서 서로 상대방을 공격하지. 그러다 사촌들까지 합세하고 마지막에는 모두가 죽게 되고, 그렇게 되면 원한도 없어진다 그런 얘기지.
> ─『허클베리 핀의 모험』

헉은 벅으로부터 30년간 지속된 원한의 내력을 듣는다. 그런데 그레인저포드 집안의 소피아 아가씨가 원수 집안인 새퍼드슨 가의 도련님과 결혼하겠다며 도망치는 일이 발생한다. 마치 『로미오와 줄리엣』처럼 말이다. 그레인저포드 집안은 다시 원수를 갚기 위해 나선다. 여기서 헉에게 다정하게 대해준 벅이 죽고 그의 아버지와 형들도 죽는다. 헉 또한 충격으로 죽을 뻔한 고비를 넘기고 그곳을 벗어난다. 가까스로 죽음의 현장에서 벗어난 헉은 이렇게 외친다.

뗏목은 자유롭고, 편안하며 아주 기분이 좋은 곳이야.

헉의 이 말 속에는 '문명과 자연상태의 갈등' 그리고 '자유와 탈출'이라는 이 소설의 주제가 담겨 있다.

이 소설의 백미는 구금당한 짐을 톰 소여와 헉이 구출하는 장면이다. 이 장면은 세르반테스의 『돈키호테』를 연상케 한다. 이 소설의 후반부에 등장하는 톰은 돈키호테의 추종자처럼 묘사되고 있는데, 그는 짐을 구출하기 위해 자신이 읽은 탐험소설과 해적 이야기 속의 낭만적이고 모험적인 인물을 흉내 낸다. 이미 왓슨 아주머니가 유언을 남겨 짐이 노예의 지위에서 해방되었다는 사실을 알면서도 톰은 짐을 구하겠다며 땅굴을 파는 등 터무니없는 방법들을 시도한다. 결국에는 그 자신도 총상을 입는다.[45] 짐은 탈출하지 않고 그의 상처를 간호해준다.

헉은 숲과 섬에서의 자유를 좋아했지만, 돈에 눈먼 알코올 중독자 아버지의 폭력을 견디지 못하고 섬의 오두막을 탈출한다. 헉은 자신을 양자로 삼으려는 샐리 아주머니(톰 소여의 숙모)의 제안을 거절하고 인디언들이 사는 지역으로 떠난다. 이것으로 이 소설은 끝이 난다.

나는 톰이나 짐보다는 한발 앞서서 인디언 부락으로 가야할 것 같아. 왜냐하면 말야, 샐리 아주머니가 나를 양자로 삼아서 예의범절을 가르쳐줄 셈인 모양이거든. 그건 안 되지. 난 참을 수가 없어. 그건 벌써 그전에도 내가 경험한 일이니까 말야.

양자가 되기를 거부하고 인디언 마을로 떠난 헉의 선택은 인간사회를 등지지 않은 채 자유롭게 살기 위한 일종의 타협인 셈이다.

이 소설은 이해와 노력을 통한 인종 간의 조화 및 자유에 대한 인간의 권리를 주제로 한다. 그러한 주제는 다음과 같은 톰의 말 속에 압축되어 있다.

짐을 가둬둘 권리 같은 건 없어! (중략) 이 지구 위를 걷고 있는 다른 모든 사람과 마찬가지로 자유로운 인간이란 말이야.

『허클베리 핀의 모험』 읽는 법

마크 트웨인의 『허클베리 핀의 모험』(1884)은 독특한 말투와 사투리, 비속어 등이 섞여 있어 영어 원문으로 읽는 것이 가장 바람직하다. 민음사(김욱동 옮김, 1998)의 경우 이러한 표현들을 한국식 사투리로 번역했는데 이 역시 한계를 지닌다. 여기서는 신원문화사 번역본(전봉룡 옮김, 2002)을 인용했고, 김재신이 쓴 『마크 트웨인』(건국대학교출판부, 1994) 가운데 마크트웨인의 생애와 『허클베리 핀의 모험』과 관련된 부분을 참고했다. 『톰 소여의 모험』을 먼저 읽으면 더 도움이 된다.

니체의 『도덕의 계보학』

—

기독교 세계의
도덕을 뒤엎다

—

57

서울대 권장도서 · 57선

Friedrich Nietzsche.

프리드리히 니체의 초상

니체는 『도덕의 계보학』을 비롯해 2,000년 동안 이어져온 서구의 도덕 관념과 사상적 기틀에 도전하는 저술을 다수 남겼다. 니체에 따르면 인간은 자신이라는 불완전한 존재에 대해 회의하기 시작하면서 전능한 존재인 신을 만들어냈다. 그는 '신은 죽었다'라고 선언함으로써 진리의 세계/허위의 세계와 같은 대립적 사고의 종언을 고했다.

헌책방에서 시작된
세계 지성사의 지각변동

니코스 카잔차키스(1883~1957)는 대학을 졸업하고 취직을 하지 않아 부모의 속을 태웠다. 졸업 후 고향인 크레타에 돌아온 카잔차키스는 다시 여행가방을 꾸렸다. 부모는 그의 방랑벽을 막을 수 없었다. "그래, 떠나거라!" 그가 맨 먼저 간 곳은 파리였다. 먼저 그는 파리의 생주느비에브 도서관을 찾는다. 그곳에서 한 소녀가 다가와 그가 프리드리히 니체(1844~1900)를 닮았다며 『차라투스트라는 이렇게 말했다』를 건네주었다. "그곳에서 온통 피투성이의 모습으로, 위대하고 격렬한 투사인 그리스도의 적이 나를 기다렸다." 그 길로 카잔차키스는 니체가 머물던 제네바로 순례를 떠난다. 그는 먼저 니체가 처음 영원회귀의 영감을 떠올렸다는 엥가딘을 찾았다. 이 내용은 카잔차키스의 『영혼의 자서전』에 소개되고 있다.[46]

영원회귀란 니체가 쓴 『차라투스트라는 이렇게 말했다』에 나오는 개념으로, 의지에 의해 생성되고 변화된 세계일지라도 생은 영원히 되풀이된다는 것이다. 이는 허무주의의 극단적 형식이다. 영원한 반복이란 무의미의 상황과도 같고 이는 인간을 절대적 퇴락의 기분과 절망에 이르게 할 수도, 반대로 최고의 긍정으로 이끌 수도 있다.

우연히 접하게 된 한 권의 책이 한 사람의 운명을 바꾸고 그 운명이 세계 지성사를 뒤바꾸기도 한다. 카잔차키스의 운명을 바꾸었던 니체에게도, 그러한 '한 권의 책'이 있었다. 스물한 살 때, 니체는 헌책방에서 우연히 쇼펜하우어의 『의지와 표상으로서의 세계』를 집어들게 된다. 그는 이성적으로 이해되거나 도덕적으로 이해되는 세계는 진정한 세계가 아니라고 말하는 쇼펜하우어의 철학에 빠져들었다.

니체에게 가장 큰 영향을 끼친 인물로 쇼펜하우어와 함께 독일의 작곡가 바그너(1813~1883)가 꼽힌다. 니체는 스물네 살 때 바그너를 알게 되었으며, 쇼펜하우어의 철학에 대해 서로 공감하면서 가까워졌다. 니체는 『바그너의 경우』(1888)라는 책을 쓰기도 했다. 오늘날까지 미학사의 고전으로 꼽히는 니체의 첫 책 『음악의 정신에서 생겨난 비극의 탄생』(1872)에서 말하는 '음악의 정신'이란 바로 바그너에게서 온 것이다. 그렇지만 니체는 『차라투스트라는 이렇게 말했다』(1885)에서 바그너를 광대이자 늙은 마술사로 폄하하고, 쇼펜하우어를 우울한 예언자로 그린다. 니체는 이들의 영향을 넘어 자신만의 철학, 즉 의지를 긍정하는 '힘에의 철학'을 완성한다.

니체는 『즐거운 학문』(1882)에서 기독교적 신의 권위를 의식적으로 부정한다. "신은 죽었다"라는 유명한 말도 이 책에 처음 등장한 것이다. 신의 죽음이란 플라토니즘의 종언, 기독교를 포함한 유럽 형이상학 전체의 종언을 의미한다. 그것은 저편의 세상과 이편의 세상, 진리의 세계/허위의 세계와 같은 대립적인 사고 자체의 종언이다.

니체는 불혹의 나이를 갓 넘긴 1885년에 『차라투스트라는 이렇게 말했다』를 출간했지만 평단의 주목을 끌기는커녕 혹평만을 받았다. 냉담한 반응 때문에 우울증을 앓기도 했다. 니체는 세상의 몰이해를 조용히 견디며, 특히 마키아벨리를 열심히 읽으며 법과 도덕의 근저를 탐색했다. 그로부터 2년 뒤에 쓴 『도덕의 계보학』에서 마키아벨리에게 영향받은 문체가 엿보이는 것은 이 때문일 것이다.

니체는 잠언과 경구들을 적절히 사용하여 집필한 『선과 악의 저편』(1886)이 다시 혹평을 받자 그 속편으로 『도덕의 계보학』을 쓴 것인데, 이번에는 논리를 치밀하게 전개해나가는 글쓰기를 선보였다. 말하자면 글쓰기의 스타일, 즉 문체를 획기적으로 변화시킨 것이다. 하지만 의욕적으로 매달렸던 이 책마저 외면을 받는다. 여기에 그의 청혼을 거절했던 루 살로메의 결혼으로 우울증은 임계치를 넘어버렸다.

그의 책이 외면당한 것은 기독교에 대한 강한 비판 때문이었다. 니체는 『도덕의 계보학』에서 사람들이 이제까지 신봉해온 도덕적 가치판단이란, 고대 그리스의 전사나 귀족의 고귀한 도덕에 대한 기독교적 노예들의 원한 감정에 지나지 않는다고 썼다. 즉 후자(기독교적 노예)의 전자(그리스의 전사나 귀족)에 대한 반란일 뿐이라는 것이다. 이러한 주장은 2,000년 동안 이어져온 서구의 도덕관을 뒤엎는 것이나 다름없었다. 기독교 문명에 대한 자폭 테러와 같은 선언이 서구 종교계와 지성계의 반발을 산 것은 당연했다.

『도덕의 계보학』은 세 개의 논문으로 구성되어 있다. 선과 악을 다루는 첫 번째 논문에서는 기독교는 '정신'에서 생겨난 것이 아니라 '원한'에서 생겨난 것이라고 강조한다. 두 번째 논문에서는 죄와 양심의 가책을 다루며, 양심이란 인간 내부에 있는 신의 음성이 아니라고 말한다. 세 번째 논문에서는 기독교의 핵심 도덕인 금욕적 이상을 비판하면서, 이 것이 사제에 의해 만들어진 노예도덕이라고 주장한다.

니체는 『도덕의 계보학』 서문에서 먼저 인간의 자기인식에 관한 문제 를 꺼낸다.

> 우리는 우리 자신을 잘 알지 못한다. 우리 인식하는 자들조차 우리 자신
> 을 잘 알지 못한다. 여기에는 그럴 만한 이유가 충분히 있다. 우리가 우리
> 자신을 탐구해본 적이 한 번도 없었기 때문이다. 우리가 어느 날 우리 자
> 신을 발견하는 일이 어떻게 일어난단 말인가?
> - 『도덕의 계보학』(연암서가, 2011)

인간, 신을 만들고
또한 신을 죽이다

니체에 따르면, 인간은 자신의 불완전한 존재에 대해 회의하기 시작하면서 결국에는 전능한 존재인 신을 만들어냈다. 신은 불완전한 인간 존재에 대한 자기혐오가 만들어낸 허상이다. 니체는 급기야 '신은 죽었다'라고 선언하기에 이른다. 인식하는 자이며 세계의 여러 대상들에 대한 인식을 추구해왔고 나아가 '신'을 만들어낸 인간은 정작 우리 자신이 누구인지 모른다. 니체는 우리가 우리 자신에게 낯선 타자라고 주장한다. "모든 사람은 자기 자신에게 가장 먼 존재다."

니체는 이어 자신조차 인식하지 못하는 인간이 만들어낸 도덕적 가치들의 기원과 형성에 관해 묻는다. 사람들은 선과 악, 양심과 동정심 같은 도덕적 가치들이 그 자체로 선험적으로 존재하는 것이라고 생각해왔다. 그러나 그러한 가치들은 역사적으로 형성되어온 것이다. 니체는

『도덕의 계보학』에서 기독교 도덕에서 발생한 선과 악을 결국 극복해야할 대상으로 제시한다. 먼저 니체는 그 기준이 왜 만들어졌는지 질문한다. 니체는 그 기준에 대한 답을 찾기 위해 선과 악의 기원을 탐색한다. 이러한 탐색은 도덕에 대한 계보학적 접근으로 이루어진다.

니체에 의하면 인간은 본래 '원한의 인간'이기 때문에 자신에게 실리적으로 유용한 것을 도덕으로 인지한다. 원한은 현실의 고통에 대해 반응한 인간의 가상 복수인 셈이다. 즉, 현실의 고통 때문에 원한 감정이 생긴다. 기독교인과 고대 그리스인은 고통을 해석하는 자세가 사뭇 다르다. 그리스인은 신의 미움을 받은 인간이 신의 쾌락을 충족시키기 위해 그의 노리개가 되어 고통을 당한다고 보는 반면, 기독교인은 이게 다 '내 탓'이라는 원죄의식과 양심의 가책에서 고통이 생겨난다고 본다. 즉 사제에게 세뇌당한 결과 원한 감정을 자신에게 모조리 투사한 것이 양심의 가책이라는 것이다. 니체는 양심을 "밖으로 배출될 수 없을 때 안으로 방향을 돌리는 잔인성의 본능"으로 파악한다.[47]

니체에 따르면 양심이란 분명한 존재가 아니며 인간의 선험적인 특성도 아니다. 오히려 양심은 강제에 의해 탄생되었다. 인간이 약속을 잊을 때마다 폭력이 그에게 가해졌다. 사회는 인간이 자신의 약속을 지킬 것을 기대한다. 이 기대를 저버리면 그는 고통스러운 처벌을 받는다. 이제 인간은 약속을 지키기 위해 자신의 예측 불가능한 야생적 본능을 절제해야 한다. 야생적 본능은 이제 밖으로 향하지 않고 안으로 내면화된다. 니체는 이 내면화가 '양심의 가책'의 근원이라고 주장한다.[48]

니체가 가치 문제를 고찰할 때 '선과 악'과 함께 다룬 또 다른 중요한 주제는 '양심'과 '원한'이다. 니체는 이 두 가지에서 도덕의 기원을 찾는다. 니체는 노예 위에 군림하는 강한 자들에 대한 원한 감정이 '노예 도덕'을 형성했으며, 선과 악의 기준은 지배자들에 대한 피지배 계층의

'원한'과 '증오'에서 비롯됐다고 주장한다. 원한 감정을 일으키는 그들(강자)은 '악'惡이며, 그들에게 핍박받는 자신들이 '선'善인 것. 이러한 노예 도덕은 핍박받던 유대 민족에 의해, 그들의 종교인 기독교를 통해 헤게모니를 장악하게 된다. 니체는 이 과정에서 당시 전사·귀족과 갈등 관계에 있던 사제나 유대인들이 결정적 역할을 했다고 강조한다. 사제들이 대중의 원한을 활용해 새로운 가치를 창출했다는 것이다.[49]

니체는 "사제란 원한의 방향을 바꾸는 자다"라고 말한다. 고통받는 자는 모두 본능적으로 자기 고통의 원인을 찾으려 한다. 이때 사제는 그 고통의 원인이 된 대상에게 책임을 지우도록 이끈다.[50] 즉 노예 도덕은 자신의 고통에 책임이 있는 자를 만들어냄으로써 자신의 고통을 완화한다. 노예의 상상적 복수가 실행될 대상이 만들어진다. 고통의 책임자는 노예에 의해 탄생되며, 노예는 이 자에게 상상적 복수를 함으로써 만성적으로 고통에 시달리는 자신의 원한을 완화하고자 한다.[51]

선과 악이라는 기준을 만든 피지배 계층은 자신의 원한을 분출해 지배자들에게 복수했는데, 이 복수가 현실적으로 이루어졌다기보다는 우회적으로 변형된 형태로 발현되어 지난 2,000년 동안 서구인들에게 서서히 뿌리내렸다고 니체는 주장한다. 그로부터 현실적 쾌락을 악으로, 내세에 대한 믿음을 선으로 보는 기독교적 가치관이 만들어졌다. 니체는 이러한 가치 기준으로 말미암아 만들어진 결정체가 바로 '금욕적 이상'이라고 결론짓는다. 니체는 "금욕적 사제에 의해 도덕에서의 노예 반란이 성공"했다고 표현한다.[52] 달리 말해 고대 그리스의 전사적·귀족적 도덕은 기독교적·금욕적 도덕에 패해 자리를 넘겨주었다는 것이다.

전체 인류사에 걸쳐 읽어볼 수 있게 남아 있는 이 투쟁의 상징을 한 문장으로 표현하자면 '로마 대 유대', '유대 대 로마'이다. 지금까지 투쟁으로서, 문제제기로서, 불구대천의 대적으로서 이것보다 더 큰 사건은 없었다.
— 『니체와 도덕의 위기 그리고 기독교』(철학과현실사, 2012)

도덕 발생의 역사는 '원한'과 긴밀히 연관되어 있다고 주장하는 니체는 기독교적 도덕을 강하게 비판한다. 그에 따르면 기독교적 도덕은 결국 복수하고 싶은 깊은 욕망에 찌든 것이다. 특히 니체는 기독교의 사랑 뒤에 숨어 있는 원한을 폭로한다. 니체는 『차라투스트라는 이렇게 말했다』에서 기독교의 사랑에 대해 "힘 있는 자를 지배하고 그의 심장으로 다가가는 은밀한 길로서의 사랑"[53]이라고 표현한다.

니체는 약자였던 기독교가 거대 제국 로마에 승리할 수 있었던 이유를 이렇게 표현한다. "약자가 강해져서 강자를 이긴 게 아니라 강자를 약자가 되게 함으로써 이기는 것." 병든 자는 질병을 퍼뜨림으로써 강자를 이길 수 있다.

즉 가련한 자만이 선한 자이고, 가난한 자, 무력한 자, 비천한 자만이 선한 자이며, 또한 고통받는 자, 궁핍한 자, 병든 자, 추한 자만이 경건한 자이자 신에 귀의한 자이며, 오직 그들에게만 축복이 있다. 그 반면에 너희, 고귀하고 강력한 자는 영원히 사악하고 잔인한 자, 음란하고 한없이 탐욕스러운 자, 신을 부인하는 자이다.

니체에 따르면 '노예 도덕'은 고통을 회피하고 부정하지만 '주인 도덕'은 고통에 과감히 맞선다. 이때 주인은 스스로 가치를 부여할 줄 아는 자다. 반면 노예나 천민은 타인이 평가하는 대로 존재하는 인간 유형을 말한다. 노예 도덕은 기독교 도덕·천민의 도덕 등과 질적으로 동일한 것이다. 그렇기 때문에 그것은 창조적인 주인 도덕을 지닌 차라투스트라, 즉

'위버멘쉬'Ubermensch에 의해 해체되어 극복되지 않으면 안 된다.

니체는 "기독교의 금욕적 이상에 의해 도덕화된 인간은 더 좋은 인간이 아니다. 오히려 약해진, 본질적으로 거세된, 그리고 망가진 인간이다. 그러나 그는 덜 해로운 존재다"라고 강조한다.

니체에 따르면 문명이 번성하고 인간의 순응이 이루어진 곳에서는 어디서나 인간을 지배하기 위해 청빈과 겸손, 순결이라는 기독교의 금욕적 이상이 만들어졌다. 금욕적 이상은 일종의 이데올로기다. 니체는 투쟁을 통한 위버멘쉬의 주인 도덕을 주창했다. 이는 스스로를 극복하고 내면의 발전을 도모하는 힘에 의한 도덕, 이 힘의 지속적인 활동을 위한 도덕, 즉 인간에게 항상 내재하여 활동하게 하는 '힘에의 의지'에 의한 도덕이다.

『도덕의 계보학』 읽는 법

프리드리히 니체의 『도덕의 계보학』(1887)은 연암서가(2011)에서 출간한 홍성광 번역본을 인용했다. 말미에 해설이 곁들여져 있어 이해에 도움이 된다. 여기에 최순영의 『니체와 도덕의 위기 그리고 기독교』(철학과현실사. 2012)를 참고하면 니체 철학의 전반을 아우를 수 있다.

체호프 희곡선

—

일상의 사소함 속
진실이 건네는 감동

—

58

더클래식 세계문학 · 58

우크라이나 크림 주 얄타 지역에 세워진 체호프의 「개를 데리고 다니는 여인」 기념물
현대의 단편소설과 희곡은 '체호프의 샘'에서 시작되었다고 볼 수 있다. 단편소설은 체호프를 통해 양식과 주제를
습득해 풍요로운 세계를 구축했고, 연극은 그의 새로운 극적 스타일에서 출발하여 다양한 장르를 전개했다.

있는 그대로
인생을 그려낸 작가

　1890년 서른 살을 맞은 봄, 안톤 체호프(1860~1904)는 긴 여행을 떠났다. 그는 단신으로 마차를 몰아 시베리아 대륙을 횡단했다. 사할린 섬까지 이어진 여정은 연말에야 막을 내렸다. 그는 이 여행을 통해 '사실'의 중요성을 깨달았다. 그는 사할린에서 수인들이 저항하지 않고 매를 맞으며, 빈곤과 음탕과 병이 음산하게 소용돌이치는 모습을 보았다. 그는 객관적인 시각을 확보하고 톨스토이즘으로부터 벗어나기 시작했다. 체호프는 도덕적 톨스토이즘이 결국 인간의 일상적인 삶을 무시하는 헛된 공론에 지나지 않는다고 생각했다. 이후 체호프는 일상의 하찮음 혹은 사소함 속에 담긴 진리에 천착했다. 체호프의 여행은 괴테의 '고전주의 여행'을 떠올리게 한다. 괴테가 1786년 38세 생일 축하연을 마치고 난 새벽, 마차를 타고 이탈리아로 떠난 여행이다. 괴테 역시 이 여행을 계기로 새로운 작품을 쏟아냈다.

사할린 여행 뒤 지인에게 보낸 편지에서 체호프는 이렇게 적었다.

> 여행을 떠나기 전만 해도 「크로이체르 소나타」는 나에게 있어 하나의 경
> 전이었습니다. 그러나 지금은 나에게 그것은 우스꽝스럽고 무의미한 것
> 으로 여겨집니다.
>
> — 『개를 데리고 다니는 여인』(신원문화사, 2004)

여행 후 나온 작품들이 바로 『갈매기』(1896), 『바냐 아저씨』('외삼촌'이
라고도 번역)(1897), 『세 자매』(1900), 『벚나무 동산』(1903) 등 4대 희곡이
다. 체호프는 수백 편의 단편소설을 남겼지만 희곡은 18편을 쓴 것이 전
부다. 그럼에도 셰익스피어에 버금가는 희곡 작가로 평가받는다. 현대
의 단편소설은 체호프를 통해 양식과 주제를 습득해 풍요로운 세계를
구축했고, 현대의 연극은 체호프의 새로운 스타일에서 출발하여 다양한
장르를 전개했다. 말하자면 현대의 단편소설과 희곡은 모두 '체호프의
샘'에서 시작된 것이다.

체호프의 문학에는 '하찮음 속의 진실'이 담겨 있다고 말한다. 우리는
흔히 문학 작품, 특히 대가의 작품을 대할 때면 위대한 사상을 만나게
되리라 기대한다. 하지만 체호프는 독자들의 관습화된 기대를 저버린
다. 체호프는 거창한 진리를 내세워 평범하고 사소한 삶의 사실들을 억
압하지 않는다.

체호프는 자신의 문학을 이루는 가장 중요한 토대는 진실이라고 강
조한다. 그의 전기에서 '진실의 문학'이 탄생하는 배경을 읽을 수 있다.
체호프는 다른 러시아 문학가들과 달리 귀족계급 출신이 아니었다. 할
아버지는 농노였고, 아버지는 식료잡화점을 운영했다. 그는 유소년 시

절 아버지의 폭력에 시달렸다. 아버지의 파산으로 가족들이 모스크바로 쫓겨갈 때에는 고향에 남아 고학으로 공부했다. 이후 모스크바 대학교 의학부에 들어가 공부하기 위해 '체혼테'라는 필명으로 단편들을 쓰기 시작했다. 그의 작품들이 삶의 사소하고 잡다한 요소에 주목하는 것은 바로 그 때문이다. 그에게 있어 글쓰기는 관념의 유희가 아니라 삶을 지탱해주는 요소였던 것이다.[54]

의사라는 그의 직업 또한 작품세계에 영향을 미쳤다. 그는 친구에게 보낸 편지에 이렇게 썼다.

> 의사는 아내이고 문학은 정부입니다. (중략) 우리는 삶을 있는 그대로 씁니다. 그 이상은 알 바 아닙니다.

체호프의 희곡은 무기력과 체념과 패배감에 젖어 멸망해가던 당대 러시아 지식계급에 대한 회의적인 비판서로도 읽힌다. 그러나 체호프는 그것을 겉으로 끄집어내어 지탄하거나 설교하지 않는다. 그의 작품에는 부드럽고도 슬픈 유머가 흐른다. '비극적인 유머', 이것이야말로 체호프 문학의 정수다.[55]

체호프는 단지 문제제기만 할 뿐 문제해결에 나서지는 않는다. '있는 그대로 인생을 그린다'는 것이 문학을 대하는 그의 태도였다. 막심 고리키는 『톨스토이, 체호프 그리고 안드레예프의 회상』에서 이렇게 적었다. "체호프의 앞에서는 누구든지 자기도 모르는 사이에 더 소박하고 더 진실하며 더욱 자기 자신답게 되고 싶은 욕망을 스스로 느낀다고 난 생각한다."[56]

체호프는 희곡에서 20세기가 시작될 무렵의 러시아 시골 중상류 계급의 생활을 예리하게 관찰하고 묘사한다. 이 가운데서도 4대 희곡은 인간적 충동이라든가 운명이라든가 하는 거대한 주제들이 가장 사소한 단서로 뒤바뀌는 미묘한 구조를 취한다.

먼저 4대 희곡 가운데 『갈매기』는 각기 다른 색깔의 사랑, 서로 어긋나는 인연을 담고 있다. 『갈매기』에서 열 명이 그려내는 다섯 종류의 사랑은 서로 주고받는 관계가 아니다. 어머니의 그늘을 벗어나 유명 작가가 되려는 트레플료프는 가족의 반대에도 배우가 되려는 꿈을 버리지 않는 부유한 지주의 딸 니나를 사랑한다. 그런데 니나는 삼류 작가 트리고린에게 빠져 있다. 트리고린은 여배우 아르카지나의 정부다. 니나는 배우의 꿈과 트리고린을 향한 사랑의 기대에 도취되어 있지만 그녀가 맞닥뜨린 것은 사랑과 꿈을 배반하는 거친 현실이다. 꿈을 잃은 그녀는 지방을 전전하는 유랑 배우로 전락한다.

서로가 어긋나는 이유는 삶이란 이상이 아닌 현실이기 때문이다. 등장인물들은 물질적인 것과 정신적인 것이라는, 양립 불가능한 가치의 충돌을 보여준다.

"문제는 돈에 있지 않아요, 가난한 사람들도 행복할 수 있으니까."[마샤] "그것은 이론이지 실제에서는 다릅니다."[메드베젠코] 마샤가 정신적으로 추구하는 대상은 작가 지망생 트레플료프이지만 그녀가 결국 결혼해 삶을 꾸리는 대상은 언제나 돈에만 관심을 보이는 메드베젠코다. 삶의 의미가 물질적인 현실에 있지 않다고 생각하는 그녀지만, 그 물질적인 현실로부터 벗어날 수 없기에 불행하다.[57] 소린이라는 인물도 물질적인 현실에 계속 패배하는 삶을 살고 있다. 그의 의지나 바람은 항상 단념당한다. 작가가 되고 싶었고 결혼도 하고 싶었으나 그의 바람들은 실현되지 못하고 현실에서 무기력하게 쇠락할 뿐이다. 트레플료프 역시 추구하는 바와 현실의 부조화로 자살하고 만다. 체호프는 『갈매기』의 등장인물들이 서로 사랑하고 갈등을 빚으며 자신의 세계에 고립되는 모습을 그린다. 그들의 모습은 마치 호숫가를 맴돌 뿐 떠나지 못하는 갈매기 같다. 그러나 리처드 바크의 『갈매기』(1975)에서처럼 호숫가를 떠나는 갈매기만이 자신의 꿈을 더 크게 키울 수 있다.

삶의 자유의지에 대한
문제제기

『세 자매』에서도 『갈매기』에서처럼 사랑의 모티프는 계속 조롱당한다. 이 작품은 올가와 마샤, 이리나, 안드레이 등 사남매가 군인이었던 아버지가 죽은 뒤 소도시에 남게 된 이후의 생활을 그려내고 있다. 세 자매에게는 작은 꿈이 있다. 모스크바로 돌아가서 새로운 삶을 살아보는 것. 그러나 현실은 좀처럼 꿈을 허용하지 않는다. 장녀 올가는 "모든 게 우리 뜻대로 되지 않는다"라며 이렇게 푸념한다.

저는 교장이 되고 싶지 않았는데도 교장이 되고 말았어요. 모스크바에는 가지 못한 셈이에요.

— 이하 『체호프 희곡 전집』(시공사, 2010)

차녀 마샤는 유부남인 베르쉬닌(포병대장)을 사랑하지만 부대가 도시를 떠나면서 그녀의 달뜬 사랑도 끝난다. 전신 기사였던 이리나는 꿈과 삶을 시들게 했다며 일에 대한 증오와 경멸을 내비친다.

난 벌써 스물네 살이고 오래전부터 일하고 있어. 그래서 이해력은 쪼그라들었고 몸은 마르고 추해지고 늙어버렸어. 아무런 그 어떤 만족도 없는데 시간은 흐르고 있어.

올가는 이리나에게 남작인 투젠바흐에게 시집가라고 말한다.

사람들이 결혼하는 것은 사랑 때문이 아니라 의무를 다하기 위해서야. 그래서 사랑하지 않아도 결혼할지 몰라. 누구든 청혼한다면 결혼할 거야. 늙은이라도 상관하지 않겠어.

올가는 "외모와 결혼은 다른 거야. 전혀 다른 문제니까"라고 말한다. 그러나 이리나는 모스크바로 가 근사한 결혼을 할 수 있을 거라는 미련을 버리지 못한다.

우리가 모스크바로 가면, 거기서 진정한 남자를 만나게 될 거라고 생각하며 계속 기다렸어. 그 사람을 꿈꾸면서 사랑했어. 하지만 모든 게 어리석은 짓이었어.

결혼을 통해 행복한 삶을 꿈꾸는 올가와, 투젠바흐와의 결합을 통해 절망으로부터 탈출하고 싶어하는 막내 이리나의 기대는, 마샤와 쿨리긴 부부의 불행한 결혼생활에 의해 조롱당한다.

『세 자매』는 우리의 삶과 환경, 그리고 자유의지에 대해 문제제기를 하는 작품이다. 체호프는 이 작품을 통해 러시아의 나약하고 무기력한 지식인과 속물적인 사랑을 비판하면서도 희망의 씨앗을 심어둔다. 세 자매는 "살아가야 한다. 그래도 살아가야 한다"라고 읊조린다.

우리에게 행복은 없고 오지도 않을 것이지만 단지 그걸 바랄 뿐입니다.

마샤가 사랑한 유부남 베르쉬닌의 이 말은 신기루 같은 행복을 갈망하는 인간의 영원한 숙명을 표현하는 것이라고 하겠다.

『바냐 아저씨』와 『벚나무 동산』은 영지 매각을 둘러싼 갈등을 담고 있다. 『바냐 아저씨』에는 '전원생활의 정경'이라는 부제가 붙어 있다. 주인공 보이니쓰키(바냐 아저씨)는 죽은 누이동생의 남편인 세레브랴코프 교수를 위하여, 누이동생의 딸 소냐와 함께 매부의 시골 토지를 지키며 살았다. 그런데 퇴직한 매부가 젊고 아름다운 후처 엘레나를 데리고 시골 영지로 돌아온다. 바냐 아저씨는 자신의 매부가 사실은 어리석은 속물임을 알고는 실망과 허탈에 빠진다. 급기야 매부가 영지를 팔려고 하자 그는 권총으로 매부를 저격한다. 그러나 그 시도는 실패한다. 매부가 영지매각 결정을 철회해 다시 원점으로 돌아가는 것으로 이야기는 막을 내린다. 세레브랴코프는 목숨을 잃을 뻔한 사건을 겪은 뒤, 속물 예술가에서 진정한 예술가로 거듭나겠다고 다짐한다. "지난 일을 말하는 자의 눈은 뽑아버려라!"라며 보이니쓰키와 화해한다.

『벚나무 동산』은 여지주의 영지가 경매로 넘어가 매각되는 과정을 그리고 있다. '세상의 모든 것은 변한다. 변하지 않는 것은 없다'라는 자명한 이치를 『벚나무 동산』의 나이든 주인공들은 끝내 깨치지 못한다. 시공간의 급속한 변화를 따라잡지 못하고 과거의 환상과 기억에 포박된

채다. 무대를 배회하는 것은 구시대의 망령이다. 그 사이에 동산은 경매로 넘어가고 예전 농노의 아들이 그 동산을 차지한다. 그리고 별장으로 탈바꿈하기 위해 동산을 파괴하기 시작한다. 멀리 동산에서 사람들이 도끼로 나무를 찍는 소리만 들려온다. 마치 어디서나 파괴의 굉음이 들려오는 우리 사회를 보는 듯하다.

> 살긴 살았지만, 도무지 산 것 같지가 않아. 조금만 누워야겠어……. 기운이라곤 조금도 없군. 아무것도 남지 않았어, 아무것도……. 에이, 이 얼간이 같으니라고!

대단원 앞에서, 벚나무 동산에서 한평생을 보낸 피르스가 마지막 대사를 한다. 이 또한 우리 자신이 가까운 미래 혹은 그 언젠가 해야 할 독백이 아닐는지.

> 사흘 전에 클럽에서 대화하는데 사람들이 셰익스피어니 볼테르니 하며 지껄여댔지……. 난 읽지 않았어. 전혀 읽지 않았지만, 마치 읽은 것 같은 얼굴을 하고 있었지. 다른 사람들도 나와 똑같아. 속된 짓이야! 저급해!

『세 자매』에 나오는 이 대사야말로 일상의 하찮음 속의 진실, 바로 그것을 담은 비극적 유머의 진수를 보여준다. 누구에게나 그런 경험이 있기에, 체호프의 작품을 읽으며 독자들은 다른 사람에 들키지 않게 피식 웃을 수밖에 없는 것이다.

체호프 희곡선 읽는 법

안톤 체호프의 희곡선은 시공사의 『체호프 희곡 전집』(김규종 옮김, 2010)을 인용했다. 또한 오종우의 『체호프의 코미디와 진실』(성균관대출판부, 2005)과 리처드 길만의 『드라마의 형성 : 현대 극작가론』(현대미학사, 1995)을 참고했다. 그 밖에 체호프의 작품을 번역한 것으로 『귀여운 여인』(혜원출판사, 2000)이 있다. 『개를 데리고 다니는 여인』도 신원문화사 판을 비롯해(동완 옮김, 2004) 여러 번역본이 있는데, 『개를 데리고 다니는 부인』(오종우 옮김, 2004)이라는 제목으로 출간된 열린책들 번역본이 읽을 만하다.

프로이트의 『꿈의 해석』

—

인류를 무의식의 세계로
안내하다

—

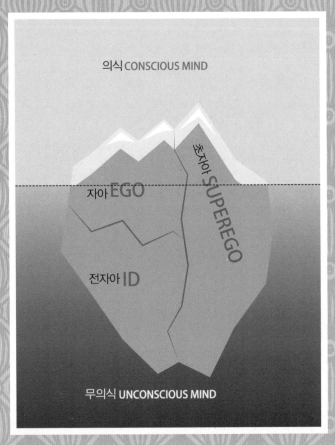

의식 CONSCIOUS MIND

자아 EGO

초자아 SUPEREGO

전자아 ID

무의식 UNCONSCIOUS MIND

프로이트가 빙산에 비유해 만든 의식−무의식 모델
프로이트는 의식이란 빙산 가운데 물 위에 나와 있는 부분에 해당하며, 이는 전체 정신세계의 10분의 1정도밖에 되지 않는 매우 작은 부분에 불과하다고 말했다. 이에 반해 무의식은 물속에 잠겨 있는 빙산처럼, 인간 정신세계의 대부분을 차지하며 인간의 사고와 행동을 결정한다.

자아의 주인은
의식이 아닌 무의식이다

한 사람의 위대한 인물이 탄생하려면 훌륭한 스승이 있어야 하지만, 그 스승을 넘어서지 못하면 역사에 이름을 남기기 어렵다. 스승을 뛰어넘은 대표적인 인물로 지그문트 프로이트(1856~1939)를 꼽을 수 있을 것이다. 프로이트는 스승 요제프 브로이어를 통해 '카타르시스'(정화법)라고 불리는 새로운 최면법에 대해 알게 되었다. 프로이트와 브로이어는 1895년 『히스테리 연구』라는 책을 공동으로 출간했다. 이듬해인 1896년 프로이트는 「유전과 신경증의 병인」이라는 논문으로 '자유연상법'을 소개했다. 커다란 소파에 기대어 자유롭게 연상한 것을 말하게 하는 방법이었다. 정신분석학psychoanalysis이라는 용어는 자유연상을 통한 심리치료 과정을 지칭하기 위해 고안해낸 것이다. 프로이트는 스승을 뛰어넘어 독자적인 길을 걷기 시작했다.

프로이트는 히스테리 환자들의 자유연상 과정에서 꿈에 관한 이야기가 집요하게 반복되어 나타난다는 사실을 포착했다. 그들은 마치 최면에 빠진 것처럼 자신의 꿈에 대해 말했다. 환자들의 꿈 이야기 속에는 그들의 억압된 기억이 섞여 있었다. 굳이 최면을 통해 환자를 몽유 상태에 빠지게 하지 않고도 환자의 억압된 심리 세계로 들어갈 수 있는 통로를 찾은 것이다. 그때 프로이트에게 꿈을 분석해보자는 아이디어가 떠올랐다. 프로이트의 『꿈의 해석』은 이렇게 탄생되었다. 그는 이 책을 새로운 세기가 시작되는 1900년에 맞춰 출간했을 정도로 깊은 의미를 두었지만, 반응은 싸늘하기 그지없었다. 그가 1896년 내놓은 정신분석학 개념이 빛을 보기까지는 10년이라는 인고의 세월이 필요했다.

종교의 어둠을 뚫고 르네 데카르트(1596~1650)가 이성의 장을 열었다면 프로이트는 무의식의 장을 열었다. 무의식의 발견은 르네 데카르트 이후의 '사유하는 자아'ego cogito에서 인간의 행동을 결정하는 원동력인 의식을 왜소하게 만들어버렸다. 프로이트는 인간의 행동을 결정하는 원동력은 의식이 아니라 무의식에서 나온다고 보았으며, 의식과 무의식의 관계를 빙산에 비유하곤 했다. 의식은 빙산 가운데 물 위에 나와 있는 부분에 해당한다. 이는 전체 정신세계의 10분의 1정도에 불과할 따름이다. 이에 반해 무의식은 물속에 잠겨 있는 빙산의 나머지처럼 인간 정신세계의 대부분을 차지하면서 인간의 사고와 행동을 결정한다. 정신분석학은 바로 이 무의식의 세계를 밝혀내는 과학이다. 프로이트는 정신분석학에 의해 이루어진 지성사적 혁명을 다음과 같은 명제로 표현한다.

자아는 그 자신의 집에서 주인이 아니다.
- 『프로이트, 영혼의 해방을 위하여』(인물과사상사, 2009)

또한 프로이트에 의하면 인간의 인성 또는 인격은 다차원적이다. 즉 이드(전자아)와 자아, 초자아의 중층적 구조를 이룬다. 이드는 쾌락원칙을, 자아는 현실원칙을 추구한다. 이에 반해 초자아는 사회적으로 규정된 문화가 인간에게 내면화된 상태인 도덕원칙을 추구한다. 그리고 자아는 이드와 초자아 사이에서 중재 기능을 수행한다. 인간의 행동이란 이드와 자아 그리고 초자아 사이의 다양하고 복잡한 상호작용의 결과인 것이다. 아무리 사소해 보이는 행동일지라도 이 세 요소들 간 타협의 산물이다.

『꿈의 해석』 1장은 꿈 문제에 관한 문헌을 소개하고 2장은 꿈 해석의 방법을 논한다. 이어 3장에서 프로이트는 "꿈은 하나의 소망충족이다"라고 규정한다. 4장은 억압에 의한 꿈의 왜곡을 다루는데 꿈을 왜곡하는 것은 '꿈의 검열자'다. 5장 「꿈의 재료와 꿈의 원천」에서는 그 유명한 '오이디푸스 콤플렉스'가 등장한다.

프로이트는 먼저 "꿈은 하나의 소망충족이다"라는 명제를 제시하며 무의식의 과학을 꿈을 통해 해부한다. 먼저 '근친자가 죽는 꿈'에 대해 프로이트는 우리는 누구나 유아 시절의 어떤 시기에 양친 중 누구든 죽기를 바란다고 주장한다. 또한 아이는 동생이 태어나는 것을 싫어한다. 여기에는 "내가 있으면 되지 무슨 동생이 필요하다는 걸까?"라는 질투심이 자리 잡고 있다. 이런 심리는 아이들의 꿈으로 이어진다.

형제 가운데 막내딸인 어느 중년 환자는 네 살 때 처음으로 이런 꿈을 꾸었다고 한다. "많은 아이가 있었다. 모두 나의 오빠와 언니, 동생들인데 풀밭 위에서 놀고 있다가 갑자기 모두 날개가 생겨 날아서 어디론가 가버렸다." 프로이트는 이 꿈에 형제자매들이 모두 죽었으면 좋겠다는 소망이 담겨 있다고 분석했다. 실제로 형제들 가운데 한 사람이 죽었을 때 겨우 네 살이었던 이 환자는, 당시에 어른으로부터 아이가 죽으면 날개가 돋고 천사가 된다는 답을 얻었다는 것이다. 이런 설명을 들은 뒤에 꿈속에서 언니 오빠는 모두 천사처럼 날아가버리고 자기만 남는다. 다른 아이들은 모두 죽고 혼자 살아남은 꿈을 꾼 것이다. 아이에게 그것은 멋진 일로 느껴졌을 것이다.[58]

아이들의 '죽음' 관념은 어른들과 다르다. 아이는 죽은 뒤에 썩는 비참함, 영원한 허무와 공포 등을 모른다. 여덟 살 난 아이도 박물관에서 동·식물 표본을 보고 돌아와 어머니에게 이렇게 말한다. "엄마, 나는 엄마가 제일 좋아. 엄마가 죽으면 엄마를 박제로 만들어서 이 방 안에 두고, 엄마를 언제나 볼 수 있게 할 테야." 필자의 아들은 어릴 적에 "엄마 죽으면 지갑 주고 가"라고 말한 일이 있다.

그렇다면 아이들이 부모에 대해 품는 소망, 즉 부모가 죽기를 바라는 소망은 도대체 어떻게 설명될 것인가? 부모는 아이에게 애정을 쏟는 사람이고, 아이의 많은 욕구를 채워주는 사람이다. 이기적인 여러 동기에서라도 아이는 부모의 생존을 바라는 것이 마땅하지 않을까. 프로이트에 따르면, 양친이 죽었으면 하는 소망은 극히 어린 시절에 일어난다. 그는 신경증 환자의 정신분석을 통해 이를 실증한다.

먼저 그는 아이들의 '성적 소망'이 각성되는 시기가 매우 이르다면서, 에로스의 본능을 뒤흔드는 심적 에너지인 '리비도'는 인간이 탄생할 때부터 이미 존재해 활동을 시작한다고 말한다. 여아의 첫 애정은 부친을, 남아의 첫 애정은 어머니를 향한다. 그리고 아버지는 남아의, 어머니는 여아의 연적이 된다. 그리고 아이는 이런 느낌을 쉽게 '죽음의 소망'으로 치환한다. 예를 들어, 어머니와 함께 한 이불 속에서 자고 있는데 아버지가 오면 아들은 자기 방으로 가야 한다. 이 경우 자연스럽게 아버지가 어디론가 가버리고 돌아오지 않았으면 하는 생각을 한다는 것이다. 이 소망이 달성되는 한 가지 방법은 아버지가 죽는 일이다. 프로이트는 남아가 인생 최초의 '성적 감정'을 어머니에 대해 갖는 것, 최초의 증오와 폭력적인 소망을 아버지에게 퍼붓는 것은 운명의 섭리라고 설명한다. 그리스 신화에서 오이디푸스가 아버지 라이오스를 죽이고 어머니 이오카스테를 아내로 삼은 것은 유년 시절의 소망 충족에 지나지 않는다는 것이다. 이것이 바로 그 유명한 '오이디푸스 콤플렉스' 개념이다.

오이디푸스 콤플렉스를
개념화하다

오이디푸스는 아버지인 줄 모르고 부왕인 라이오스를 죽이고 어머니 이오카스테와 결혼한다. 다음에 모든 진실을 알게 된 오이디푸스는 자신이 저지른 패륜의 죗값을 치르기 위해 두 눈을 도려내고 유랑 길에 오른다. 이 전설을 극화한 것이 소포클레스의 『오이디푸스 왕』이다. 프로이트는 아이가 부모에 대해 갖는 복잡한 심리적 태도가, 오이디푸스가 양친에게 행한 행위에 상징화되어 있다고 생각해 여기에 '오이디푸스 콤플렉스'라는 이름을 붙인 것이다.

여아에게도 마찬가지 과정이 일어난다. 여아는 이성인 아버지에게 마음이 끌려, 동성인 어머니에게 실망과 적의를 품는다. 프로이트에 따르면 이 감정의 본질은 자기에게는 없는 신체 기관(남성의 성기)을 지닌 아버지에 대한 동경이라고 한다. 그는 이를 그리스 신화와 관련지어 '엘렉트라 콤플렉스'라고 명명한다. 아가멤논의 딸 엘렉트라는 아버지에 대한 집념과 어머니에 대한 증오를 드러내는 인물이다. 미케네 왕 아가멤논은 10년 동안의 트로이전쟁을 마치고 귀국한 날 밤에 아내인 클리타임네스트라와 간부姦夫 아이기스토스에게 살해당한다. 엘렉트라는 동생인 오레스테스와 힘을 합쳐 어머니와 아이기스토스를 죽인다.

또한 프로이트에 따르면 어머니와 딸이 상극하는 것은 딸이 성장하며 어머니를 자기의 감시인으로 생각하기 때문이다. 즉 딸은 성적 자유를 추구하나 어머니는 딸이 성장하는 모습을 보며 자신의 성적 요구를 단념할 시기가 찾아왔음을 자각한다는 것이다.

이어 프로이트는 '시험 보는 꿈'에 대해 분석한다. 먼저 개인적인 경험을 말하자면, 필자는 지금도 가끔 수학시험을 앞둔 꿈을 꾼다. 꿈속에서 중고등학생 정도인 내가 극도의 불안감에 사로잡힌 채 수학시험을 기다린다. 아무런 대비도 하지 않은 상태다. 하지만 시험을 보면 성적은 아주 잘 나온다. 나는 꿈에서 안도의 한숨을 내쉰다. 이런 꿈이 고등학교를 졸업한 지 30년이 훌쩍 지난 지금까지 이어지는 이유는 무엇일까? 이 궁금증은 프로이트의 『꿈의 해석』을 읽으며 풀렸다.

프로이트 역시 시험 치는 꿈을 반복적으로 꾸었다. 프로이트에 따르면 당시 졸업시험을 치르고 김나지움(고등학교에 해당) 과정을 끝낸 사람은 누구나 시험을 내용으로 하는 불안한 꿈을 꾼다는 것이다. 박사학위를 가진 사람에게는 이 꿈의 내용이 다소 변형된다. 그는 꿈속에서 구술시험에 합격하지 못한다.

시험에 낙제하는 꿈은 우리가 유년 시절에 행해서는 안 될 일을 행한 뒤 받은 벌에 대한 지울 수 없는 기억이라고 한다. 우리는 어떤 일을 제대로 해내지 못하면 그것 때문에 벌을 받을 것이라고 생각하거나, 또는 책임의 중압을 느낄 때 시험을 치르는 꿈을 꾼다. 시험을 치를 때 마냥 자신감이 넘치는 자는 많지 않을 테니까.[59] 프로이트는 박사시험에 떨어지는 꿈의 숨은 뜻을 이렇게 분석한다.

> 너는 내일의 일을 두려워할 필요는 없다. 생각해보면, 너는 옛적에 졸업시험을 매우 불안하게 생각했으나 아무렇지도 않았잖은가. 그리고 지금 너는 벌써 박사다.
>
> ─ 이하 『꿈의 해석』(을유문화사, 1997)

또한 프로이트에 따르면, 시험에 낙제하는 꿈을 꾸면서 느끼는 불안은 낮의 잔재다. 예컨대 낮에 불안한 심정을 가졌다면 그것이 억압되어 꿈으로 드러난다는 것이다. 프로이트는 더 나아가 이렇게 분석한다. 즉 "너는 이제 박사다"라는 항변이 위로를 포함하고 있을 뿐 아니라, 다음과 같은 어떤 비난을 암시하고 있다는 것이다. "너는 벌써 늙었어. 오래 살아왔어. 그런데도 아직 어리석은 일, 아이 같은 일을 저지르고 있지 않아?" 시험 보는 꿈속에는 이러한 자기위안과 자기비판이 뒤섞인 채 잠재되어 있다.

꿈의 해석 작업에서 또 하나 중요한 것은 자아 방위의 메커니즘이다. 자아는 꿈이라는 형식을 통해서조차 무의식을 있는 그대로 드러내지 않는다. 여러 가지 자아 방위의 작용을, 프로이트는 '꿈의 검열자'라고 불렀다. 억압된 소망은 늘 자아 방어의 작용에 방해를 받아 그대로의 모습으로는 의식으로 떠오르지 않는다. 그래서 소망은 자아의 검열을 통과하기 위해 왜곡된 의식으로 등장하여 꿈이 된다는 것이다. 프로이트는 다음의 예를 들었다.

프로이트의 학우였던 어느 변호사는 "꿈은 소망충족이다"라는 프로이트의 꿈 이론 강연을 듣고 돌아간 날 밤, 모든 소송에서 패소하는 꿈을 꾸었다. 프로이트는 이것 역시 소원이 충족된 꿈이라고 분석한다. 왜 냐하면 프로이트는 김나지움에 다닐 때 8년 동안 항상 우등생이었으나 그 변호사는 언제나 중위권을 맴돌았기에, 소년 시절부터 프로이트에게 창피를 주고 싶은 마음을 가졌다는 것이다. 그런 소망이 있음에도 불구 하고 오랜 우정이 있기에 자아(검열자)에 의해 억압을 받아왔다. 그래서 꿈에서는 프로이트가 창피를 당하는 모양새가 아닌, 자기가 소송에서 진다는 형태로 프로이트의 이론을 부정함으로써 프로이트에게 창피를 주는 셈이 된다는 것이다.

또한 프로이트는 모든 꿈은 경험과 관련되지만 아동기에서 빌려오기 도 한다고 주장한다. "꿈의 분석이 깊어질수록 종종 꿈의 잠재 내용의 원천에서 일부를 차지하는 아동기 경험의 흔적이 나타난다." 이러한 가 설에 따라 프로이트는 어릴 때부터의 소망, 즉 교수가 되고 싶어한 소망 에 대해 소개하면서 유아동기의 경험이 꿈의 원천이 된다고 강조한다.

흥미롭게도 프로이트는 "꿈은 잠자려는 욕구다"라고 주장하며 이런 예를 든다. 시체실 안에서 비치는 촛불의 빛을 보고 아들의 시체가 불타 고 있다고 추측한 아버지의 꿈이 있었다. 빛 때문에 잠에서 깨는 대신, 그가 꿈속에서 그런 추측을 하게 된 심적 동기 가운데 하나는, 꿈속에 나온 아이의 모습을 더 오랫동안 보고 싶다는 소망이다. 여기에 이 꿈의 제2의 원동력으로서 아버지의 잠에 대한 욕구를 덧붙일 수 있다. 꿈에 의해 아이의 생명이 다만 한 순간이라도 연장된 것처럼, 아버지의 잠도 꿈에 의해 연장된다는 것이다.[60]

프로이트는 『꿈의 해석』을 이렇게 마무리한다.

꿈에 의한 미래의 예지는 물론 생각될 수 없다. 그 대신 꿈은 과거를 가르 쳐준다. 왜냐하면 꿈이 어떤 의미에서는 과거에서 유래하기 때문이다.

프로이트는 꿈의 예지력을 부인하며 아동기의 경험이 무의식의 원천이 된다고 말한다. 그러면서 자신의 경험을 들려준다. 프로이트가 태어난 뒤 한 노파가 어머니에게 "이 아기는 세계적인 인물이 된다"라는 예언을 들려주었다. 노파의 예언은 뒤에 프로이트의 생활을 지배하는 암시적인 힘이 되었다. 그의 어머니는 항상 프로이트를 "내 보배 지키"라는 애칭으로 불렀다. 노파의 예언과 더불어 어머니에게 받은 깊은 사랑과 신뢰가 훗날 프로이트의 학문과 생활에 든든한 힘이 되었다는 것이다.

내가 뭔가 훌륭한 사람이 되려고 열망한 것도 이 때문이었는지도 모른다.

『꿈의 해석』 읽는 법

『꿈의 해석』(1900)은 여러 번역본이 있지만, 여기서는 을유문화사(장병길 옮김, 1997)에서 출간된 것을 인용했다. 『꿈의 해석』은 『정신 분석 입문』에도 보완적으로 실려 있다. 동서문화사(2007)에서 이 두 저술을 한 권으로 묶어 그의 생애와 사상을 정리했다. 참고도서로는 김덕영의 『프로이트, 영혼의 해방을 위하여』(인물과사상사, 2009)가 읽어볼 만하다.

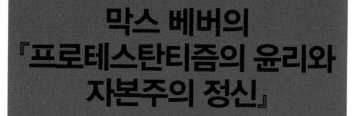

막스 베버의
『프로테스탄티즘의 윤리와
자본주의 정신』

—

종교적 관념은 경제발전에
어떤 영향을 미쳤나?

—

60

서울대학 · 60선

막스 베버 초상
독일의 사회학자 막스 베버는 일정한 종교 관념이 경제적인 정신 혹은 경제체제에
관한 태도의 발전에 미치는 영향에 천착했다. 그 결과 종교개혁이 유럽에서 자본의
지도를 획기적으로 바꾼 전기가 되었음을 밝혀냈다.

종교개혁이
'자본의 지도'를 바꾸었다

    독일의 사회학자 막스 베버(1864~1920)는 역사가 사회과학에서 핵심적인 역할을 한다는 점을 받아들였다. 서구 자본주의 또한 역사와 결부돼 독특하게 발전했다는 것인데 여기서 그는 특히 프로테스탄티즘의 역사와 연결해 '자본주의 정신'을 유추해낸다. 이러한 내용을 담아 탄생한 역작이 바로 『프로테스탄티즘의 윤리와 자본주의 정신』(1904)이다.

    먼저 베버는 근대 자본주의의 독특한 성격을 규정하기 위해 자본주의에서의 경영활동을 이익 추구 그 자체와 분리했다. 부에 대한 욕망은 거의 모든 시대와 장소에 존재했으며, 그것 자체는 자본주의적 경제 행위와 아무런 관계가 없다는 것이다. 예를 들어 상업적 작용의 형태로 정의된 자본주의는 고대 바빌로니아와 이집트·중국·인도 그리고 중세 유럽 등에 다양하게 존재했다. 누구나 금전 욕구를 지녔다.

획득에의 충동, 이윤과 화폐, 가능한 한 많은 양의 화폐에 대한 추구 그 자체는 자본주의와 관계가 없다. 이 충동은 웨이터, 의사, 마부, 예술가, 창녀, 부패 관리, 군인, 귀족, 십자군, 도박꾼, 거지 등에게도 존재하고 있으며 존재해왔다. 이 충동은 모든 나라, 모든 시대에 모든 인간들에게 공통된 것이라고 말할 수 있을 것이다.

– 이하 『프로테스탄티즘의 윤리와 자본주의 정신』(문예출판사, 2010)

베버는 획득을 위한 무제한의 탐욕은 결코 자본주의와 동일한 것이 아니며 '자본주의 정신'과는 더욱더 동일한 것이 아니라고 강조한다.

여러 종파가 혼합되어 존재하는 지방의 직업 통계를 보면 특히 한 가지 현상이 빈번하게 나타나는데, 그 현상이 자본 소유자와 경영자층, 상급의 숙련 노동자층, 특히 근대적 기업에 있어 높은 기술적 또는 상인적 훈련을 받은 구성원들이 매우 현저한 프로테스탄트적 성격을 갖는다는 점이다.

요즘 빅데이터를 활용해 트렌드를 읽어내듯, 베버는 이미 그 당시에 신문 등 매체의 통계를 연구에 이용했다. 즉 대규모의 근대적 상공업에서 자본가와 경영자 등 고급노동에 종사하는 이들 가운데 프로테스탄트의 비율이 현저하게 높다는 것. 여기서 베버는 일정한 종교 관념이 경제적인 정신 혹은 경제체제에 관한 에토스(습관이나 태도)의 발전에 미치는 영향에 천착했다. 근대적 경제생활의 정신과 금욕적인 프로테스탄티즘의 합리적 윤리 사이의 연관성을 연구한 것이다.

칼뱅주의자들의 산재된 거주지역이 '자본주의 경제의 묘판'이었다.

독일의 역사가 에베르하르트 고타인의 말이다. 풀이하자면 종교개혁이 유럽에서 자본의 지도를 획기적으로 바꾼 전환점이 되었다는 것이다.

흔히 종교개혁이라는 단어에서 '종교적 구속으로부터의 자유'를 연상하기 쉽다. 그러나 베버에 따르면 실상은 그렇지 않았다. 경제적으로 발전된 지역의 종교개혁가들이 비난한 것은 삶에 대한 교회적·종교적 지배가 과다하다는 것이 아니라 부족하다는 것이었다.[61] 즉 종교개혁은 삶전반에 대한 교회의 지배를 배제한 것이 아니라 오히려 극도로 순응적이고 형식적인 것에 불과했던 종교의 지배를, 사생활과 공공생활 등 삶의 모든 영역에 대한 진지한 통제로 대체했다.

실제로 제네바·네덜란드·영국 등의 도시 지역에 사는 기독교인들은 엄격한 금욕을 주창한 칼뱅의 종교개혁을 감당하기 어려운 것으로 느꼈다. 하지만 경제적으로 상승하던 부르주아 중산계급은 전대미문의 '청교도적 전제'를 받아들였다. 그리고 종교개혁을 받아들인 지역에서는 경제 발전을 이루었다. 유럽의 부유한 도시들은 16세기에 프로테스탄트로 개종했다. 그 결과 프로테스탄트는 오늘날에도 경제적 생존경쟁에서 유리한 고지에 서게 되었다. 주목할 것은 칼뱅의 종교개혁을 받아들인 도시들에는 소수 민족 등 정치적으로 소외된 피지배 계층이 많았다는 점이다.

> 지배집단인 다른 집단에 대해 피지배자로서 대립하는 민족적 혹은 종교적 소수는 자의건 타의건 간에 정치적으로 영향력 있는 자리에서 배제되기 때문에 상당한 정도로 영리활동에 몰두하는 경향이 있다. 그중 뛰어난 재능을 가진 자들은 관직에서 실현시킬 수 없는 공명심을 영리활동에서 만족시키려 한다. 러시아 동부 프러시아의 폴란드인들, 루이 14세 치하의 프랑스에서의 위그노교도들, 영국의 비국교도들과 퀘이커교도들

그리고 2천 년 동안의 유태인에게 적용되는 것이다.

베버의 분석대로 오늘날 이들이 사는 지역에서 유독 자본주의가 발전했음을 실증적으로 확인할 수 있다. 세계 최고의 부자로 꼽히는 워렌 버핏은 프랑스에서 건너온 위그노 후예라고 한다.

베버는 칼뱅주의와 자본주의의 관계를 '선택적 친화력'(독일의 화학자 베르크만은 두 가지 물질을 섞어 놓으면 그 물질들을 구성하는 특정한 원소들끼리 예외 없이 서로 이끌려 달라붙는다는 것을 실험으로 확인하고 이것을 '선택적 친화력'이라 불렀다)의 개념으로 설명한다. 즉 종교개혁과 자본주의는 일방적으로 어느 한쪽이 다른 한쪽을 낳았다기보다 각자 자율적으로 성장하다 '선택적 친화력'에 의해 결합했다고 보았다. 이 결합이 근대적 합리성을 형성했다.

베버는 자본주의 정신을 분석하기 위해 먼저 벤저민 프랭클린의 글을 인용한다.

> 시간이 돈임을 잊지 말라. 신용이 돈임을 잊지 말라. 돈이 번식력을 갖고 결실을 맺는 성격을 가진다는 점을 잊지 말라…….

베버는 이 글에서 단순한 처세술이 아니라, 독특한 '윤리'를 설파한다고 주장한다. 이 윤리의 불이행은 태만함으로 여겨질 뿐만 아니라 일종의 의무 망각으로 취급된다며, 바로 이 점이 본질이라고 강조한다. 즉 프랭클린의 말이 가르치는 것은 '사업의 지혜'에 불과한 것이 아니라 하나의 에토스라는 것이다.[62] 베버는 벤저민 프랭클린과 15세기 후반 독일의 은행가이자 재력가인 야콥 푸거를 비교한다. 푸거는 은퇴한 사업 파트너가 이제 돈을 충분히 벌었으니 다른 사람에게도 돈 버는 기회를 주자며 은퇴할 것을 권고했을 때, 이렇게 대답했다. "나는 달리 생각하며 될 수 있는 한 돈을 더 벌겠다." 베버는 이를 상인적인 모험과 개인의 성벽이 표현된 것에 불과하다며 "금전욕은 인류의 역사만큼 오래된 것이다. 영리활동은 역사의 모든 시대에 존재했었다"라고 말한다. 즉 야콥 푸거는 어떤 에토스 없이 돈벌이를 추구했다는 것이다. 반면 프랭클린의 경우 윤리적 색채를 띤 생활의 격률을 지니고 있다. 베버는 여기에 '자본주의 정신'이 깃들어 있다고 주장한다. 프로테스탄티즘 윤리의 최고선은 다음과 같다.

> 돈을 벌고 더욱더 많은 돈을 버는 것이다. 그것도 모든 적나라한 향락을 엄격히 피하면서 행복주의적이고 쾌락주의적인 모든 단점을 벗어나 돈 버는 것을 자기 목적으로 여기므로 개인의 행복과 효용에 대립되는 전혀 초월적이고 단적으로 비합리적인 것으로 보일 정도이다. 인간은 돈벌이를 자신의 물질적 생활 욕구를 만족시키기 위한 수단으로 여기는 것이 아니라 삶의 목적 자체로 여기는 것이다.

베버는 또한 자본주의 정신의 요체에 대해 다음과 같이 썼다.

> 화폐 취득은 그것이 합법적 방법으로 얻어진 것인 한 근대적 경제질서 안에서 직업상의 유능함의 표현이며 이 유능함은 프랭클린 도덕의 실질적인 알파이자 오메가이다.

종교개혁 후 프로테스탄트 거주 도시들은 부를 통해 누릴 수 있는 세속적인 쾌락에 전혀 관심을 두지 않으면서도 부의 축적에 대한 충동을 가졌다. 이는 전례 없는 자본주의 발전으로 이어졌다. 역사적으로 독특한 이 상황을 베버는 마르틴 루터(1483~1546)에 의해 도입된 '소명'calling 개념과 청교도의 '현세적 금욕주의'로 설명한다. 독일어의 '직업'Beruf이라는 단어에는 소명, 즉 신으로부터 부여받은 임무라는 의미가 함축되어 있다. 루터의 소명 개념은 고대에도, 가톨릭 신학에도 존재하지 않았다. 그것은 루터가 라틴어 성서를 독일어로 번역하며 도입한 것이다.[63]

부의 축적은
'선택받은 자'의 증표

　프랑스 신학자 장 칼뱅(1509~1564)은 '예정설'이라는 '가공할 신의 결정'을 내세운다. 신이 인간을 위해 있는 것이 아니라 인간이 신을 위해 있는 것이며, 오직 소수의 사람만이 부름을 받는다는 주장이다. 우리가 알 수 있는 것은 단지 인간의 일부는 구원받고, 나머지는 저주받았다는 사실뿐이다. 절대적인 신의 결정은 인간의 관여로 변경될 수 없다. 세계는 오직 신의 자기 영광에 봉사하도록 정해져 있다. 칼뱅 교도들에게 노동은 오직 '신의 영광을 더하기 위한' 것일 뿐이다. 또한 선행, 즉 이웃 사랑으로도 신의 영광에 봉사할 수 있다.[64]

　선택된 자만이 실제로 유효한 신앙을 가지며 그런 자만이 현실적 선행을 통해 신의 영광을 더할 수 있다. (중략) 그러므로 선행이란 구원을 얻는 수단으로는 절대적으로 부적절하지만 그래도 선행은 선택의 표지로는 불가결한 것이다. 선행은 구원을 얻는 기술적 수단이 아니라 구원에의 불안을 떨쳐버리는 기술적 수단이다.

— 「프로테스탄티즘의 윤리와 자본주의 정신」

그러므로 자신이 소명으로 여긴 직업에서 성공한 사람은 선택받은 자들 중의 하나라는 '신호'가 되었다. 부를 많이 축적할수록 선택받은 자의 증표로 간주되었고 도덕적인 인정을 받았다. 부가 지탄받는 것은 오직 그것이 게으른 사치나 자기 탐닉의 삶을 유지하기 위해 이용되는 경우뿐이다.

칼뱅주의에 따르면 금욕적인 생활방식은 자신의 전존재를 신의 뜻에 맞추어 합리적으로 형성하는 것을 뜻한다. 금욕은 이제 세속 밖의 수도원에서 행해지는 것이 아니라, 세상과 직업의 질서 안에서 행해져야 하는 것이다.

여기서 '금욕주의적 절약 강박'이 국부의 원천임을 알 수 있다. 필자는 네덜란드라는 작은 국가가 어떻게 선진국이 될 수 있었는지 궁금했는데 베버의 이 책을 보면서 궁금증을 풀 수 있었다. 베버에 따르면, 네덜란드는 엄격한 칼뱅주의의 지배를 7년밖에 받지 않았지만 막대한 자본을 축적했다. 17세기 영국의 중상주의 저술가들은 네덜란드의 자본력이 영국을 누를 수 있었던 원인을 다음과 같이 진단했다.

영국과는 달리 네덜란드에서는 새로 벌어들인 재산이 대체로 토지에 대한 투자와 봉건적 생활방식에의 이행 등을 통한 귀족화를 추구하지 않았고 따라서 자본주의적 이용의 기회를 가졌다는 데 두었다.

마찬가지로 미국 국부의 원천 역시 17세기 이주한 청교도의 금욕주의에서 찾을 수 있을 것이다. 17세기 이후의 영국사회는 '좋았던 옛 시절의 영국'을 대표하는 지주계급과 불안정한 사회적 힘을 가진 청교도로 양분되었다. 거리낌 없이 삶을 즐기는 특징과 자기 규제 및 윤리적인 관습에 의한 구속이라는 상반된 두 가지 특징은 영국인의 민족성에서 나란히 드러난다.

북아메리카 식민화의 초기 역사에서도 고용인의 노동력으로 농장을 건설하고 영주처럼 살고자 했던 모험가와, 특별히 부르주아적인 생각을 가진 청교도의 날카로운 대립이 나타난다. 오늘날의 미국은 물질적 쾌락주의와 청교도적인 금욕주의의 극단적인 대립을 보인다. 베버의 '선택적 친화력'이라는 개념처럼 두 가지 사회상이 서로 영향을 끼치면서 '미국의 자본주의 정신'을 드러내고 있다고 할 것이다.

> 외적인 재화에 대한 배려는 마치 '언제든지 벗을 수 있는 얇은 겉옷'처럼 성도의 어깨에 놓여 있어야만 한다. 그러나 운명은 이 겉옷을 강철 같은 겉껍질로 만들어버렸다. 금욕이 세계를 변혁시키고 세속에 작용하기 시작하자 이 세상의 외적인 재화는 역사에서 유례를 찾을 수 없을 정도로 인간에 대한 힘을 증대시켜갔고 마침내는 벗어날 수 없는 것이 되었다. '직업의무'라는 사상은 이전의 종교적 신앙 내용의 망령처럼 우리의 삶 안에서 배회하고 있다.

마치『공산당선언』의 한 구절을 읽고 있다는 착각마저 주는 단락이다. 마르크스가 자본주의의 붕괴를 예언했듯이 베버 또한 '자본주의 정신'이 근대의 관료적 질서에 의해 '강철로 둘러싸인 감옥'으로 바뀌어가리라고 내다보았다.

베버는 괴테의 인용문을 덧붙인다. 스마트폰 등 테크놀로지에 매혹되어 살고 있는 현재의 감각을 잠시 아찔하게 만드는 문장이다.

영혼이 없는 전문가, 마음을 갖지 않은 감각주의자, 이러한 무가치한 사람들은 이전에는 이룰 수 없었던 수준의 문명을 얻었다고 상상한다.

『프로테스탄티즘의 윤리와 자본주의 정신』읽는 법

막스 베버의『프로테스탄티즘의 윤리와 자본주의 정신』(1905)은 문예출판사 번역본(박성수 옮김, 2010)을 인용했다. 김성은의『근대인의 탄생 : 프로테스탄티즘의 윤리와 자본주의 정신』(아이세움, 2011)은 이 책에 대한 다양한 배경지식을 제공해준다.

| 참고문헌 |

1 보조국사 열반 800주년 기념사업회, 『보조국사의 생애와 사상』, 불일출판사, 2011

2 보조국사 열반 800주년 기념사업회, 『보조국사의 생애와 사상』

3 보조국사 열반 800주년 기념사업회, 『보조국사의 생애와 사상』

4 일연, 이가원·허경진 옮김, 『삼국유사』, 한길사, 2006

5 이어령, 『이어령의 삼국유사 이야기』, 서정시학, 2006

6 김운찬, 『신곡 : 저승에서 이승을 바라보다』, 살림, 2005

7 김운찬, 『신곡 : 저승에서 이승을 바라보다』

8 최효찬, 『서울대 권장도서로 인문고전 100선 읽기』 1권, 위즈덤하우스, 2014

9 김석배, 『춘향전의 지평과 미학』, 박이정, 2000

10 김석배, 『춘향전의 지평과 미학』

11 김석배, 『춘향전의 지평과 미학』

12 김석배, 『춘향전의 지평과 미학』

13 최용철·고민희·김지선, 『붉은 누각의 꿈 : 홍루몽 바로보기』, 나남, 2009

14 백종현, 『실천이성비판』, 아카넷, 2009

15 알랭 드 보통, 정영목 옮김, 『불안』, 이레, 2005

16 귀스타브 플로베르, 김화영 옮김, 『마담 보바리』, 민음사, 2000

17 귀스타브 플로베르, 최현주 옮김, 『마담 보바리』, 청목, 2006

18 귀스타브 플로베르, 김화영 옮김, 『마담 보바리』, 민음사, 2000

19 오영주, 『보바리 부인』, 살림, 2005

20 귀스타브 플로베르, 최현주 옮김, 『마담 보바리』, 청목, 2006

21 존 스튜어트 밀, 서병훈 옮김, 『자유론』, 책세상, 2013

22 존 스튜어트 밀, 서병훈 옮김, 『자유론』

23 존 스튜어트 밀, 서병훈 옮김, 『자유론』

24 존 스튜어트 밀, 서병훈 옮김, 『자유론』

25 존 스튜어트 밀, 서병훈 옮김, 『대의정부론』, 아카넷, 2012

26 존 스튜어트 밀, 서병훈 옮김, 『자유론』

27 존 스튜어트 밀, 서병훈 옮김, 『대의정부론』

28 찰스 다윈, 홍성표 옮김, 『종의 기원』, 홍신문화사, 2009

29 찰스 다윈, 홍성표 옮김, 『종의 기원』

30 찰스 다윈, 송철용 옮김, 『종의 기원』, 동서문화사, 2009

31 장남수, 『디킨스 후기소설 연구』, 울산대학교출판부, 2007

32 찰스 디킨스, 김태희 옮김, 『위대한 유산』, 혜원출판사, 1993

33 칼 마르크스, 김수행 옮김, 『자본론 1』(상), 비봉출판사, 2005

34 칼 마르크스, 김수행 옮김, 『자본론 1』(하), 비봉출판사, 2002

35 석영중, 『톨스토이, 도덕에 미치다』, 예담, 2009

36 석영중, 『톨스토이, 도덕에 미치다』

37 레프 톨스토이, 이철 옮김, 『안나 카레니나』, 범우사, 2000

38 석영중, 『도스토예프스키, 돈을 위해 펜을 들다』, 예담, 2008

39 석영중, 『도스토예프스키, 돈을 위해 펜을 들다』

40 홍대화, 『도스또예프스키 읽기의 즐거움』, 살림, 2005

41 석영중, 『도스토예프스키, 돈을 위해 펜을 들다』

42 석영중, 『도스토예프스키, 돈을 위해 펜을 들다』

43 마크 트웨인, 김욱동 옮김, 『허클베리 핀의 모험』, 민음사, 1998

44 마크 트웨인, 김욱동 옮김, 『허클베리 핀의 모험』

45 김재신, 『마크 트웨인 : 생애와 '허클베리 핀의 모험'』, 건국대출판부, 1994

46 니코스 카잔차키스, 안정효 옮김, 『영혼의 자서전』(하), 열린책들, 2009

47 프리드리히 니체, 홍성광 옮김, 『도덕의 계보학』, 연암서가, 2011

48 최순영, 『니체와 도덕의 위기 그리고 기독교』, 철학과현실사, 2012

49 프리드리히 니체, 홍성광 옮김, 『도덕의 계보학』

50 프리드리히 니체, 홍성광 옮김, 『도덕의 계보학』

51 최순영, 『니체와 도덕의 위기 그리고 기독교』

52 프리드리히 니체, 홍성광 옮김, 『도덕의 계보학』

53 최순영, 『니체와 도덕의 위기 그리고 기독교』

54 안톤 체호프, 오종우 옮김, 『개를 데리고 다니는 부인』, 열린책들, 2004

55 안톤 체호프, 김임숙 옮김, 『귀여운 여인』, 혜원출판사, 2000

56 리처드 길만, 김진식 옮김, 『현대 드라마의 형성 : 현대 극작가론』, 현대미학사, 1995

57 안톤 체호프, 오종우 옮김, 『개를 데리고 다니는 부인』

58 지그문트 프로이트, 장병길 옮김, 『꿈의 해석』, 을유문화사, 1997

59 지그문트 프로이트, 장병길 옮김, 『꿈의 해석』

60 지그문트 프로이트, 장병길 옮김, 『꿈의 해석』

61 막스 베버, 박성수 옮김, 『프로테스탄티즘의 윤리와 자본주의 정신』, 문예출판사, 2010

62 막스 베버, 박성수 옮김, 『프로테스탄티즘의 윤리와 자본주의 정신』

63 막스 베버, 박성수 옮김, 『프로테스탄티즘의 윤리와 자본주의 정신』

64 막스 베버, 박성수 옮김, 『프로테스탄티즘의 윤리와 자본주의 정신』

이 책에 실린 인용문은 저작권 사용 허가를 받았습니다. 출간 당시 저작권자를 확인하지 못하여 부득이하게
허가를 받지 못한 인용문에 대해서는 추후 저작권이 확인되는 대로 적법한 절차를 진행하겠습니다.

서울대 권장도서로 인문고전 100선 읽기 ❷

초판 1쇄 발행 2015년 7월 30일 **초판 9쇄 발행** 2023년 10월 31일

지은이 최효찬
펴낸이 이승현

출판1 본부장 한수미
라이프 팀
디자인 윤정아

펴낸곳 ㈜위즈덤하우스 **출판등록** 2000년 5월 23일 제13-1071호
주소 서울특별시 마포구 양화로 19 합정오피스빌딩 17층
전화 02) 2179-5600 **홈페이지** www.wisdomhouse.co.kr

ⓒ 최효찬, 2015

ISBN 978-89-6086-845-8 04100
      978-89-6086-703-1 (세트)